JN269020

家政学未来への挑戦

全米スコッツデイル会議におけるホーム・エコノミストの選択

翻訳・監修：(社)日本家政学会　家政学原論部会

建帛社
KENPAKUSHA

"Home Economics"
A Challenge to the Future

Choices Made at the Scottsdale
Meeting of Home Economists

The Scottsdale Meeting: Positioning the Profession for the 21st Century

Sponsored by
American Home Economics Association, Association of Administrators of Home Economics, American Vocational Association-Home Economics Education Division, National Association of Extension Home Economists and National Council of Administrators of Home Economics

Translation and dissemination with permission from the American Association of Family and Consumer Sciences.

Edited by
The Japan Society of Home Economics
Division of the Principles of Home Economics

© The Japan Society of Home Economics
Division of the Principles of Home Economics

Published by
KENPAKUSHA Co,. Ltd.
2-15, Sengoku 4-chome, Bunkyo-ku Tokyo. Japan 112-0011

日本語版序文

(社)日本家政学会家政学原論部会　前部会長　村尾勇之

　20世紀の家政学の歴史は，レイク・プラシッド会議（1899〜1908年）に始まり，21世紀家政学の扉をたたき，開いたのが，このスコッツデイル会議（1993年10月）であるといえよう。

　家政学というプロフェッション（専門）は，よく知られるようにアメリカの地に生まれたものである。19世紀早々の家政学揺籃の時期を経て，世紀の後半にはランド・グラント大学を中心に家政学部が設置され，男女共学による教育・研究が始められている。重要なことは，なぜ，ヨーロッパではなくアメリカにおいて，家政学が大学制度の中に位置づけられることになったのかという問題である。

　この間の事情の認識は，家政学がどういう学問であり，一つのプロフェッションとして，どのような社会的・学問的役割を担うものであるのかという家政学のアイデンティティを明らかにするために重要である。

　その背景として，私は三つのことを指摘しておきたい。一つは，産業革命による科学技術の進展が与えた家庭・家族生活の大きな変化（職住分離）と科学技術の家庭生活への応用，二つは，自由を求めたピューリタンによる建国，独立戦争，南北戦争にみる自由平等思想（女子も男子と同様に大学で学ぶ権利），三つ目として，プラグマティズムによるモリル法にみる大学における職業教育の重視（女性の職業としての家政）を挙げることができよう。こうした背景を抜きにして，アメリカの家政学が大学に位置づけられることはありえなかったということである。

　レイク・プラシッド会議は，そのようにして始まったアメリカ家政学者の19世紀100年の総括に基づいて，20世紀に向けて新たに出発を期したものであり，1909年には，アメリカ家政学会（AHEA）が設置されることになったのである。

　まさに，それから100年，スコッツデイル会議が開催されることになった。その目的とするところと経緯については，本書Iにみる「開会の辞」リンダ・ハリマン（アメリカ家政学会前会長）によって，見事に述べられている。

　このスコッツデイルの会議においてアメリカの家政学者たちは，レイク・プラシッド会議の歴史を振り返り，その間の重要な論点，論文，声明等を挙げ

て検討している。この分野の使命・プロフェッショナルなサービスとアイデンティティ，この分野がどのような知識・概念上の枠組みをもつ専門分野かについての明確化，専門分野の名称，さらにはこの分野のそれぞれの論者によるモデルとそこでの各分野の境界線をみるパラダイムを学び，新しい専門分野の範囲と核について考えること，専門分野の統一とその核を表す名前，そして専門分野のためのアイデンティティ声明，このようなことが意図されていたのである。しかも，会議の参加者たちは，大学の教員だけでなく家庭科の教師，家政学関連の職業・活動団体に属する人たちであった。

スコッツデイル会議までの100年，アメリカ家政学の新たな動きは，とくに50周年を迎えた1959年『ホーム・エコノミクス：新指針』がまとめられてからであろう。この時期のアメリカは，戦争を契機とした新しい科学技術の発展と繁栄から，ベトナム戦争を経て経済的に困難な時代を迎えようとしていた。告発型の消費者運動も盛んな時期に相応する。そして1960年から70年は，女性解放運動・フェミニズムが女性の生き方や家庭・家族のあり方に大きな影響を与えていたのである。

そうした歴史的背景と家政学との関係は，決して無縁ではなかったと思われるのである。ここには，形を変えた19世紀の家政学者たちが経験したのと同様の問題をみることができるのではないか。スコッツデイル会議は，そうした大きな社会の変化の中で，「個人・家族・コミュニティ」のあり方を問う必要に応えるためのものであったと，私には思われるのである。

さて，日本における生活，家庭・家族のおかれた現状にも，同様の歴史的背景をみることができよう。日本においても第二の産業革命といわれる科学技術の発達をいまでも経験している。そして，バブル以降の不況も，ベトナム戦争後のアメリカに相応する。1975年の国際婦人年以降の男女共同参画型社会への移行も，相当に急テンポであったといえよう。

そうした変化の中で，小・中・高等学校の家庭科は今回の学習指導要領の改訂をもって大筋で，時代の必要に，ほぼ対応ができたように思われる。それに対して日本の家政学は，どのようにして変化に対応し，社会的要請に応えてきたといえるのであろうか。

今回の家政学原論部会によるスコッツデイル会議議事録の翻訳は，日本の家政学に関わる人々に，日本の家政学の現状を考え，未来を展望するにあたって，これ以上のものはないともいえる資料を提供することになると信じている。より多くの方々に，ご覧をいただいて，家政学に対する熱い思いを共有できることを心から祈念したいと思う。

翻訳刊行の経緯

　ここでは，議事録翻訳に至る経緯を紹介し，合わせて刊行にご協力いただいたすべての方々に心からの謝意を表したい。

　その最初の契機となったのは，1994年8月に「家政学のProfessional Developmentをめざして：総括『家政学と生活科学は同じか』」と題して開催された家政学原論部会夏期セミナーにおける松島千代野先生の報告であった。先生は「家政学の専門性における『家庭』と『家庭生活』のリコンセプト」の中で，スコッツデイル会議決定とアメリカ家政学会の改名とを報じられた。当時の亀髙京子部会長は「レイク・プラシッド会議から約100年続いたアメリカ家政学会の名称変更という大問題であり，セミナーのわずか2か月前（1994年6月17日～22日）というホットなニュース」と，そのときの驚きを部会報に述べられている。この時，松島先生からは，合わせて会議の議事録が刊行されることについてのお知らせをいただいた。

　セミナーが終わって，常任委員会（9月30日）が開催され，この席で，議事録翻訳に関する村尾の提案を受けて，亀髙部会長が賛意を示され，ここに部会による翻訳事業の準備過程が始まった。次回の常任委員会で編集委員会，日程等が検討され，部会30周年を目指し，予算も10万円を計上することになったのである。

　1995年の夏期セミナーは，「岐路に立つ家政学―アメリカ家政学の動向と日本の家政学の将来―」と題して開催され，基調講演に今井光映先生を迎え「家政学の止揚的統一化とアイデンティティへのはるかな道―HolismとMeta-TheoryとTransdisciplinarity―」についてお話をいただいた。研究報告として，今井先生のところで勉強しておられた寺田恭子さんから「アメリカ家政学研究の立場から―スコッツデイル会議の資料より―」と題する報告も行われた。部会としては，前年の松島先生からの生々しい報告に続いて，その年も，議事録を資料とするアメリカ家政学の最新の動向に接することができたのである。（なお，1996年の原論部会報に掲載された今井先生の論文には，1995年に刊行された『アメリカ家政学現代史（Ⅰ）（Ⅱ）』と寺田報告に，スコッツデイル会議録の資料編にあたるD（本書ではⅣ）以外は「すべて忠実に紹介」した旨が述べられている。）

　この総会で提案されたスコッツデイル会議録の翻訳については，かなりの論議があった。その内容は二つの面からのものであった。一つは，わざわざ翻訳の必要はなく，必要ならば原著にあたればよいとするもの，いま一つは，議事録翻訳は，原論部会がアメリカの家政学名称の変更を支持するという事実上の

意向表明になることを恐れるというものであった。とくに後者については，国際家政学会への影響をも考慮したものであった。

　提案は，議事録の全体を忠実に翻訳し，勝手に編集することはせず，歴史に残る資料として，家政学にかかわるより多くの人々に提供しようとするものであった。今井先生や寺田さんの報告も，決してそのすべてではなく，執筆者の意図によって取捨選択されたものであること，またD（本書Ⅳ）はアメリカ家政学の歴史的資料として最上級のものであり，議事録には，スコッツデイル会議に向けての背景を知る資料として選ばれたものであると述べられている。

　総会では，結局，上記のような意見を受けながら承認され，いよいよ具体的な取り組みが始まった。1995年のセミナーを終えて，1996年の役員が決まり部会長に村尾が当たることになった。発足時の翻訳要領による組織は，次の方々によるものであった。

　本部編集委員会
　　有馬澄子，石川寛子，犬塚伝也，上村協子，高部和子，富田守，
　　中間美砂子，福田はぎの，藤枝惠子，松岡明子，村尾勇之
　地区編集委員会
　　影山彌（東北・北海道），福田はぎの（関東），加藤惠子（中部），
　　木田淳子（関西），正保正惠（中国・四国），福島由利子（九州・沖縄）

　1997年，富田部会長から村尾へ部会長の引継ぎがあり，その後4年間，村尾がその任にあたった。この間，AAFCSから翻訳・出版許可を得る過程は必ずしもスムーズには進行しなかった。何よりも問題であったのは，許可料金が部会の資力をはるかに上回っていたことである。1998年末から，澤井セイ子先生（秋田大学）のご協力を得られることにより，事態は徐々に好転に向かった。各地区に依頼していた翻訳については，1999年の8月の段階でほぼ終了，福田はぎの編集委員長（1999年後半から）によるフロッピーの整理も進み，2000年には各地区編集委員との訳文調整・見直しも行われた。しかしAAFCSとの交渉は目処がたたない状態が続き，福田編集委員長から再度依頼書を送付することが検討されていた。

　2001年の夏期セミナーが終わり，部会長には福田先生が就任されていた。そして8月末，今回も澤井先生の多大なご尽力をいただくなか，AAFCSから朗報が入った。9月14日，澤井先生からFAXをいただいた。そこには「許可が下りる」旨が記されていた。これは，疑いもなく先生のAAFCSの学会長をはじめとするメンバーとの日頃のご厚誼あっての賜物であった。同時に，部会の懇請に，最終的には特別の計らいをもって応えてくれたAAFCSに，厚い感

謝の意を表したい。その後の交渉事務は福田部会長・編集委員長が引き継ぎ，AAFCSからの正式の翻訳・出版許可状は11月14日に得られた。

　ここに至るまでに要した年月の中で，本部ならびに地区編集委員にもいろいろな変動があった。最終的な編集・翻訳担当者は巻末に示すとおりである。中間美砂子先生には，福田部会長とともに，編集副委員長として2001年後半より大変なご苦労をいただくことになった。先生にはさらに，建帛社からの出版の仲介役にもなっていただくことになった。途中で自費出版まで考えていた段階で，福島由利子先生から，何としても出版社からの刊行にすべきであるとのお励ましを頂戴したことは，今でも忘れられない。

　各地区の編集委員の先生をはじめ翻訳をご担当いただいた先生方には，本当にご苦労をおかけし，その上にここまでお待たせしてしまったことをお詫びしなければならない。刊行までに8年を要し，常任委員の先生方には，終始，変わらぬお力添えをいただいてきた。

　そして，何よりも，これまで耐えに耐えて，この訳業をまとめあげられた福田はぎ先生の献身を讃えなければならない。また終盤の訳文調整等のまことに厄介な仕事をお引き受け下さった中間先生にも感謝の念でいっぱいである。終わりに，いま一度，澤井セイ子先生のお力なしに，こうしたかたちで今日を迎えることはできなかったこと，記して深甚の謝意を表したい。

　家政学原論部会によるこの度の翻訳書は，日本において家政学に関わる人々に，いつまでも変わらぬ啓示を与え続けるであろう。この歴史的意義を理解され，刊行をお引き受け下さった建帛社社長筑紫恒男氏に心からお礼を申し上げ，結びの言葉とする次第である。

2002年6月

目　次

日本語版序文 ……………………… i

解　　説 ……………………… vi

I　スコッツデイル会議 ……………………… 1
1. 開 会 の 辞 ……………… 3
    —専門の統一とアイデンティティに関するスコッツデイル会議—
    リンダ・ハリマン
2. 専門のための概念枠組みと提案された名称 ……………… 6
3. プールサイドのキャンドルサービスによる閉会 ……… 9
4. 意思決定過程 ……………………… 10
    カレン・ゴッティング／バーバラ・マックドナルド／
    ジェリー・マックネリス
5. 最 終 会 議 ……………… 12
6. 提起された名称と概念枠組みを会員間で
    　　　　支援することについての勧告 ……………… 16
7. 連 絡 計 画 ……………………… 26
8. 活動の完了報告 ……………………… 28

II　論議に向けて提示されたモデル ……………… 31
1. 依頼されたモデルと論文のためのガイドライン ……………… 33
2. 分野のためのモデル ……………… 35
    ヴァージニア・B・ヴィンセンティ
3. ホーム・エコノミクスの主張 ……………… 43
    キンゼイ・B・グリーン
4. 人間生態学 ……………… 48
    M・スザンナ・ソンタグ／マーガレット・M・ブボルツ／
    M・ジャニス・ホーガン

5. 分野のためのモデル—家族・消費者科学 ················· 58
　　ベベリー・J・クラツリー／アガサ・ヒュウペンベッカー
6. 人間環境科学 ················· 65
　　ペギー・メツァロス
7. 人間生態学とは何か ················· 68
　　ノーマ・ボビット
8. ホーム・エコノミクスの再概念化とその付随要素 ············· 75
　　ジャクリーン・H・ヴォス
9. 家族科学—検討のための諸概念 ················· 79
　　コビィ・B・シマリィ
10. ホーム・エコノミクス再構築の提案 ················· 83
　　マリリン・ホーン
11. 名称再訪：ホーム・エコノミクス ················· 91
　　グラディス・ガリィ・ボーン
12. ホーム・エコノミクスのパースペクティブ ················· 99
　　マリアン・L・デービス

Ⅲ　ホーム・エコノミクスの発展 ······················ 111
1. 年表—ホーム・エコノミクスを規定し
　　　　　　形成した出来事・運動 ············· 113
　　ヴァージニア・B・ヴィンセンティ
2. ホーム・エコノミクスの歴史 ··············· 121
　　ヴァージニア・B・ヴィンセンティ

Ⅳ　背景をなす資料および情報 ······················ 133
1. ホーム・エコノミクスを定義し
　　　　　　形づくってきた出来事の年表 ············· 135
2. 1902年レイク・プラシッド会議における定義と
　　　　　　1980年のブラウン・ポルーチの使命声明 ··· 138

3. ホーム・エコノミクス：新指針 ………… *139*
4. ホーム・エコノミクス：新指針Ⅱ ………… *149*
5. AHEA目的声明 ………… *150*
6. ホーム・エコノミクス教育とは何か ………… *156*
   マージョリー・ブラウン
7. 私たちの知的生態学 ………… *181*
   キンゼイ・B・グリーン
8. ホーム・エコノミクスのための
   エンパワーメント・オリエンテーション …… *192*
   エレノア・ヴェイン
9. 人間エコシステム：モデル ………… *201*
   M・M・ブボルツ／J・B・アイヒャー
10. ホーム・エコノミクス運動—新しい統合パラダイム— ……… *208*
    エディス・E・バルドウィン
11. 高等教育におけるホーム・エコノミクス
    —便宜的な集団か，あるいは目的をもつ集団か………… *220*
    ヴァージニア・B・ヴィンセンティ
12. ホーム・エコノミクス—キャリア志向の専門領域連合 ……… *233*
    キース・マクファーランド
13. ビジョンの創造—次世紀に向かう専門— ………… *241*
14. 専門の統一とアイデンティティのための
    ホーム・エコノミクス特別委員会 ……… *246*
15. 創造的情報セション—回答と要約（1993夏・秋）………… *266*

　　引用文献 ……………………… *270*

　　索引／事項・人名・機関・組織 ……………………… *279*

　　翻訳者一覧 ……………………… *286*

解　説

(社)日本家政学会家政学原論部会　部会長　福田はぎの

　本書は，The Scottsdale Meeting：Positioning the Profession for the 21st Century, American Home Economics Association, 1993 の全訳である。この原著タイトルを直訳すれば「スコッツデイル会議：21世紀に向けて専門を位置づける」となるが，日本語版タイトルについては，現在，21世紀はすでに始まっていること，また特に「専門」（後述）という用語について，原題のままではかえって内容の意を的確に伝え得ないのではないかという懸念から，紆余曲折を経て，結局，『家政学　未来への挑戦―全米スコッツデイル会議におけるホーム・エコノミストの選択―』となった。それにしても，このタイトルからすぐに感じさせられることは，「ホーム・エコノミスト」とは何か，それが何を「選択」したのか，という疑問ではないかと思われる。これにあらかじめ手短に答えるなら，まずホーム・エコノミストとは，日本語にすれば家政学者であり，その選択とは，ホーム・エコノミストが自らの「専門」の名称を，ホーム・エコノミクスから家族・消費者科学（Family and Consumer Sciences）へと変えたことを内容としている。

　ところでさらに次の疑問が生じないであろうか。すなわち，なぜ「家政学者の選択」としないで，紛らわしくも一つのタイトルに，「家政学」と「ホーム・エコノミクス（スト）」という同じ意味の日本語・英語を押し込めたのだろうか，と。この問いは実は，はじめの「ホーム・エコノミスト」とは何かという問いに戻ることにつながる。端的には，私たちはアメリカ・ホーム・エコノミクスに日本で言い習わされた家政学という用語を機械的に適用することを控え，そうすることで，日米比較という観点から見えるホーム・エコノミストと家政学者の差異に敏感になり，またホーム・エコノミクス（スト）をそれ自体に即してありのままに捉える立場を明確にしたいと思った。その意味で，初めの問いは，この翻訳に込めた私たち自身の基本姿勢でもある。そして本書を読んでいくなかで，アメリカ・ホーム・エコノミストによる名称変更という「選択」が，名称レベルの問題をはるかに超え，未来に向けて「専門」の実践的内容を概念化する「挑戦」であることが徐々に判明し始めた。一方，こうした問題を日本でも共有し得るとすれば，その受容基盤は当然，日本家政学である。日本語で伝えるタイトルとしては「家政学」を選び，さらにその内容を限定するサブタイトルに「ホーム・エコノミスト」を選んだ。私たちは，翻訳と

いう独自の異文化間相互作用の磁場で，家政学とホーム・エコノミクスをあえて併記することにした。

この翻訳は，私たちにとっての「未来への挑戦」でもある。これを通じて課題はむしろ広がった。したがって本書の内容については今後の研究に委ねる部分が大きいが，原著の内容構成にやや特殊な性格もあるため，極めて概略的ではあるが，日本語版刊行にあたり解説を行っておきたい。

1．スコッツデイル会議と本書の構成

1993年10月21日，アメリカ合衆国アリゾナ州スコッツデイルに，全米から選出された100名（実際には参加96名，欠席4名）のホーム・エコノミストが参集，4日間の日程で会議が始まった。これが，20世紀初めのレイク・プラシッド会議を通じ，世界で初めて誕生したホーム・エコノミクスの名称を，一世紀近くを隔てて変更するという歴史的な決定を下すことになったスコッツデイル会議である。原著はその翌年1994年3月，スコッツデイル会議の成果をアメリカ家政学会（この機関名については日本語の従来の通称を踏襲する。この英語名については索引を参照されたい。以下同様）が全体で331頁（本文）の1冊にまとめたものである。アメリカ家政学会はその3か月後の6月，カリフォルニアのサンディエゴ市で開催された第85回年次大会で学会名の変更を決定し，アメリカ家族・消費者科学学会となった。同大会に招待され，この「一大イベント」を目の当たりにされた松島千代野氏によれば「このドラマティックな興奮の光景に一瞬呆然となり，複雑な感情を覚えた」（同氏「AHEA の再構築—スコッツデイル会議の過程と結果—」『家庭科教育』68巻11号，家政教育社，1994年，81頁）という。

ところで，この改名はアメリカ家政学会レベルにとどまるものではなく，それを超えた全米ホーム・エコノミストの総意という形態で行われた。推進したのは関連5団体（アメリカ家政学会，全米家政学部科長会議，家政学部科長連合，アメリカ職業連合・家庭科教育部会，全米生活改良普及家政学者連合）により結成された「専門の統一とアイデンティティのための特別委員会」である。その活動自体の経過は，本書のⅠとⅣ-14の記述が示しているが，なお結成に至るには，それまでに蓄積された諸問題があったことを，本著に収録されたすべての論文・記録が語っている。本著は，Ⅰに「スコッツデイル会議」そのものを記録し，Ⅱに会議の「論議に向けて提示されたモデル」論文11本を収録している。しかしこうした会議録だけにとどまらず，Ⅲで「ホーム・エコノミクスの発展」という歴史的叙述部分を取り入れ，Ⅳの「背景をなす資料および情報」には過去のアメリカ家政学会の主要な出来事と，ホーム・エコノミクス解釈をめ

ぐる主要論文が収められた。こうした本書の全体構成自体が，スコッツデイル会議が一定のプロセスの所産であったことを伝え，同時に関係者たちがスコッツデイル会議を歴史的・構造的視点から捉えていたことを十分に示唆している。また私たちにとっては，この一冊を手にすることで，アメリカ・ホーム・エコノミクスの歴史・構造をかなり深く捉える絶好の機会を得ることになる。

2．内容の概要

　本書のⅠ～ⅣはⅣ原著ではA～Dとなっている。またⅠ～Ⅳを構成するそれぞれの論文や文書に付された番号は原著にはなかった。こうした表記上の変更は，日本語版としての読みやすさを配慮して行われた。これらⅠ～Ⅳについて内容を概観すると以下のようである。

　まずⅠは，アメリカ家政学会前会長のリンダ・ハリマン（以下，敬称は略す）によるスコッツデイル会議開会の辞に始まり，会議決定事項，その意思決定過程，名称に対する賛否両論，そして結果の普及計画が収録されている。このうち一般的にみて最も重要なのは，決定事項を示した「専門のための概念枠組みと提案された名称」（Ⅰ-2）であるが，そこで箇条書き風に次々に示される内容は，やや戸惑いを感じさせるかも知れない。特にここは結果を中心とする記述であるため，それが導き出される基盤となった思想や考え方，アメリカ・ホーム・エコノミクスの実態に関してはⅡ以降を読む必要がある。会議進行は，意思決定を効率的で迅速に運ぶためにコンサルタント専門機関（マックネリス社）に委託されており，元来極めて難題であるはずの名称決定だけに，スペシャリストの技法を介すことで，事後計画も含めて規定通りに首尾よく推進されたという印象を受ける。

　Ⅱは，会議のために，専門の概念枠組みを明確にするよう特別委員会から依頼を受けた11名の論文から成る。冒頭にあるモデル・論文作成のガイドラインが示すように，依頼に際しては，記述内容・表現についての取り決め事項があった。また11本のそれぞれが，ホーム・エコノミクス，人間生態学，家族・消費者科学，人間環境科学，家族科学のいずれかを支持する立論となったことは，人選がすでに事実上進行していた総合大学やカレッジ等，機関単位の改名実態を踏襲するとともに，それぞれの名称支持の論拠を一堂に会して討議対象としようとした意図を反映するものであろう。それぞれが単独論文であり，これらを読み比べることで会議の結果として家族・消費者科学が統一名称となった理由を求めることは当然できない。逆に，その結果の背後にある多様な見解の相違が明らかになる。私たちとしては，ここに何らかの成果を期待するとい

うより，ともに考え，共有できる論点を明確にすることが，賢明な態度を示すことであると思われる。

本書において量的にはともかく，質的な特質を打ち出しているのが，Ⅲのアメリカ・ホーム・エコノミクスの発展史である。当該歴史についてはこれまで，日本の側からは貴重な研究成果はあるが，いぜん未開拓の部分を多く残し，今後の研究が期待される領域である。しかし一方，アメリカにおいてもⅢの編者ヴィンセンティが次のように述べているのを聞けば，本格化するのはこれからなのだとわかる。すなわち「歴史が私たちに対してなし得ることを，広くも深くも私たちは理解していない」（Ⅲ-2）。それは，アメリカでこれまでホーム・エコノミクスの年代史が描かれなかったというのではなく，現在そして将来を意味づけるような歴史研究あるいは「出来事・思想とより広い社会的コンテクストとの相互作用」を明らかにする歴史研究の視点の有無について言っている。Ⅲは，そうした新しい歴史研究の成果の一部分でしかないものの，その多くが，日本では本書が初めて明らかにする事実である。企業と消費者の間で活動する，あるいは農村で生活改良普及サービスに従事するホーム・エコノミストたちが，時代の波にもまれながら，20世紀アメリカ史の一角を確実に形成した足跡には，いかにも新鮮な印象を受ける。

さて，ここで一言を要すると思われるのは，本書でアメリカ・ホーム・エコノミストという場合，それは大学教員その他の研究者だけを意味するのではなく，小・中・高等学校教員，政府関係者，生活改良普及ホーム・エコノミスト，ビジネス従事者（ヒーブ）など多様な職業現場に広がっているという実態である。日本でも家政学関係学部学科卒業生はさまざまな職業についている。しかし日本と異なるのは，卒業後もホーム・エコノミストとして多様な機関・組織・ネットワークを通じた活動を行っているという点である。もっともそれが「ホーム・エコノミスト」としての統一とアイデンティティをもち得ているかが問題であった。自らを「ホーム・エコノミスト」ということへの不満や拒否が職業現場にあり，それがホーム・エコノミストを養成する高等教育のプログラムやカリキュラムのあり方に問題を深く投げかけ，ホーム・エコノミクスの名称を変更する教育機関が相次ぐという事態があった。こうした事態がスコッツデイル会議を必然化した一因でもあったことは，本書のいたるところで確認できる。しかしまた，こうした一連の事柄自体が「ホーム・エコノミクス」の基底に流れる潜在的統一性を示唆していることは決して見逃せない。さらにこの統一性の実践的・理論的根拠を精力的に追究した研究者たちが存在したことは，Ⅳを読み進めることでいっそう明確になる。

Ⅳは，会議に向けて選定されたホーム・エコノミクスの歴史，発展，哲学についての文献・資料を収録している。ここに含まれる7本の論文はⅡでも引用・参考文献としてたびたび取り上げられており，スコッツデイル会議の決定に至る問題のいく本かの伏線上に位置づけられる価値ある論文が選定されたものとみられる。ここでもむろん主張は一様ではなく，その配置状態には人間生態学とホーム・エコノミクスの両論並立の意図も感じられるが，むしろ主眼は，揺れ動くホーム・エコノミクスを補強ないし再生しようとする積極的内容を並列することに置かれている印象が強い。それらの前提にあるものは危機意識である。生態学概念をホーム・エコノミクスに適用して「私たちの中で，絶滅の危機にあるのはどの種だろうか」と問うグリーン（Ⅳ-7）は，「知的生態学（は）…使命，人口，コミュニティ，環境の大部分を制御できるのだから，私たちは自らの運命も制御できる。その特権を放棄しないようにしようではないか」と問いかける。大学やカレッジのホーム・エコノミクスが統合力を失い，便宜的集団になっている実態に警鐘を鳴らすヴィンセンティ（Ⅳ-11）は，「互いをもっと明確に理解し，コミュニケーションができ解釈的で歴史的な知識に基づいた解釈的行動システム」を創出することを通じ「目的をもつ集団」へと発展しようと提案している。この両人はスコッツデイル会議のモデル論文執筆者でもある。Ⅲの歴史編者でもあるヴィンセンティの論客としての一種図抜けた位置とともに，グリーンもまた支持を集めた人であることが本書の他の部分から聞こえる声によって窺われる。ちなみにグリーンは「ホーム・エコノミクス」支持者であり，ヴィンセンティは反対者である（ただし名称は特定していない）。ともあれ，この両名に限らず，知力がみなぎるような本書のすべての論文を読み進めるうちに，多くの読者はいつしか内容に専心するあまりに，名称問題の有無を忘れがちになるほどであろう。

3．主要な論点

本書から読み取れる論点・情報は多彩であり，そこには学部・学科や学生養成のあり方，研究資金確保，職業との連携関係などの現実的具体的問題も含まれているが，以下ではホーム・エコノミクス概念を整理するうえで重要と考えられるいくつかの点を選び概説しておきたい。

1) 専門（profession）と専門領域（specializations）

「専門」については，ここでもすでに何度か用いたが，学問あるいは研究分野のあり方という視点から，それを意味づける（専門論，専門職論）となると，

日本では必ずしもなじみ深い概念とはなっていない。しかし本書では，原著タイトルが示すように，ホーム・エコノミクスを専門とみなすことが前提となっている。そしていかに専門であったか，あるいは専門であることをいっそう明確にするためにホーム・エコノミクスはどうすべきかが論じられている。「一世紀以上前に組織化された分野として始まったホーム・エコノミクスは，当初から一つの専門と考えられてきた」とするブラウン（Ⅳ-6），その定義として「理論的知識の深さをもつこと，および社会の機能遂行において，サービスを有益に供給するために知識を活用すること」が「モラルに値する」ことであり，専門とはそうした「モラルに値するような組織性を全うしてきた職業」だと述べている。Ⅱのモデル論文でも多くが，とくに定義は明示していないものの，専門のこうした解釈を踏襲している（賛否はあれ）。その大きな特徴は，とくに社会，公益に貢献することにある。家族を支援するというのも，家族は人間発達（社会化）のコンテクストであり，社会を構成するよき市民・働き手・消費者を育成するために最も重要な社会的機能を果たすのが家族だからである。そうした意味での家族のための専門とは，確かにその淵源をレイク・プラシッド会議にたどることができる（特にⅣ-7, 9参照）。専門としてのホーム・エコノミクスは元来，日常生活で実践される社会改革，社会運動という社会的・歴史的性格をもっていた。では，なぜ専門としてのアイデンティティが真剣に問われなければならなかったのだろうか。そこに横たわる問題がホーム・エコノミクスの専門領域（specializations）の実態である。

　科学技術と効率性の追求の線に沿った発展が専門分化を促進し，ホーム・エコノミクスを個々に分離された専門領域から成る「便宜的な集団」（Ⅳ-11）にしているという問題意識は，本書の論者にほぼ共通して現れている。その必然性ゆえに「キャリア志向の専門領域連合」（Ⅳ-12）を提唱する論者においてもそうである。そして専門領域は基礎学問と深く結びついている。しかしホーム・エコノミクスが専門であろうとすれば，専門領域＝個別学問（discipline）を超えて，日常生活の問題をめぐりモラルある組織化が必要である。1980年のブラウン・ポルーチの使命声明（『ホーム・エコノミクス：一つの定義』）が多くの論者によって引用されているのも，それが組織化の核形成の理論を内包するものだからである。

2）対人サービス専門（personal service profession）論

　ホーム・エコノミクスが専門であるためには，その活動（行為）論を必要とする。ホーム・エコノミクスが有効なサービスを供給する（教育，生活改良普及，

ビジネス，社会活動などにおいて）のであれば，そのサービスとはどうあるべきなのか。しかもその内容ではなく，方法において。この問題に果敢にアプローチしているのがブラウンの対人サービス専門論（Ⅳ-6）である。ハーバーマスのコミュニケーション的行為論を理論的基礎にクライアント対ホーム・エコノミストのあり方が克明に論じられている。これもⅡのモデル論文では必ずしも明示的ではないが，なおアメリカ・ホーム・エコノミクスが含蓄する思考要素として軽視できないと思われる。対人サービス専門において，知識の追究は，それ自体が目的ではない。知識への関心は問題解決という目標のもとに，むしろ「既存知識の間隙に向けられる」。その理論は，日本ではほとんど未開拓なサービス理論（例えば，ホーム・ヘルパー・サービス論にも適用できる）の今後の発展にも貢献すると思われる。

3）経験・分析科学／解釈科学／批判科学

スコッツデイル会議が提示した「専門の実践」のあり方の一つに「私たちは，研究モードとして経験・分析科学，解釈科学，批判科学をもちいる」（Ⅰ-2）という一節がある。これは，旧知の自然科学，社会科学，人文科学という科学分類を否定するものではなく，社会的実践に向けて有効な知識を主体的に組織化するという視点から科学を分類したものとみることができる。したがって，それは使命と目的をもった実践者が，自然科学，社会科学，人文科学の知識を統合する方法のあり方を規定するものである。それは「既存知識の間隙」を埋める必要に出会った実践者が試みる知的活動モデルともいえるであろう。なかでも，ヴィンセンティは20世紀の科学を広く覆った実証主義と相対主義を批判し，「仮説と社会的実践および個人と家族へのそれらの影響を検討する批判科学」を包含する専門のパースペクティブを提起する（Ⅱ-2）。批判科学は，ヴェインズによっても，専門の方向付け（オリエンテーション）として提起されたエンパワーメント論（Ⅳ-8）の中に組み込まれた。こうした実践のための知識統合ないし方向付けの分類については，表Ⅱ-1（pp.39-40）とあわせ表Ⅳ-1（p.200）も大変参考になる。

4）人間生態学とホーム・エコノミクス

自然科学，社会科学，人文科学の知識の統合については，人間生態学モデルでも強調されている。ソンタグ，ブボルツ，ホーガン（Ⅱ-4）によれば，人間生態学は「世界的な持続性に向けた基本的な関心や問題点に言及するために」この三つの科学の「知識を統合することが要求されている」。しかし「人間生

態学という広範な基礎をもつ統合分野に対する一貫性のある使命声明は存在しない」。元来，個人をとりまく人的，物的，自然的，文化的，その他あらゆる環境の個々の，あるいは個と全体との相互作用に焦点をおくパースペクティブは，対象の包括性ゆえに包括的な知識を必要とする。このように知識の統合を研究対象自体が要求する場合，知識統合の主体的契機が不明確になる可能性があることには注意しなければならない。人間生態学内のホーム・エコノミクスへの名称として家族・消費者生態学あるいは家庭・消費者生態学を提起する主張においても，そこに専門論・専門家論は組み込まれていないように思われる。「人間生態学の枠組みによる明確なサービスの一つは，政策立案者に情報を提供できること」（ファイアボー）という場合，人的サービス専門論とは異質のサービスの構図を考えざるを得ない。本書を通じて，ホーム・エコノミクスと人間生態学の意外なほどの隔たりを感じるのは筆者だけであろうか。

5) ホーム・エコノミクスと家政学

　スコッツデイル会議を導いた特別委員会は会議に先立ち，全国の「草の根」400名を対象にアンケート調査を行った（Ⅳ-13, 14）。その結果をみて，やや奇異に感じるのは「将来の可能性がある専門の名称」について圧倒的多数が「ホーム・エコノミクス」を挙げていることである（267ページ②の図）。またモデル論文でもホーム・エコノミクスに支持が集中している。しかし名称変更は行われた。一方，「家族」を専門の概念枠組みの中核・焦点におくことは，ほとんどすべてのモデルに共通している。名称としては「ホーム」と「エコノミクス」が敬遠された印象が残る。しかもそれは専門としてのホーム・エコノミクスの歴史と哲学の内実を強化し，発展させるためであったのではないだろうか。

　日本家政学は本著を通じてアメリカ・ホーム・エコノミクスとの差異を痛感するであろう。その最大の差異は「専門」としての評価規準の有無にあるように思われる。専門領域に関する問題は共通点も多い。しかしその差異からみて，家政学は問題を乗り越えるに，「専門」に相当するどのようなコンテクスト，パースペクティブをもち得るであろうか。日米間の歴史的・文化的差異の一環としての家政学とホーム・エコノミクスを再度，分析・研究する余地はあまりに大きいように思われる。本著は読むほどに，日本家政学の分析・研究視点の豊富な倉庫であることにも気づかれるのである。

I　スコッツデイル会議

1. 開会の辞

専門の統一とアイデンティティに関するスコッツデイル会議
1993年10月21-24日

リンダ・ハリマン（アメリカ家政学会前会長）

　今，この会議に集まった私たちが直面している挑戦は，かなり困難な意味をもっている。それはかつて私たち専門の創始者たちが敢然と立ち向かったことになぞらえられるであろう。1800年代終わりから1900年代初めにかけて開催されたレイク・プラシッド会議を通して，これらの指導者たちは20世紀に向け，重要かつ力強い使命をもつ新しい専門を打ち立てようと努力した。約100年の後，ここスコッツデイルにおいて21世紀を通して持続する力と活力を確保するために，私たちはこの専門の位置づけに挑戦する。

　私たちの専門の多くの人々は，この会議の結果を切に待ち望んでいる。多くの人々は私たちが直面している問題を扱うのに，私たちがまさに最適だと信じている。過去20年間，私たちの専門はいろいろな方法で分断されてきた。高等教育プログラムの名称が変わるにつれて，もはや目的についての明らかなアイデンティティや統一性はなくなった。ホーム・エコノミクスの一般のイメージは国を超え大いに異なっている。私たちの高等教育プログラムを卒業した多くの若い専門家は，より大きな専門とではなく，自分の特定専門領域だけと関係している。明らかにこれらの問題はずっと私たちの前にあり続け，私たちは何年もの間いろいろな方法でこれらに取り組んできた。

　しかしながら，専門のいろいろな方面の代表者として，私たちがこれらの問題に組織的に関与するのはこれが最初である。1992年の夏の間，アメリカ家政学会会長として，私は全米家政学部科長会議，アメリカ職業連合・家庭科教育部会，家政学部科長連合，および全米生活改良普及家政学者連合の代表たちに連絡をとった。私たちは，21世紀に向けて専門の位置づけを図るリーダーシップを備えた責任ある全国的な特別委員会を編成することに合意した。この特別委員会は次の事柄において，専門を導くプロセスを開発することを特に委ねられた。すなわち，

・現在の使命を認識し，分野の専門的サービスとは何かを明確に伝えるアイデンティティ声明を行うこと
・知識的基礎または概念枠組みという視点から，専門の広がりと視野を明確に規定すること
・専門の名称としてのホーム・エコノミクスを再認識するか，新しい名称を勧告すること

　特別委員会の委員は，今週の私たちの仕事に向けた準備を通じ，自分たちに要請されたことに応えてきた。委員たちは専門を通じて個人から幅広い情報を求め，また自分たちの活動やこの会議にかかる多くの費用を引き受ける基金を求めることに成功した。さらに委員たちは，私たちがそれぞれいろいろな方法で専門をみる準備として，私たちの尊敬すべき同専門の幾人かのパースペクティブが示された重要な背景となる文献を提供してくれた。提示されたモデルは，私たちが分かちもつ共通性と，この共通性を描き出す新しい可能性を求めることに対し，私たちの目を開かせてくれるであろう。

　さて，今度は私たちの番である。私たちの前にはとても刺激的な責任がある。ここで私たちが下す意思決定は，次の世紀にも専門の行く手に重要なインパクトを与える可能性がある。私たちの最初の仕事は，分野の広がりと視野を詳細に描くことであろう。その準備として，専門について詳しく述べ，意味を明確にするよう試みられた一連のモデルを私たちはもっている。これらのモデルはそれぞれ，私たちの専門の広がりと視野を捉えるための概念枠組みを示している。それぞれは，分野の境界線をどうみるかを確立し定義づける文字通りのパラダイムである。そして，成功するためのルールや規則が暗に明に述べられている。

　私たち独自のパラダイムから導き出されたこれらのモデルを読み学べば，分野のパラダイムを変更し，過去におそらくそうであったよりもさらに異なった方法で，私たちの専門をみることに疑いなく挑戦できるだろう。新しいパラダイムについて考え，全体的に共有されるビジョンが導かれるよう，パラダイムを転換させることに喜びをもって私たち各々がスコッツデイルへ参集することを願っている。私たちは，専門の新たな広がりと視野，およびこの専門の核になるものは何かについて，単なる同意ではなく自ら進んで考えることにより成功することができる。私たちは，その分野の広がりと視野を描いた概念枠組みを示そうとする場合，各モデルに共通する価値と同様にその強さを評価することが試される。

　分野の広がりと視野を見ることにより，私たちは第二の挑戦に向かうことが

できよう。すなわち，それは名称を扱うという大胆なステップを踏むことによって専門の統一をもたらすことである。私たちは将来にわたってその専門に広がりと視野に最も通じ，専門によくかなった名称を本気で探さなければならない。選ばれた名称は専門の核となるものをよく表すものでなければならない。

　最後に，私たちはここを去る前に，多くの一般の人々にはっきりと認められる用語で専門のためのアイデンティティ声明を開発することに取り組もう。明らかに，1902年レイク・プラシッド会議で，私たちの創始者たちによって永く続く使命が計画された。そしてブラウンとポルーチによる「ホーム・エコノミクス：一つの定義」の使命声明は私たちがそのような声明を準備するにあたり有効な基礎となるものを与えてくれる。

　私たちが直面する三つの挑戦に応じることは，専門に統一性をもたらす重要な一歩となるだろう。私たちは自分たちの間で専門的パースペクティブが大変異なっていることを知っている。私たちはまたこの会議が，私たちに二度と訪れないような機会を与えていることも知っている。専門的パースペクティブにおける共通の立場と，私たちを統一化する何かをここで見つけよう。私たちは，次の世紀を動かすような決断に近づく必要がある。相違を認め，他者の見解を尊重し，共に精を出して働くことにより，私たちは共通の立場と専門の統一をはかるために必要な大胆なステップを見いだし前進しよう。私たちの創始者たちは大胆な未来派指導者であった。彼らは重大な危険を冒して今世紀を通して多くの人々の生活に影響を与えてきた遙か彼方を目指す新指針を生み出した。私たちは何に最も価値をおくのか，どういうビジネスに関わるのか，専門にとって最も中心的なものは何かについて注意深く探索し，成功しようではないか。

　私たちの専門を内省的に注意深く見続けるにあたり，エリオットの詩「リトル・ギディング」の言葉を心にとどめよう。

　　　探求をやめはしない
　　　そして私たちのあらゆる探求の最後には
　　　私たちが出発したところに行き着き
　　　最初の場所だと気づく

2．専門のための概念枠組みと提案された名称

　　　　　下記の専門のための枠組みと提案された名称が，1993年10月21日から24日の間，アリゾナ州スコッツデイルで開催されたスコッツデイル会議の成果であった。専門のさまざまな部門を代表する100人の参加者が会議に参加し，次のような事項を勧告した。

専門のために勧告された名称　　　家族・消費者科学

宣伝用の短縮語　　個人の権能を高めること
　　　　　　　　　　　家族を強化すること
　　　　　　　　　　　　地域に権限を与えること
　これは，家族・消費者科学が何についての専門かという問いに対し，勧告された最初の回答である。これら三つの語句を用いることで，専門のための国民的アイデンティティを確立することができる。

焦点の統一化　　家族・消費者科学は，個人，家族，地域，およびそれらが機能する環境との間の関係性に対して統合的アプローチを用いる。

専門がリーダーシップをとること
・個人，家族，地域の福利を改善する
・消費財・サービスの開発，配達，評価にインパクトを与える
・政策の開発に影響を与える
・人間の条件を高めることによって，社会の変化を形成する

専門が関わること
・家族の強さと活力
・人々のニーズにあった人的・社会的・物的資源の開発と使用
・個人と家族の身体的・心理的・経済的・美的福利
・物・サービスの消費者としての個人と家族の役割
・個人と家族を支援する家庭・地域環境の発展
・環境に対する計画と管理，および利用

- 現在，およびこれから出現する科学技術に対する計画と利用，およびアクセス
- 個人，家族，地域を支援する政策の批判，開発，実行

基本的信念　　私たちが信じること
- 基本的社会単位としての家族
- 個人と家族の発達への生涯的視点からのアプローチ
- 個人，家族の家庭内外のニーズに適合すること
- 個人，家族，地域の福利強化における多様性
- すべての個人が知的に発達し，可能性を最大化するための教育機会に対する権利
- 統合を公約する強力な重要課題専門諸領域
- 多様な研究モードを用いる
- 生涯的過程としての教育

仮説の立案　　21世紀に向けて自らを位置づける専門として
- 歴史的・哲学的基礎に立脚する
- 先見の明があり，明確な影響を及ぼす存在である
- 科学と芸術と人間性に立脚する
- 専門の実践のための基礎として研究を利用する
- 職業と専門に向けて個人を育てる
- 専門的能力と持続的な専門的発展に向けて努力する
- グローバルなパースペクティブを組み込む

専門の実践
- 私たちは，知識の発見，統合，適用に焦点を合わせる
- 私たちは，研究モードとして，分析・経験科学，解釈科学，批判科学を用いる
- 私たちは，主題と機能的領域に対し横断的に知識を統合する
- 私たちは，専門の実践においてシステムズ・アプローチを用いる
- 私たちは，予防から援助までの連続体にそって，私たちの最初の焦点であった予防についてのサービスを提供する
- 私たちは，強力な専門領域を打ち立て，スペシャリストを参集し，専門家と消費者の協力関係を確立することにより，個人と家族の緊急的関心，お

よび永続的関心の双方に発言する
- 私たちは，共通の目標を達成するために他の専門や組織との協力関係を確立する
- 私たちは，倫理的な基礎をもった実践を行う
- 私たちは，専門の実践を通じ，個人，家族，消費者，および地域を代表して主張する
- 私たちは，リーダーシップと組織的発達を促進する
- 私たちは，私たちの専門を次のコンテクストにおいて実践する
  - 教育
  - 政治
  - 研究
  - 普及
  - ビジネス
  - コミュニケーション
  - 健康と人的サービス
  - 組織化された地域
  - 家庭

成果　　私たち専門の実践の成果
- 個人と家族の社会的・認知的・経済的・情緒的・身体的健康，および福利の向上
- 自分の生活に責任をもち，潜在力を最大化し，自立的かつ相互依存的に機能を発揮できるように，個人と家族の能力を強化すること
- 個人と家族が機能を発揮する環境の質の向上をはかること

　この枠組みは，1993年10月23日のスコッツデイル会議の参加者たちにより開発され，了承された。それは，次の組織の会員にそれぞれの組織代表者により伝えられるであろう。

　アメリカ家政学会，アメリカ職業連合・家庭科教育部会，家政学部科長連合，全米生活改良普及家政学者連合，全米家政学部科長会議

３．プールサイドのキャンドルサービスによる閉会

　　　　精神が　高揚する
　　　　　過去を誇ろう
　　　　精神が　高揚する
　　　　　過去の記憶
　　　　精神が　高揚する
　　　　　ここで今
　　　　精神が　高揚する
　　　　　統一性は今
　　　　精神が　高揚する
　　　　　明日への希望
　　　　精神が　高揚する
　　　　　約束された未来
　　　　私たちと共にあれ

　　　　　　　作詞　ドロシー・マーチン

　　　　過去を大事にしよう
　　　　　現在を知ろう
　　　　未来を抱きしめよう

4．意思決定過程

促進者のマックネリスたち
カレン・ゴッティング
バーバラ・マックドナルド
ジェリー・マックネリス

　以下は，意思決定過程の概要，および私たちの観察の一部である。
　私たちは，各参加者がスコッツデイル会議にもたらしたエネルギーに驚いた。当面の課題は困難であった。しかし，さまざまな見解に対しての高度なやる気，忍耐力があり，当面の課題を首尾よく取り扱おうとする強い責任感があった。
　意思決定の過程は，要約計画過程（R）を修正することだった。最初の課題は，専門のためのモデルを示している 11 の立場の論文を小グループで批評する作業だった。どの論文も参加者の完全な支持を受けてはいなかったので，そのグループには，新しいモデルにおいて強調されるべき鍵となる要素を明らかにすることが要請された。これらの考えは全体会議で示され，書記チームは全グループの報告書の形式をまとめるのに多くの時間を使った。書記チームは会議参加者に草稿のシリーズを提示し，草稿のそれぞれは，次の草稿に用いられる情報として十分に議論された。結果の記録は焦点の統合化，基本的信念，仮説の立案，専門の実践と専門の成果について述べている。
　次の主な課題は，何に関する専門かを最もよく表す，ホーム・エコノミクスとは異なる他の名称を決定することであった。ここで強調しておきたいことは，それが特定の組織や教育機関の名称ではなく，むしろ専門全体の名称を考える努力であったことである。11 の小グループが選択可能な名称を列挙し，それぞれについて長所と短所を分析した。これらは論理的根拠とともに会議出席者に示された。その結果，九つの異なった名称にまとまり，それぞれについて参加者により議論された。ほとんど支持がなかったものは失格とされ，出席者には，残された名称について意見を表明するに十分な機会が与えられた。そこで，参加者が専門に対する最も良い名称として賛意を示し，圧倒的多数が選択したのは「家族・消費者科学」であった。
　次いで，この新しく提案された名称は，ホーム・エコノミクスという名称との関連で吟味された。さらに，討議時間が延長され，参加者全員が名称変更

の前段階と制定に関する各自の考えや感想を分かち合う時間がもたれた。このことは，明らかに容易な課題ではなかったが，21世紀に活動する準備として，専門の未来にとって何が最良なことかについて考えることに，グループが明解に取り組んだ。

　提案された名称，概念枠組み，明確化されたアイデンティティ声明などについて，後援機関はどうすれば機関内でこれらの勧告を支持できるか，計画を立て始めた。これら当初の考えがこの報告書に述べられている。

　促進者として，私たちはすべての見解が聞かれるように努力した。そこでは，グループ内での高度な信頼と，専門のこれからのより良いあり方に対して明確な責任があった。信頼できる人々が困難な意思決定をするために集まり，威厳をもってその課題を果たしてくれた。

　次世紀のための専門の位置づけに専念した人々とともに働くことは，私たち一人ひとりにとってすばらしい経験であった。

　あなた方への手助けを私たちに委託してくれたことに感謝する。

5. 最終会議

5-1 家族・消費者科学──72点

賛成意見
・現代的用語
・使命を表している
・専門を再活性化できる
・理解しやすい
・一つの変化であり，専門に必要とされることかも知れない
・家庭を超えるものを暗示している
・専門が知的基盤をもつことを示している
・男性にとって，より心地良い語である
・古いステレオタイプから抜け出している
・すべての専門を包含している
・諸科学の間での専門の地位を高める
・家族，個人，消費者に焦点が合わせられている
・使用される場で役立つ
・ホーム・エコノミクスの哲学と歴史的基礎に立脚している
・技術を含むことが容易に受け入れられる
・家族を研究対象とする専門に結びついている
・人間対物質に焦点をおいている
・「家族」に国民的関心があるため，時を得た名称である
・長過ぎず，頭文字も悪くはない
・使う者にとってわかりやすい─「あたたかい」
・雇主が受け入れやすい名称と言うであろう
・生活改良普及の対象者に理解しやすい
・ここにいない他の人々を専門とスコッツデイルから分離させないですみそうだ
・普及に適している
・この団体に戻る者がいるだろう
・新規加入を促進しそうである

- 専門と同様，単位集団も名称を使うことができるであろう
- 名称は，いくつかの単位集団が専門に戻る動きに拍車をかけるかもしれない
- 高校レベルにおいて，より「学究的」になることが容易になる
- 高校コースの要求に組み入れることが容易である

反対意見
- 表現が冗長である
- あまり未来派的でも先見的でもない
- 法律にない
- 私たちが自分自身を何と呼べばよいかが明らかでない
- 変更は高くつく──金銭，時間
- 焦点が狭い
- 存続は短いと思われる
- その名称は専門から離れる動きに拍車をかけるであろう
- 専門というより，ある単位集団の名称のように聞こえる
- 私たちをさらに分離させるかもしれない。
- 「消費者」は言外に否定的な意味をもっている
- 長過ぎる
- 専門を限定する──多様性を与えない
- 頭字語が良くない
- 「消費者」を「家族」と同レベルに引き上げている

5-2　ホーム・エコノミクス──22点

賛成意見
- 私たちに人物証明効果を与える
- 外国語を話す人々に説明しやすい
- ある人々は名称変更には熱心でない
- 国際的名称である
- 家族・消費者科学としたいくつかの学校は解散した
- 「ホーム・エコノミクス」という名称のもとで多くの単位集団はうまくいっている
- 歴史がある
- 人々の信頼を得ている

- 変更するには時期が悪い
- 調理や裁縫をする人々（専門家）を支える
- 名称についての新たな試みをもたらす
- 実際的―時間と金銭の節約になるであろう
- 説明しやすい
- 法律に「ホーム・エコノミクス」という名称で書かれている
- ビジネスで理解されている
- 世界中に認められている
- 国の協議事項に合っている
- 多くの専門領域を含んでいる
- 短い名称である
- なされるべきこと，なしてきたことを促進することができる

反対意見
- 未来派的でも先見的でもない
- 私たちが今までに（新たな）名称をもたないとすれば，「飛び出す」べきでない
- 高校生に新規加入させるのが難しい
- あらゆる主要な広範囲の大学ではこの名称をやめている
- 学究的でなく，職業志向と見られる
- 私たちが覚悟すべき費用は度を超すであろう
- ステッチ（裁縫），かきまぜ（料理）専門
- ランド・グラント大学ではあまりよく認識されていない
- 私たちの使命の表明に適しているとはいえない
- すべてが経済に基盤をおいているように連想される
- 政治上でも法律上でも私たちが言っているようには言っていない
- 職業・専門の教育をする高等教育プログラムにとって不利益をもたらす
- 家庭に焦点がおかれ，ビジネスに関係がない
- 否定的イメージ
- 人々は「ホーム・エク（Home Ec）」といい続けるであろう
- 女性的でソフトな技術という言外の意味がある
- 科学的基盤をもつという事実に必ずしも言及されてはいない
- 家族について言及していない
- 男性の参加を妨げている

「家族と消費者」対「人間環境」の得点
　　　　家族と消費者　　68点
　　　　人間環境　　　　22点

「生態学」対「科学」の得点
　　　　生態学　　　　　42点
　　　　科学　　　　　　50点

6．提起された名称と概念枠組みを会員間で支援することについての勧告

6-1　AHEAにおいて家族・消費者科学を支援する方法

AHEAのリーダーシップで会員に「名称」を売り込む方法
・草の根レベルに対して根拠のある情報を得る
・コミュニケーション手段として，実行委員会要約を増刷する
・議事録を利用できるようにし，会員はどうすればそれを得ることができるかを知るべきである
・名前の変更を説明するためのビラ（封筒に入れる）
・月曜日の朝，AHEAで電話作戦をとる
・常任委員会とコミュニケーションをとり，その結果の情報を求める
・責任の強化と決定の統一
・ワープロ
・すべてのリーダーにアイディアを出させるプロセス等
・州の会議で討議する
・誰がその州の要約にかかわったかを州代表者に知らせる
・議会総会へ行く
・代表派遣計画
・部門の議長との連絡
・州代表者への会議からの呼びかけ
・さまざまなグループの会員とAHEAにおいて，名称についての慎重で開かれた討論を行う
・変更を歴史と未来に関連づける
・専門家が専門に良い感情をもてるよう支援する必要性
・AHEAの活動の利用—最初の頁
　　　・会長の手紙—6月の代表選挙を知らせる活動をしている会員
・AHEA支部内のリーダーに知らせ，明確に示す
　　　・支部の月例メモ
　　　・倫理上の理由から，売るのではなく，知らせる
・ビデオ—AHEA会長，重要人物

6．提起された名称と概念枠組みを会員間で支援することについての勧告　17

・年次会議での演説者
・変化のための創造的テーマ
・州代表者と州組織に情報を与える
・専門部門―ニュースレター
・計画性ある戦略
・氏名は「ダミー」とした特別委員会を公表する
・会員との連絡が可能であることをあらゆるメディアに教える
・全国会議までの最新の定例情報
・AHEA スタッフは会員の質問を副会長に振り向ける
・スコッツデイル参加者のための最新情報のセションを AHEA で開設する
・名称は投票で決定されなければならない，という内規をいつ変更するかを決める
・州代表者への月例メモ
・アクション・ジャーナル（次号）
・現在の名称を客観的判断に基づき理解する
・最終的な三つの名称とモデルに対する賛否について討論を続ける
・SPLC・ADU の会員に対し，AHEA 会長は個人的に説明するための手紙を書く
・AHEA 年次会議―公開討論会を開く―「スコッツデイルで何が起こったか」
・12月1日までに内規委員会に勧告されている変更を提示する
・発行された3月活動
・バーバラ・テイラーがメッセージを伝える
　　　　・コビイがイリノイその他の州の会員に11月5，6日の年次会議でメッセージを伝える
・すべての専門家グループの州代表者
・特別委員会は，他者に首尾一貫したメッセージとともに仕事を委任できる
・特別委員会

期　限
・代議員会にさかのぼる報告書　　　　　　　　　　1994年6月
・内規の勧告　　　　　　　　　　　　　　　　　　1994年12月
・州代表者への電話会議の呼びかけ　　　　　　　　1994年春
・学会誌の中の記事　　　　　　　　　　　　　　　1994年春

・地域会議からの呼びかけ	1994 年春
・理事と評議員による AHEA 委員会	1994 年春
・要約書類には参加者リストが含まれるべきである	1993 年 12 月

結果—手段
- 意図と手順を説明するための，全国のリーダーたちによって開発された声明
- 広がりと視野声明を AHEA のすべての出版物に掲載する必要がある
- 「精神の高揚」に適したポスター
- 提示のための首尾一貫したメディア向けパッケージ（口頭提示，文書提示，視聴覚提示）
- 要約書類
- 「精神の高揚」をイメージした葉書
- すべての参加者のための実行委員会要約には，概念枠組み，話の要点，勧告された名称について理論的に説明するためのオーバーヘッド用コピーを含む
- 州代表者を連れてくるための戦略
- 代議員会は要約書類を受け取る
- 州会議で提案された議論
- 広がりと視野声明が，SMS を通して学生まで届く必要がある

戦　略
- 専門的に開発された市場向け用具
- 年次会議期間中に計画されるプログラム・セション
- 公開討論会のような内規変更のための準備
- 全員に使われるような首尾一貫したメッセージの開発
- 変更は拒否するためではなく前進するためのものであるということを伝える戦略

6-2　AAHE 内で家族・消費者科学を支援する方法　—チーム G

AAHE のリーダーシップで会員に「名称」を売り込む方法
- 11 月のビジネス会議の議題に入れる。
- オハイオ・スクール—モンタナ，アイダホ
- エウラ・マッセンゲイル他 2 人の名前が委員会に挙げられている
- シャロン・ニコルズを特別委員会議長に任命する

・3月のニュースレターに情報を載せる
・5月の委員会への勧告
・10月のニュースレターに掲載する─1994年11月の会議の1か月前に提示
・1994年11月の会員による投票
・名称変更の影響の再検討
・BOHE と AAHE 双方で検討する

6-3　NCAHE において家族・消費者科学を支援する方法　─チーム H

NCAHE のリーダーシップで会員に「名称」を売り込む方法
・会議のモデル
・情報を提示する
・年次会議で会員に知らせる
・ASAP の会員に手紙

6-4　NCAHE 一般会員の間で家族・消費者科学を支援する方法　─チーム I

NCAHE のリーダーシップで一般会員に「名称」を売り込む方法
・特別委員会は参加者への情報を得る（進行報告）
・地域で使用するため，参加者へ新聞発表をする
・ホーム・エク名称をもつ多くの人々は，新しい名称の受け入れ効果に最大の力を発揮する
・適切な組織のニュースレターにより公表する
・専門的にデザインされた新しいロゴ
・メディアへの情報を得る
・協会に属さない実践家（まず身元を確認する）に接近する
・守りの姿勢をとらない
・積極的な用語を用いる
・新しいロゴを広く用いる。
・ロゴ─未来指向かつ現代的
・「国際家族年」の宣伝を利用する

6-5　NAEHE 内で家族・消費者科学を支援する方法　―チーム D

NAEHE のリーダーシップで会員に名称を売り込む方法
・地域幹事の研修
・報告者（発表）
・声明書（発表）
・州評議員会会長への手紙
・JCEP における ECOP
・USDA への手紙と電話（ジャネット・ユウジンガー）

可能な団体の名前
・全米連合 - 生活改良普及家族・消費者科学（National Association ―Extension Family & Consumer Sciences; NAEFCS）
・生活改良普及家族・消費者科学連合（Extension Family & Consumer Sciences Association; EFCSA）
・全米生活改良普及教育者連合（National Association of Extension Educators）

6-6　AVA-HEED 内で家族・消費者科学を支援する方法　―チーム E

AVA-HEED のリーダーシップで会員に「名称」を売り込む方法
・封書レターと会議の情報をすぐに会員に伝える
・内規委員会は郵送投票のために内規を変更する仕事を必要としている
・情報の再検討
　　　　・内規委員会により
　　　　・政策と計画委員会により
・AVA での情報についての討議
　　　　・戦略的計画会議
　　　　・支部のビジネス会議
　　　　・部門のビジネス会議
・郵送投票を可能にするため，12 月に内容表現の内規を変更する
・＿＿＿＿＿（月）に郵送投票，春のニュースレター
・7 月の AVA 委員会会議で情報を提供する
・1994 年 12 月の AVA ビジネス会議で内規変更案を提示する

6-7　一般会員内で家族・消費者科学を支援する方法　―チーム J

リーダーシップでメンバーに「名称」を売り込む方法
・教員層
・スライドやビデオの上映
・ステッカー
・声明による通知
・Tシャツとトートバック
・無料配布─鉛筆等
・学部会議
・議事録のページ
・特別委員会から各グループへの手紙
・ウエストポーチ
・軍楽行進
・ビラ
・プログラムの裏側
・バス
・広告版
・(名称) 誕生パーティーを開く
・グループを採用する
・職業紹介
・国際組織へ情報を送る
・アトランタのカーターセンターに通知
・ロゴのデザインをする
・ボタン
・家庭科教師とともに，カリキュラムプランを作成する
・全米職業情報調整委員会ジュリエット・レスター代表に報告する
・陳情者は，政治指導者と作業をする
・AVA部門の指導をする
・しおり
・意思決定者，および重要なリーダーとの連絡を図る
・中学校，高等学校，大学，およびビジネス間の提携を進める
・コーヒー用マグカップ
・装身具

- （名称）誕生の公表
- 専門家間の協力委員会
- 委員会の形成
- 運営団体への報告
- リーダーへの個人的訪問
- 州の代表者は，草の根の専門家たちと接触する
- ポスター
- 公開政策―立法―陳情者
- 資金提携のためのガネット基金
- 会議での展示
- 町内会議
- 図書館での情報提供
- 有名な代弁者を用いる
- 連邦国家，および州機関へ通知する
- バンパーのステッカー
- AARPに接触する
- 新会員を募集する人との作業
- PTAs，PTOs，PSAs
- 掲示板
- E-メール
- USAトゥデイ―教育的増補―ジョアン・ホイットニイ
- 国会議事堂のある丘での主催者レセプションを行う
- 国際家族年と結びつける
- 食料品店バッグ
- 同級生のニュースレター
- 指導者に電話する
- 州の代表者らと接触する
- 人気のある新聞
- 共同会議
- 職業組織とコミュニケーションを図る
- 世界食品デー
- 小さなコミュニティでの主催者レセプション
- 重大問題および使命声明について協議する専門家会議
- トークショーへの招待

- ラッシュ・リムバウショーへの招待
- ホーム・エコノミクス・ジャーナルに記事を載せる
- 組合や商品グループとのコミュニケーションを図る
- 衛星ビデオ会議
- クリントン大統領に接触する
- スポーツプログラムに挟む
- ビデオの開発
- 野球帽と日よけ帽
- 会員へのスペシャル・レター
- 個人への電話
- デパートでの宣伝
- 年次会議のプログラム
- 指導者への要約書類
- 会議での討議
- ニュースレター編集者への手紙
- 「トゥデイ」ショー
- ケーブルTVでの私たちのTVショー
- 本を書く

6-8　一般会員内で家族・消費者科学を支援する方法　―チームK

事　前
- 専門家会議で促進する
- ニュースレターで促進する
- 各機関の長への手紙と報告
- 資金源への手紙，報告および感謝状
- 新聞発表に添付する光沢のあるPR材料
    - 短く，簡潔に
- 参加者がメディアに持ち込む，参加者配布新聞発表
- 一般大衆に21世紀に向け名称，使命を知らせる戦略的マーケティング計画の開発
- 本機関の内容を知らせるために，私たち全員が使える首尾一貫した簡潔な声明書
- 家族年を利用する

・21世紀に向けた専門の位置づけを知らせるためにコンピューターネットワークを利用する

事　後
・戦略的マーケティングの実施―変化を知らせる計画―使命
・機関の長や議会議員に売り込む
・最近の可能性のある資金源に通知する
・他の新聞発表機会を明らかにする
・大学学長に知らせ，委員会に参加してもらう
・家族・地域指導者―4H委員会
・専門がメッセージを知らせるために，はっきり発言できる代弁者を見分ける
・ラジオ番組―地方番組・全国番組
・町内会議
・すべてのカレッジ，総合大学は同一日に同一議題で学生と会議をもつことを計画すべきである
・私たち専門家を雇用する機関への売り込み
・「ホーム・エコノミスト」の地元の地域住民向けに指定日に地方会議を開く全国的努力を始める
・主要TVトークプログラムでインタビューを受ける
・国際社会に連絡する
・国際連合機関に連絡する
・21世紀に向けての専門をいかに位置づけるかについての声明の形を変えたものを含む新聞発表
　　　・時間
　　　・参加者
　　　・USニュース　ワールドレポート
　　　・小新聞
　　　・大新聞
　　　・大宗教団体
　　　・州教育委員会
　　　・知事
　　　・友愛組合グループ
　　　　　・ムース（へらじか）
　　　　　・エルク（しか）
　　　　　・その他

6-9　一般会員内で家族・消費者科学を支援する方法　―チームM

リーダーシップで会員に「名称」を売り込む方法
・「家族」の重大課題について話せる有力な代弁者を見分ける―日常のニーズにかなう
・掲示板
・PSA，ラジオ，TV
・大学，公教育，コミュニティー・カレッジ
・ビジネスと産業
・ロゴの開発
・メディア声明
・マーケティング会社を雇う
・協会が名称を採用した場合に使用する有効な短縮語，画像を開発する
・成功したプログラム
・ビデオ
・「5」機関との連携
・一般大衆
・新聞会議―マスコミ攻勢
・広告への新しい場所の位置づけ―すなわち一般ニュース雑誌
・一般大衆は仲間に家族・消費者科学を適切な名称として売り込むことができる

7．連 絡 計 画

7-1　特別メッセージ

　　1．枠組み―アイデンティティ声明―名称
　　2．上位二つの名称に関する賛否両論
　　3．参加者名簿
　　4．代表機関
　　5．終了報告から経過の要約
　　6．簡単な任務ではない闘争―苦しみ／喜び
　　7．次の手順
　　8．財政的援助への感謝
　　9．AHEA活動の記事―次号

7-2 連絡計画

連絡先	連絡事項	連絡方法	連絡担当者	期　限
スコッツデイル参加者	1-7	報告と封書レター	マックネリス作成および郵送，封書レターと共に郵送	郵送 11/16
ケロッグ基金	1, 3-8	〃	コピー	11/16
		〃		添え状
AHEA基金	1, 3-8	〃	コピー	11/16
50のAHEA支部	1, 3-7		バーバラテイラー	11/16
欠席した招待参加者	1, 3-7	短信・封書レター	ルアンコピー	11/8
認証委員会	1, 3-8	〃	コピー	11/8
後援5機関の長	2	予備草案1-8		11/8
		AHEA	シャロンニッケルズ	11/12
		AVA-HEED	デイジースチュアート	12/2
アリゾナ支部	ギフトの感謝	手　紙	ルアン	
AHEA活動		新聞発表記　事	ルアンレオラ	11/20
成果			エスター	

7-3 行動計画

作　業	担当者	期　限
次期手順の詳述	ルアン	10／30
マックネリスに更新発送名簿を送付参加者	コピー	10／30
芸術作品をマックネリスに送付	ルアン	11／4

8．活動の完了報告

うまく行ったこと
・マックネリス・グループがグループの顔色を上手く「読んでいる」
・公式の少数派報告を，ついに誰も求めなかった
・人々が発表事項を思い浮かべるのにカードが助けとなった
・自分の意見を変えることが許された
・象徴と隠喩を上手く用いた良い仕事であった
・論文が基礎を提供した
・6人チームは枠組作りにモデルからの情報を必要とした
・論文が進行に信頼性を与えた
・多くの小さなチームが最初のセッションで絆を強めた
・キー・リーダーが信頼できる代表者であった
・「実務家」の賛成が多かった
・促進者が自分の小さなチームの代弁者になった
・私たちすべてにとって多くの成長体験となった
・非米人参加者との相補的相互作用
・優れた学生の貢献
・参加者がさまざまな機会に自分の位置を得た
・人々は寛大な気持ちで新しい考えに立ち向かった
・合意形成過程が有効であった
・多様な異なる過程で合意がもたらされた
・時宜を得たグループ形成
・一連の時間が私たちの動きを助けた
・12人の促進者は進行過程で成長した
・いくつかの小グループが本当に成功した
・連合チームは最終的には促進者を受け入れた
・6人チームのいくつかはジェリーを継承した
・土曜の午後までに，人々は「ともにやっていく」準備ができた
・投票についてのコビーの説明は明確だった
・6人チームは土曜の午前中に特別委員会委員を全面的に受け入れた
・人々はここでの他の学問を喜んで受け入れた
・信頼して任された進行過程

- 大グループは達成速度に驚いた
- 大グループは自分たちの情報が6人チームに利用されたのがわかった
- 彼らは促進者の自信と計画された進行過程を理解した
- 進行過程が機能した
- 私たちはいくつかの選択肢をもち，それを用いた
- 辛抱強い促進者はすべての情報を受け入れた
- 参加者は名称を取り扱う過程での偉大な技量を認めた
- マックネリス・チームは内容にまでは立ち入らなかった
- 「部外者」が実によく貢献した
- 促進者が NO オブザーバーの指針を受け入れた
- 施設・設備が完璧だった
- 過程が実に公平であった
- 人々は進行過程と計画が熟慮されたものであることを知った
- 参加者は準備ができていた
- 真剣な参加－誰もが巻き込まれた
- 素晴らしい閉会式－元気づけられた
- あらゆる見解に耳が傾けられ，尊重された
- 意見が聞かれる段階があった
- 進行過程を通じ，人々は聞き，成長した
- 私たちは私たちの仕事を成し遂げた
- 多数派が結果に好意を感じている
- 6人チームがすばらしい貢献をした
- 高度の信頼
- 6人チーム内のチームワークが優れていた

苦労したこと
- 非参加者に「推移」をどう説明するかについての不安
- モデル，名称またはその両者についての混乱
- 論文についての厄介な作業
- プリンターを進行過程の外に置いた
- 人々はあらゆるレベルの準備状態でやってきた
- 開会の夕べ－歴史スピーチは難解だった
- スナックの高カロリー食品
- 最初の朝の 11：00 ～ 12：30 は非常に緩慢だった
- 何本かのあまりに分量の多い論文

・遅いグループが他に追いつき，追い越した
・時間との戦いだった
・モデルと名称の整合性

学んだ教訓
・食物が不十分－最初の夜
・開催場所は適切だった
・閉会晩餐・式は極めて重要であった
・最終セションは健康的で変化に富んでいた
・高度に感情的な問題については，多数の痛みが予想される
・大きな意思決定の後に反省と静寂が続く
・進行過程に「人」をとどまらせなければならない
・集団的過程を信用する。痛みはその一部である
・あるグループから離れる人々を上手く引き戻すことができる
・人が多過ぎたが，より少人数ではそれは成し得なかった
・参加者が作業過程を伝達する役割に深くかかわっていた
・それは一つの旅であり・旅であった
・論文が考えを吐き出す機会を提供した
・論文は「避雷針」であった
・著者は自分のモデルについて適切な批評を得た
・著者は「ほとんど」限界状態にあった
・2人の促進者は，いかに溶け込ませるかについて計画をたてる必要があった
・柔軟な計画により，困難な仕事が成し遂げられた
・進行過程が信頼できることを再確認できた
・「同胞」と「部外者」がいた－哲学的根拠付けに同胞と部外者は必要である
・論文がなければ，仕事を遂行できなかった

もしこのような作業に引き続き関わるなら，必ず確認しよう
・基調講演者は参加者以外にすべき
・モデル論文が無ければ，できなかった
・モデル論文の使用にはもっと選択眼をもつべき
・連絡委員会を必要とした　　　・進行過程を信頼する
・不参加者を出席させるための手順が必要
・グループを組み合わせる際には導入が必要
・M・ブラウンの章はモデルのセットから外されるべき
・グループは文献を示す前にその構成の長所・短所を知るべき

II　論議に向けて提示されたモデル

1．依頼されたモデルと論文のためのガイドライン

　専門の統一とアイデンティティのための特別委員会は，ホーム・エコノミクスの視野と広がりを明らかにし，名称に関するさまざまなホーム・エコノミクス組織における共通理解を確立するための道づけをすることを委託された。この試みの目的は，ホーム・エコノミクスに関連してその発展を妨げている多くの疑問や曖昧さ，そして課題について検討することである。

　1993年春，専門の統一とアイデンティティのための特別委員会は，全国のホーム・エコノミストに対して，ホーム・エコノミクスとは何かという概念を表すのに最もふさわしい名称を推薦しコメントするように求めた。アルファベット順に挙げると，以下の名称が，最もふさわしいものとして多数により挙げられた。

　　　家族・消費者研究／教育／科学
　　　ホーム・エコノミクス
　　　人間生態学
　　　人間科学／人間環境科学

　この方向をさらに促進するために，特別委員会は6～8人のそれぞれに，ホーム・エコノミクスの広がりと視野の問題についての考えを示すモデルを開発すること，現在ホーム・エコノミクスとよばれている専門の哲学的な基礎を描くこと，そして新しい名称にするか，あるいは現在の名称を再是認するかを提案することを依頼した。

　これらのモデルは，10月の会議の3週間前にスコッツデイル会議参加者に送られる。スコッツデイル会議では，そのモデルが議論を促進させ，特別委員会の目標を成就させるために提示される。提案の出所よりも考え方に議論を集中させるため，会議の前と期間中には，提案者の名前は公表されない。報告は特別委員会議事録の一部分を成すことになっている。会議後には，著者は名乗り出て，それぞれの報告を自由に使用できる。

　それぞれのモデルは以下のようである。

　　　1．専門・分野の広がりと視野を描く
　　　2．専門・分野の使命を明確にする
　　　3．専門・分野のモデルを提示し，その哲学的基礎を明確にする
　　　4．名称を推薦し，その名称の合理的根拠を示す
　　　5．何についての専門・分野なのかを一般の人々に伝える簡潔な声

明を（1～2文で）提示する

1～5について著者は以下のことをしなければならない。
1．もし著者が必要と考えるならば，「専門」と「分野」という用語を区別すること。これら二つの用語が互換できるか否かについて考えを示すこと
2．大学・中等教育と，生活改良普及プログラムの名称と，専門・分野の名称の関連性について考えを示すこと
3．特別な課題領域があれば，専門との関連を提示すること
4．あなたが提案したモデルを支持する過去の業績や考察を挙げること
5．あなたが提案するモデルを支持する最近の人口統計や資料を挙げること
6．提案された専門・分野の名称が，その構成諸部分のすべてを統一するのにどのように有効かを示すこと
7．そのモデルが受け入れられた時に生ずる，実践的な専門職のタイトルの問題について考えを示すこと
8．提案されたモデルや概念をホーム・エコノミクス集団のメンバーや構成諸部分，および一般の人々に普及する方法を述べること

モデルを準備するに際して，特別委員会は以下のことを要求する
1．それぞれのモデルは，上記の名称とその名称に固有の考え方を反映するものであること
2．モデル描写は，ダブルスペースで8ページ以内であること
3．提案の理解を促進するために，概念と関係について図表化すること

依頼されたモデルは，スコッツデイル会議の討議に向けて行われた全国調査結果が示す考え・概念をさらに発展させるであろう。会議では，依頼されたモデルの一つを採用するとか，あるいはそれらのモデルだけが検討される考え方・モデルとみなすようには企図されていない。スコッツデイル会議の過程では，会議を通して展開された考え方・モデルが依頼モデルと同様に受け入れられることになるであろう。

注意事項

　私たちが長年扱ってきた考えと概念を明確化し，輪郭をはっきりさせるのだということを銘記してほしい。私たちは，新しい専門を作ろうとしているのではない。現在あるものを否定しようとしているのでもない。目標は，これからの数十年に私たちの使命を効果的に達成するために，今どうするのか，またどうすべきかを明確にし，かつそれを効果的に表す専門用語を見つけ出すことにある。

9月10日　　コビイ・シマリイ

2．分野のためのモデル

ヴァージニア・B・ヴィンセンティ（ワイオミング大学家政学科長）

2-1　分野の広がりと視野

　ホーム・エコノミクスは，家庭・家族すなわち日常生活の問題に経験科学を適用する分野として誕生し発展してきたが，またそれは（少なくとも一定の人々により）「哲学的な課題すなわち，今はまだ関連づけられていない知識の断片を，一貫した一つの全体にまとめ上げる［つなぎ，まとめる］…関係の研究」（レイク・プラシッド会議議事録，1902，p.70-71）だとも考えられてきた。この分野は初期のころから学際的だと考えられてきたのである。しかし，そこで用いられてきた研究の重点事項あるいはモードは，基本的に自然科学であった。これはおそらく，今世紀初期において家庭の物質的側面が多くの人々にとり，今日以上に劣悪であったこと，また専門を創設した研究者たちの多くが自然科学の出身であったことによるのであろう。

　しかし多くの問題が複雑性をもっていることと，自然科学の仮説や方法に依拠した経験科学には限界のあることが，分野の初期のころ以上に自覚されるようになり，いまでは科学について分野特有の概念化を解釈科学や批判科学まで含めて行うことが一層理にかなっている。この意味で，科学は一般に，合理的でモラルある批判のもとで維持され得る諸事業を生み出し改良していく知識だと考えられる（Radnitzky, 1973）。実際この定義によって，多種多様な知識および研究のモードが受け入れられる。ホーム・エコノミクスの知識は合理的，社会的，そしてモラルある人間の能力を発達させ，自律的な思考と行動に向かうような人の変化を導き，また人間の経験と内省的根拠を結び付ける価値について意義づけ同意する集団を発展に導くものであるべきだ。

　こうした広義の概念化により，専門がその使命とアイデンティティについて理解と相互合意を分かち合うに至ることを妨げてきた実証主義と相対主義の双方を乗り越えることができる。実証主義は独断的にも，正当な知識の定義を自然科学の方法からのみ導かれるものとして狭めている。相対主義もまた独断的に，すべての観念あるいは知識が批判を欠いたままで等しく価値あるものと見なしてしまう。

専門のメンバーたちは，私たちすべてが共通に把握する意義と価値に同意する必要がある。あらゆる専門領域は，人間の可能性とともに複雑な社会・文化的コンテクストの内部で家族や個人が日常生活で遭遇する基本的問題に焦点を合わせるべきである。この社会・文化的コンテクストは場合によっては虚偽の意識を刺激し，物質的富と幸福を同一視してしまうという問題や可能性を理解できなくする。

　しかし一方，家族もまた社会・文化的，政治的コンテクストのうちにあるからこそ，もし彼らがそれぞれの私的な自己利益や知覚をより良くしていくことに関心をもてば，認知的でモラル的利益を受けることができる。ただしベラーたちが指摘したように（Bellah, R., N., et al, 1985），私たちは自分の生活を私物化し，意味ありげに公的生活から引っ込み，その結果，孤立感を深め，関与することを恐れ，変化するにも支援無しの状態になっているのであるが。

2-2　分野の使命

　ブラウンとポルーチ（1979）は専門の焦点を，健康で責任感があり有能で思いやりのある個人の発達を家族が促進するのを，単に家族だけに焦点を合わせるのではなく，家族と相互作用するより広い環境をも思慮深く組み入れることによって支援する，ということにおいている。その使命声明は次のようである。

　　ホーム・エコノミクスの使命は，家族が個々の単位として，また一般的には社会制度として次のことを導くような行動システムを確立し維持できるようにすることである。(1)個人の自己形成における成熟，(2)社会的目標とそれを達成する手段の批判と形成に協力的に参加するよう啓発されること（Brown and Paolucci, 1979）。

　個人の自己形成へと導かれる家族のあり方や行動方法を提供することで，家族の能力を高めるという支援以上に，私たちの分野は，家族と社会がいっそう人間的で合理的になるような合理的，社会的でモラル的発展に関与すべきである。生活の公的および私的側面は統合されており，別々の学問へと細分化されるものではない。

　こうして，この使命は，人々が自分の生活世界（日常生活経験）についての感覚を創り，デモクラシー内部に真正さと正義を増大させていくのを支援することにより，経験科学を超えていく。したがって，それは家族を支援して雇用者であり市民であるとともに公益に，究極的に貢献する家族メンバーであり消費者である個人を強化することを追究している。

個人と家族，そして公益の間には共生的な関係がある。自分自身として，あるいは家族として行動する個人は，常に（時には受動的であるが）私たちの社会における社会・文化的，経済的そして政治的システムと相互作用し合っている。社会もまた家族が人物を育成し，社会にただ適応するだけではなく，社会を改善するために必要な感性豊かで知的，批判的コミュニケーションのモデルとなることを求めている。この使命声明は，社会と文化が自然に由来するのではなく，社会的に創出されるゆえに，それらはともに変化することを認識している。したがって私たちは，思想の自由を抑圧し，あるいは内因的・外因的に家族に否定的な影響を及ぼすような習慣や動きについて，それらはより人間的で合理的な世界の発達を阻害するものなのだから，変化するよう働きかけていくことに先駆的であらねばならない。すべての家族に影響を及ぼす社会状態は，私たちの学問および専門[*1]としての分野の正当な関心事であり，責任対象である。

2-3 領域のためのモデル

私たちの実践のための独自モデルは，教育，ビジネス，人的サービスのどこにおいても，家族内部および人々の家族生活を通じた人間の経験に関する共通の目標とパースペクティブへと，私たちの専門領域[*2]を結合させるものでなければならない。知的，社会的に分化した世界において，個人と家族が自分たちの生活を統合するのに，何らかの援助を必要としているからというばかりでなく，そうした統合化が必要ないとすれば，私たちの専門領域が同一分野の部分であり続ける理由もまたないのである。

有益でホリスティクかつ統合されたモデルは，ハーバーマスの知識理論とその文化的意味を私たちの分野に適用したマージョリー・ブラウンとベアトリス・ポルーチ（1979）が与えてくれる。多くの人々がそのメリットを認識しつつあるが，より多くはそのメリットを十分評価できるほど考察しているわけではない。一つの統合された学際的な理論として，それは知識と社会生活を個々に分化した部分として扱っている各学問の関係性を説明しているが，それ以上

---

*1 ホーム・エコノミクスは研究，専門，学問の一分野である。分野は学術的な関心による，あるいは専門化された一領域であり，知識または教育の一部門，一つの学問である。一つの分野または学問が一つの専門であるとは限らない。ホーム・エコノミクスは，単に努力を傾注すべき一分野という以上のものであり，何らかの方法で社会の改善を志向する一組の知識を習得すべきその道の実践家の進歩的養成を必要とする一つの専門（または少なくとも準専門）であり，したがって使命志向的である。
*2 専門領域とは単独の学問でもあり，また学際的でもあり得る。

に，学問的かつ学際的な研究と教育のための根本的原理を提起している。

　それは，経験科学（自然科学と社会科学），文化科学（歴史学，倫理学を含む哲学，芸術，その他の人文科学），そして仮説と社会的実践，および個人と家族へのそれらの影響を検討する批判科学を包含している。このモデルを使うことにより分野は，単に家族の日常生活をそれが「ある」ように記述し，技術的に規定された関連諸問題の解決に専門知識や戦略を適用することを超えた動態を示す。このモデルは，より人間的で合理的な世界を志向する改良を阻む状態に対し，合理的でモラルある批判を探求する。他のほとんどの理論とは異なり，それは，必要とあればいつでも専門が自らを再定義しなくとも自己変化することを促すものである。

　このモデルは，社会構造と社会的実践そして個々のパーソナリティ，および生活経験との関係性の認識を可能にし，また，家族がそのメンバーや社会に対し自己の義務を果たすことを不可能ではないまでも，著しく困難にしている社会病理その他の諸状況といった，個人の自由に対する内的，外的制約を除去することを通じ，人間の能力の発達を育むような社会変化のための枠組みを提示している。

　ここに示されたモデルにより専門的課題領域は，家族というコンテクストにおける個人の自己形成に対し，教育，研究，サービスのうえから貢献することができ，また個人の自己形成を阻害する広範な環境の制約を提示できる。人間の経験に関する問題の多くは，単一の学問に圧縮することはできない。だから異なる学問・専門領域間の協力が，単一の学問では獲得できない新たな知識の創出を通じて研究の価値を増大させる。このモデルによって，各専門領域がそれぞれの前提条件や一般化，そして理論の妥当性を見直し，自らの矛盾や混乱を排除することができるのである。

　こうした学際的でモラル的特質は日常生活に存在するからこそ，私たちの分野における専門家たちが，社会理論や人類学，行為論（Brown, 1993）に加えて哲学とりわけ認識論[*1]と倫理学を研究することが重要なのである。専門が学問的に用いる信念や仮説，方法の哲学的理解は，分野の仕事が有意義で機能的なガイドとなるホリスティクな概念枠組みを採用し，分野の哲学と実践が知的，倫理的に適合性を増すために不可欠である。

---

　*1　認識論は知識の起源，構造，方法および妥当性を追究する哲学領域である（Runes, 1974）。

		経験・分析科学	解釈科学[*1]	批判科学
科学・調査研究の類型	関心事	技術的（人間の外的世界または内的世界の観察可能な諸基準についての説明，または叙述・行為に対し技術的に有益な知識を生産すること）	説明的（人間生活またはそのある部分の意味と公的・私的双方の可能な生活方法についての規範的関心および人的相互関係と政治的・社会的目標の規範そして他のさまざまな生活行為に関する関心について共通理解と相互合意を確立すること）	解放（システム化された誤解つまり自由を内的に抑圧する虚偽意識から，またそうした誤解をもたらす権威主義的・社会的・技術的抑圧から人々を解放すること）
	問題提起の類型	理論的（価値の考察を回避する説明と叙述） 手続き的（あることを，どのような方法で行うのか。ただし価値は所与または前提とされている） 慎重（関与される。ただしそれ自体に）	意味（それは何なのだろう，Xは何を意味しているのか） 歴史的（なぜその状況になったのか，またはそれが現在のようになった意味）	モラル（関与する。ただしより多くの人々への） 実践的（「何をするか」について，事実および価値の考察を合理的に正当化することが求められる）
	社会組織	作業（技術的な知識と技能を用いた仕事を成し遂げるための階層的組織）	相互作用・コミュニケーション（対話への参加と内面のあり方，および社会的・政治的・文化的・歴史的コンテクストとパーソナリティが内面のあり方に及ぼす影響を明らかにするための内省）	パワー（経験・分析的，解釈的，批判的科学を結合することで，自己欺瞞や誤解，またそれらがモラル的また知的に不当な理由を明らかにすること，問題の源泉を独断的受容を助長した歴史的社会的抑制にたどること，相互主観的な考察のための代替概念と規範的方向性を示すこと，そして長期的変化に向けた社会的行動をとること）
	合理性のモード	制御と確実性の原理を置く 経験的に考査可能な法則的命題のために行動する 知識を価値自由なものとみなす。すなわちそれ自体がイデオロギー志向である価値はすべて認めない 知識を客観的なものとみなす 価値効率性または経済性それ自体疑う余地無く，社会的現実性のあるものを受容する	理解とコミュニケーション的相互作用を強調する 人間を知識の能動的創造者としてみる 日常生活に基盤を置く仮説と意味を捜す 現実を歴史的・政治的・社会的コンテクストの中で相互主観的に構成され分有されるものとして観る 言語，芸術その他の象徴的諸形態を通じて伝達される意味に鋭敏に焦点を合わせる	変化を導くイデオロギー批判・行動が必要だとみなす 圧制的で支配するものを見つけ暴く 虚偽意識に対する敏感さを必要とする 歪められた概念と不当な価値を問題化させる 研究が拠って立つ価値システムと正当性についての諸概念を検討し明らかにする

[*1] ここでの解釈科学とは，人間の文化的行為の解釈に関する科学であり芸術である。そしてこの解釈科学は，「人間科学」や「文化科学」と関連するものである。

		経験・分析科学	解釈科学	批判科学
科学・調査研究の類型	科学類型間の相互関係	科学的方法だけを用い，他の方法は確実な根拠がないか厳密さを欠くと考える	説明的方法だけを用いる	三つの科学類型すべてを用いる
	実践への応用	道具的実践（戦略的行為を通じて用いる。目標を成功裡に成し遂げるために，介在または予防のために適用される通則・技術）	相互作用的実践（コミュニケーション行為により，余儀なくされた議論に基づく所与の問題の受容可能な解決について，権力や一定関与者のカリスマまたは強制的行動によらずに，他者と交渉できる）	内省的実践（解放行為を通じて用いられる。弁証法的[*1]批判的検討および長期的変化に向かう個人的・集団的行為）

表Ⅱ-1　ユルゲン・ハーバーマスの知識理論およびユルゲンの行為と
その文化的意味から引き出された分野のためのモデル
（Wilson & Vaines, 1985; Schubert, 1986; Brown, 1993 から引用した。）

2-4　分野の名称と合理的根拠

　これは本モデル開発上の最も困難な部分である。分野の名称は，家族を，その中で人間が養育され，他者を世話し責任感のある家族員，市民そして雇用者へと成長していくのに必要な思考と行動のシステムを教え込まれるコンテクストとして認識させるものであるべきだ。さらに，家族は文化的，社会的な政策や事実から大きな影響を受けるから，分野の名称は，専門の実践の重要性とともに，家族が社会的目標とそれを達成する手段を批判し形成することに参加することを可能にすることの重要性も反映すべきだ。「ホーム・エコノミクス」という名称は，このことを伝えない。それは1902年に論争の的となったし，今日なお，私たちの分野を言い表すものとして的確ではない。

　しかし，この論文で考察する何らかの他の名称が十分ともいえない。ブラウン（1993）は「人間生態学」が個々の学問と個別化された専門領域という分断的見方に置き換わる統一化された見方を提供し，人々の日常生活において相互に関係づけがなされるそれぞれのモードの異なる研究を備えた知識を統一する

[*1]　弁証法的の研究とは，議論や討論を繰り返し重ねていくことによって真実に到達するプロセスである。ソクラテスの論法も，この弁証法である。

2．分野のためのモデル

と論じているが，それは批判科学と同様に，専門を規定するにはあまりに一般的すぎる。両者ともに，専門のメンバーが私たちの分野固有の使命を明確かつ合理的に定義することを必要としている。

　ここで論じる科学についての定義すなわち経験科学と解釈科学そして批判科学を包括するという広義の定義を用いるならば，私たちの名称に「科学」という言葉を使用することは正当といい得るが，これもまた多くの人々には，自然科学と社会科学のみを意味していると誤解されるかも知れない。「科学」という言葉を使用した次のいくつかの名称も十分受け入れられそうもない。すなわち，1)「家族・消費者科学」は，異なる学問的パースペクティブから家族と個人を分野の焦点とすることを伝えてはいるが，社会における個人の経済的役割に焦点を合わせており，「社会的目標とそれを達成する手段を批判し形成する」家族員，雇用者，そして市民としての個人が分野の関心事であることは伝えない。2)「人間科学」は，私たちの分野の家族という焦点を無視しているが，なおいっそう重要なのは，それが解釈学的人間科学に使用されていることである。3)「家族科学」は数年来，子どもと家族の社会科学専門領域を指す全米家族関係会議で使われている。4)「人間環境科学」では，家族が分野の中心的重要事項であることがわからない。5)「家族生態学」は，特に生態学志向の人間発達と家族関係を明示するために用いられている。

　ブラウンとポーチが開発した統合的，学際的な批判科学の枠組みを用いることにより，分野は，それ自体が自己言及的な支援情報を供給する一定の専門的な経験的，解釈的，批判的問題を備えた実践的諸問題をめぐって再組織化され得るであろう。こうした方向性に対し重要だが困難なのは，分野の準専門諸領域の相互関係性を設計することである。往々にして細分化された知識に立脚する専門領域的キャリア志向は，設計された模範の発展を困難にする。そうではなくて，理論的枠組みを明確に理解し専門の使命を果たそうとするスペシャリストが，専門領域を学際的に統合させることができるのである。

　伝統的技術的経験的志向から現在使用している専門領域名称を維持することは，実務を今まで通りに続けるように仕向け，分野に大きな精神的ショックを与えるものではなく，現代の職業市場にいる卒業生に対しては，わかりやすさを維持できる。理解と献身をもってすれば，各専門領域は，ここで述べた批判科学モデルに関わる理論と実践を再考することができる。もし分野が自らのために一つの名前に同意すれば，そしてそれはアイデンティティをもつためにそうしなければならないのだが，できる限り多くの機関がその名称を採用すべきである。2，3年前の例では，「産業工芸」が「テクノロジー教育」に名称変更

している。しかし高等教育においては学部間で異なる多くの名称があり，また個々のキャンパスの他の学科・学部の名称と同様に，分野の領域構成が独特である場合もあるから，すべての機関が名称変更することはできないかもしれない。生活改良普及プログラムでは，それらに協力している学部の名称，連邦レベルでは全国的イニシアチブを反映した名称，あるいは構成集団にはっきりと伝わる他の名称を用いることになるだろう。すべての機関が同じ名称を用いることは期待できないかもしれないが，なんと呼ばれようとも，それらは全国的レベルで，同じ専門で結びついていることをわからせるものでなければならない。中等教育レベルのプログラムでは，専門の名称，あるいはその構成集団に最もはっきりと伝わる名称を使えばよい。

　領域の名称に「科学」を使えば，専門家たちは選択された名称に応じて，○○科学者と呼ばれることになるだろう。このように広範囲なレベルで専門を明確にすることに加えて，スペシャリストたちは他の分野のスペシャリストがするように，今までどおり専門領域で自己を明示できるであろう。歯科医でもある歯列矯正医や政治学者でもある政策アナリストというようなさまざまな例がある。

2-5　一般の人々に向けた分野の簡潔な声明

　この論文に含まれる使命声明を言い換えて，一般の人々向けに分野の内容を伝える声明を示せば次のとおりである。**新しい名称**は，合理的，健康的で自信があり，有能で倫理的かつ他者を世話する個々人の発達を促進するようなあり方や行動の仕方を，個々の家族と社会制度としての家族が育み維持することを支援することを表すものである。それはまた，より人間的で公正な世界を作るために，社会的目標とそれを達成する手段を批判し形成することに，家族が協同的・合理的に参加することを支援するものである。

3．ホーム・エコノミクスの主張

キンゼイ・B・グリーン（オレゴン州立大学家政・教育学部長）

3-1 要　　旨

　この論文では，ホーム・エコノミクスとして知られている専門と批判科学への支持を表明する。概念モデルは，家族機能の遂行能力を強化することに基礎をおいている。その方法とは，予防，教育，発達である。

　理論的にみても歴史的にみても，この専門と批判科学のための名称は**ホーム・エコノミクス**である。もし，この名称やそれに付随した語彙，専門能力や概念の分類法がもはや適切ではないと判断されるならば，平行して共存する異なった分野や専門を，新しいラベルで創出，形成すること，そしてホーム・エコノミクスという専門と批判科学は，概念的統合やプロセスの全体をそのままにして存続することが勧告される。

3-2　概念モデル

　ホーム・エコノミクスの使命は，家族が相互依存的に機能を発揮し，個人が家族機能を遂行する能力を強化することにある。ホーム・エコノミクスは，その中核に家族を据えていることに専門の独自性がある。

　能力強化という目標は，他の判断規準と結びつき，批判科学としてのホーム・エコノミクスを特質づける。ブラウン（Brown, 1984, 1985, 1993）はこの命題を完璧に評価する著述を行った。批判科学は，実践性，社会的・モラル志向性，批判的思考の包含，学際的な理論的活動，現行の社会的実践の評価，**目標としての解放**に基礎をおいている。専門の役割は，政治的でモラルをもった行為者としての科学者の役割と融合している。解放，すなわち思考や行動における不合理から個々人やグループを自由にし，人々を抑圧的な社会的強制から自由にすることが鍵となる。キャロライン・ハントはこの点について，特に明確に次のように述べている。

　　　　内側の世界に対応する外側の世界を自分でつくりだす能力は，次のような自由に依存している。1．健康あるいは肉体の不完全さ，弱さからの自

由，2．能率あるいは不必要な障害からの自由，3．機会あるいは選択の自由。(Hunt, 1901)

ホーム・エコノミクスという批判科学の概念モデルは図Ⅱ-1に示すとおりである。家族の発展と個人や地域の発展の間には相互関係がある。家族エコシステムは家族機能と対応し合っている。

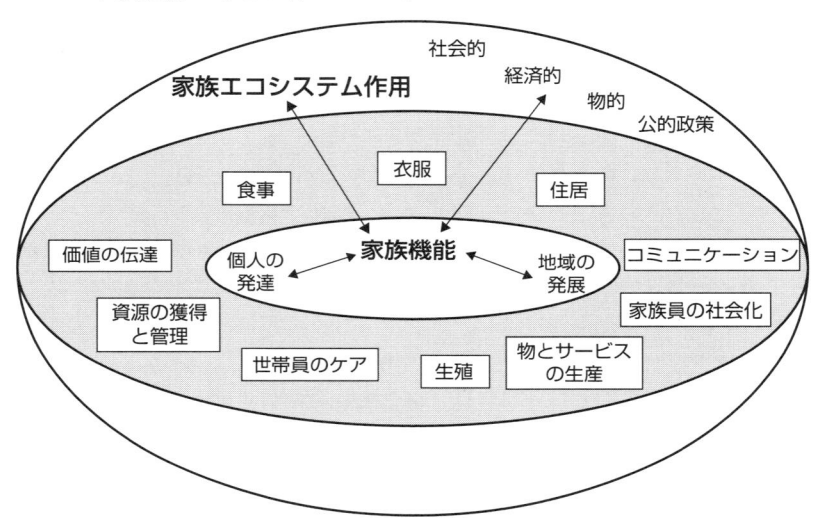

図Ⅱ-1　ホーム・エコノミクスの概念モデル

ホーム・エコノミクスのための家族機能モデルにおける普遍的概念
社会的・経済的システムとしての家族
家族エコシステム
構成員数の決定
家族資源管理－特に時間，金銭，空間
扶養家族の世話
一生を通じた役割変化
地域資源の使用－地域への貢献
住まいの調達と管理
衣服の調達と管理
栄養のある食物
持続可能な社会の創造
家族機能に関係する日用品やサービスの設計，創造，分配
相互依存関係の経営
最適の健康と福利
危機と問題の予防
機会，アクセス，保護の平等

表Ⅱ-2　ホーム・エコノミクスのための概念モデル

どのような構成要素やコンテクストであっても，表Ⅱ-2の概念がホーム・エコノミクスの概念モデルの本質的独創性に適合的である。

ホーム・エコノミクスという批判科学の実行方法は，予防，教育・発達，相対に行う仲介，改善・治療である。問題の予防と費用の低減に対するこの能力モデルは，**損失モデル**よりはるかに人間的であり，費用効果が高い。

3-3 批判科学としてまた専門としてのホーム・エコノミクスの理論的・哲学的・歴史的根源

ホーム・エコノミクスの発展において家族を中心におくことは，早くも1842年のキャサリン・ビーチャーの書物（Beecher, 1842）に始まった。ただ，一つの例外（教養教育ホーム・エコノミクス）を除いて，過去80年間のいずれの古典文献においても，家族はホーム・エコノミクスの研究と実践の概念的な核とされてきた。マッグラスとジョンソンは，ランド・グラント高等教育機関からの委託研究において「私たちはこの焦点（家族科学）が適切であるだけでなく，現在考えられるどの代替案より望ましいと信じる」と述べている（McGrath and Johnson, 1963）。1986年にベイリーとファイアボウは「ホーム・エコノミクスの過去のプログラムは直接家族と関係していたが，現在のプログラムは直接家族機能と関係しているか，あるいはそれに由来するものである」とその傾向を要約している（Bailey and Firebaugh, 1986）。

3-4 専門としてのホーム・エコノミクス

専門のための批判的規準については，仕事，学問，研究分野，職業，職域，業務，副業とは区分されるというコンセンサスがある（Flexner, 1915; Cogan, 1953; Nosow, 1964）。この規準としては，使命志向，学際的内容，理論的と同時に実践的であること，研究に基づいた内容，代弁者や主張者としての実体のある連携，自己規制的であることが挙げられる。ホーム・エコノミクスは，以上に挙げた規準より奥深いものもあれば，それぞれの進展において達成度をやや欠くものもあり，成功や困難さにも程度に差はあるが，これらの基準を満たしている（Green, 1990）。

専門の規準を受け入れることは，批判科学の属性に全く添うものである。ホーム・エコノミクスは専門でもあり批判科学でもある。

3-5　名　　称

　ここで述べられている専門と批判科学とはホーム・エコノミクスである。特にこの30年，そして特に高等教育において明らかに，この専門と批判科学の変化や変更を示すために，他のラベルやタイトルが用いられてきた。しかしながら著者は，いまや過剰なまでに他のラベルに覆われた構造体は，ホーム・エコノミクスに該当しないと断言する。それらは，時に専門領域の寄せ集め，時に管理上の便利さから構成された構造体，時に合理的で統合された核や理論的基礎もしくは概念的完全さをほとんど欠いた専門領域の派生物もしくは結合や並べ替え，なのである。

　さらに，いかなる理由であれ専門と批判科学の名称に問題があれば，あるいは，科学・専門の実行や実行可能な状態が弱まっていれば，同方向の補足的な科学・芸術を構成し，また意気阻喪を引き起こすような過程や恒常的問題に応えるために異なった組織構造を適用することが勧告される。流行や都合主義，資源の制限あるいは他の外的要求にへつらうために，ホーム・エコノミクスという批判科学と専門の本質に対し譲歩することは，合理的でもなければ倫理的でもない。

　名称をとりまく私たちのジレンマにとって絶対必要なことは，それが名称を当てはめる際に識別することなく不正確に行った歴史の産物だということを知ることだ。私たちは専門の名称を，小学校の4H活動，中等学校の家族生活教育プログラム，法人組織，非営利組織，あるいは連邦生活改良普及事業のような政府後援プログラムといった専門レベルではない活動（運用上学士号より低いものとして定義される）にむやみに使っていた。将来は正確さを求め，高等教育プログラムにだけ専門の名前が適用されること，そして他の家族生活関連教育，消費者科学，人間開発，パブリックスクールの関連プログラム，コミュニティカレッジ，地域教育，生活改良普及活動等はそれらの実態に即して正確に名付けられることが勧告される。

3-6　専門とその内部専門領域との関係

　専門内部における専門領域の役割に関する議論については，医学が最もよいアナロジーを提供してくれる。ホーム・エコノミクス内の専門領域は，内容が細分化し，各部分がそれぞれの実践の場や焦点をもっていることから引き起こされている。したがって，例えば栄養学，衣服商品学，児童発達学，国際開

発論，老年学，住居学は，より大きな専門の属の中の「種」となる。ちょうど医学における整形外科医，胸郭外科医，産科医，腫瘍の専門医があるように，ホーム・エコノミクス内の焦点別スペシャリストは，より大きな批判科学のいくつかの部分集合内で個別に深めた課題にかかわっている。それゆえ，それらの名称と活動領域はこの課題を反映すべきだが，同時により大きな生態学的全体との関係もわからせるものであるべきだ。

3-7　モデルとその概念の奨励

　ホーム・エコノミクスの概念モデルの奨励に関しては，多大な概念とプロセスがあるが，この論文ではスペースに限りがあり，念入りな説明はできない。専門と批判科学に固有の側面，すなわち能力強化という使命，中心としての家族機能の選択，そして最も費用効率のよい予防と教育の実行方法が，どのような効果的な奨励プログラムの内容においても形づくられなければならないというにとどめておく。

3-8　結　　　論

　ホーム・エコノミクスとして知られるものは，現存する理論的，哲学的，歴史的に理にかなった専門であり，批判科学である。知的統合やプロセスの健全さを保てない結合や経営上の調整は，この専門と批判科学とは別種のものである。

4．人間生態学

M・スザンナ・ソンタグ（ミシガン州立大学人間生態学部人間環境・デザイン学科）
マーガレット・M・ブボルツ（ミシガン州立大学人間生態学部家族・児童生態学科）
M・ジャニス・ホーガン（ミネソタ大学人間生態学部家族社会科学科）

　この報告は，専門の統一とアイデンティティのための特別委員会の要望に従い，ホーム・エコノミクス分野が向かう方向としての人間生態学を概説したものである。この報告の内容，および私たちの提案は，ホーム・エコノミストのみならず，他の分野の人間生態学者による人間生態学の過去の文献を基礎としている。

4-1　学際的パースペクティブとしての人間生態学

　人間生態学とは，要するに人間と環境現象との結合関係を見る方法であり，パースペクティブである。組織のさまざまなレベルでの人間生態学的システムの個々と全体の相互関係が強調されている（Young,1989）。人間生態学は，最も真正で完全な形態としては，学際的かつ統合的である。そして人間の生存と世界的な持続性に向けた基本的な関心や問題点に言及するために，人文科学，自然科学および社会科学の知識を総合することが要求されている。

4-1-1　人間生態学の中心的関心と視野

　人間生態学は，生物的有機体であり，また社会的な存在としての人間（個人として，小集団または大集団として，そして全人口として）が，自然の物理的・生物的，社会的・文化的そして人的に作られた環境と弱くまた強く関わる様子を主題とし，また人間の美的，情緒的，心理的，文化的および精神的次元にも注目している。特に重要な点は，生活の場と非生活の場の両方と人々との相互依存関係を認識することである。環境内の人間の意思決定および行動は，人間生活

の質および環境の質の両者に影響を及ぼす。そのような決定と行動は部分的には，相互作用の所産としての人間に対して環境がもつ意義に起因している。したがって，環境のもつ意義を解釈し理解することは，人間生態学の重要な要素であり，かつ方法論的戦略である (Sontag, Bubolz, Nelson & Abler, 1993)。環境は，人的資源の発展と人間の福利に，かわるがわる相互的な影響を及ぼす。環境は，人間行動を決定するのではなく，可能性と機会とともに限界と抑制を提起する。人間生態学において強調されるべきは，存続のための人的・物的資源の創造，利用，管理，生存，創造的適応，人間の成長と発達，そして環境の持続性である。人間生態学の独自性は，互いに影響しあう統合された全体としての，人間とその環境に焦点を合わせることにある。

4-1-2 ホーム・エコノミクスにおける人間生態学

　ホーム・エコノミクス分野における人間生態学の歴史的発展は，クラーク (Clarke, 1973)，ブラウン (Brown, 1993) およびブボルツとソンタグ (Bubolz and Sontag, 1993) が概観している。エレン・スワロー・リチャーズは，人々の生活と環境を改善する科学の原理や方法および結果を応用する手段としてオエコロジー (oecology) を捉えた。この応用は幼児教育の源であり，人間的要求が満たされ，人間性が形成されるコンテクストとしての家庭や家族においてなされるべきものであった。当時，こうした環境に関わる活動にとって第一義的に責任があった女性たちが，そのような教育の焦点であった。

　当初から，物質的のみならず，社会的，倫理的，知性的，美的な環境の質が，ホーム・エコノミクスにおいて重要であると考えられた。このような環境の質は，人間の肯定的な関係や成長・発達を促進し，また地域や効果的な市民関係に参加するような家族と個人を支え，育み，取り戻させる資源や環境を提供することと相互依存的であると見做された。

　時代が過ぎ，知識の専門特化の進展と専門領域の発展により，ホリズムや統合化が重視されなくなった。社会では，多くの物とサービスの生産が家庭の外に移行し，ホーム・エコノミクスは消費者としての個人と家族の役割や，商品・サービスの開発，選択の方向にいっそう焦点をあてた。食物，被服，住居，保育，家族管理および家族関係に向けられていた関心は，家庭を超えてビジネス，工業，その他の公的，私的施設に移行した。しかしホーム・エコノミクスが学究的，専門的リーダーシップを取り，学問に貢献し，また教育やサービスを提供してきたこれらの伝統的領域は，ホーム・エコノミクスの重要な構成要素として残っている。

4-1-3 ホーム・エコノミクスにおける人間生態学と他の学問との対照性

　歴史的に人間生態学は，地理学，社会学，人類学，ソーシャル・ワーク，心理学，政治学，経済学，そして宗教学のような多くの他の分野において一つの学問的パースペクティブとして存在してきた（Bubolz & Sontag, 1993; Micklin, 1984; Young, 1983）。人間生態学的パースペクティブがよく使われていることは，その原理や潜在力が知識を統合することに適用できるという，その普遍性を示唆している。

　さまざまな学問は個人対国民，生命維持活動，社会組織，文化，そして技術のような概念に対して重点の置き方が異なっている。例えば，社会学においては，組織化を通じ集団的に行動する一団となった人間が，変化しつつある環境にどのように適応し生き延びていくかに重点がある。人類学では，環境に対する人間の関係性における文化の役割に力点がおかれている。生態学的心理学は，生活空間と，人間が発達し活動する複合的に組み合った人間システムに焦点をおく（Bronfenbrenner, 1986）。

　これらに対しホーム・エコノミクスは伝統的に，社会的情緒的であるとともに物質的な家族と家庭環境における人間に焦点を合わせてきた。生命活動の維持，アイデンティティ，世話，愛情，そして伴侶性を保つために日々必要とされるプロセスや資源に注意が払われてきた。レイ（Ray, 1988）は，家族をよく理解するためには，いくつかの生態学的なレベルにおける二つのシステムとして，個人と家族に注意を払う必要があると提案している。資源を生産し人的サービスを供給するさまざまな環境システムと，個人と家族のニーズとの相互依存が強調されている。さまざまな非家族的システムに関連する研究や専門的な実践がホーム・エコノミクスに組み入れられてきた。

　ホーム・エコノミクスを含め，いかなる学問あるいは専門も単独では人間生態学総体を包括することはできない。それぞれが貢献することで，領域を超え統合的な人間生態学に向かうことができる。

4-2　統合的分野に向けた人間生態学の進化

　人間生態学が組織された研究分野であるという考えには議論の余地がある。1980年代半ばまで人間生態学は，学問的な専門領域内部で研究上細分化されていた。最近では人間生態学に対し，学問を超えた統一的概念枠組みを開発する試みがなされている（例えば Boyden, 1986; Youg, 1989）。このような概念の開発は，

共通目的をもった統一化と，一群の知識に一つの基礎を与えるために必要である。

人間生態学は自然科学や社会科学，芸術そして人文科学を用い，人間生態学という統合的分野を特質づける新たな知識を生み出すために，これらの知的基盤をユニークかつ理念的に統合する。知識を統合する目的は，単独の学問では処理しきれないようなダイナミックな人的環境システムの現代的問題を予防し，定義し，検討し，そして解決することにある。統合的知識の発展は，基礎的な構成部門における専門領域の発展や専門が機能化することによる専門領域の発展があるべきではないということを意味してはいない。人的エコシステムの構成とプロセスに対する専門領域の深い知識は，全体に対する個々の機能を理解するために必要である。

私たちは，人間生態学が科学であるばかりでなく芸術でもあるという立場を支持する。カーペンター (Carpenter 1988, 1990) は，人間生態学において芸術と美学が中心的役割を占めることを論じている。彼の立場は，人間の意識における目的と意味を今一度確立するためには，人間は直感的で美的な価値から自然を見ることが必要ということにある。ホーム・エコノミクスは，アパレルやインテリア・デザインそして歴史的に「芸術関係」として含めてきたものに，美的伝統的価値をおいている。科学的方法は人間と環境の相互依存関係の研究に不可欠だが，人間と環境との相互作用を統合的に理解するには不十分なのである。

4-3 統合にむけた前進

専門の諸組織は，研究と問題解決の統合的分野としての人間生態学の発展を促進する力として重要である。1981年に設立された人間生態学会 (SHE) は，人間生態学の共同的で学際的な理解の進展とその適用を促進することを明確な目標としている。SHEは年2回の会議を開き，一連の研究論文と国際人間生態学者人名録 (Borden & Jacobs,1989)，人間生態学会報を発行し，また広く世界の他の組織（例えば北欧人間生態学会，イギリス人間生態学会議，日本健康・人間生態学会）[*1]とゆるやかに提携した協同活動を行っている。ホーム・エコノミクスをルーツとしている人間生態学者は他の分野の出身者たちと一緒に，学会の指導的役割を果たしてきた。学会員は多様な分野の出身者で，会議出席者には国際的な広がりがある。

---

*1 人間生態学組織のより完全なリストについては，Ekehorn (1992) を参照。

ホーム・エコノミストは，アイデンティティと名称について討議する際，人間生態学の内容と組織の幅広さを理解する必要がある。どのような学問にも人間生態学を排除するようなタイトルは見当たらない。人間生態学の名称を採用したホーム・エコノミクスの学部やカレッジは，組織およびこのより大きな分野を促進するための新しい研究モデルを発展させるという重要な位置にある。それには慎重な計画と，人間生態学に確固とした興味をもってきた他の組織や学問との協力が必要とされる。高等教育における人間生態学の単位は，そのような協同や発展のための核となりうる*1。学際的組織の形式としては，「家族・消費者生態学（FCE）」あるいは「家庭・消費者生態学（HCE）」を構成部分として要求されることがあろう。本論文の残された部分で私たちはこれらの用語あるいはFCE，HCEを，ホーム・エコノミクス内部で発展しつつ，人間生態学全体からは分化した人間生態学を指すものとして用いる。

4-4 使命声明

　私たちの知る限りでは，人間生態学という広範な基礎をもつ統合分野に対する一貫性のある使命声明は存在しない。さまざまな文献が，人間生態学の望ましい成果として，政策や社会的活動に言及している。例えば，ファイアボーは次のように述べた。

　　　人間生態学の枠組みによる明確なサービスの一つは，政策立案者に情報を提供できるということである。人間生態学は人間とさまざまな環境との体系的な相互作用に焦点を合わせ，それゆえ本来的にバランス問題に言及する。…思慮深い政策の発展が，不均衡を減少させる。人間と環境の現在進行中の相互作用が，人間の相互作用形態や，必要な政治的調整に大きな影響を及ぼす（Firebaugh, 1990）。

　文献に現れる他の目的は次のようなものである。1）グローバルな変化に対する人間としての責任や参加を推進すること（Griffore & Phenice, 1992; Hansson & Jungen, 1992），2）持続可能な社会の創造（Milbrath,1991），3）社会と生活圏との間の環境バランスの回復，人々の富の公正な配分，社会的評価と計画を通じた大量破壊兵器の排除（Boyden, 1986）。マージョリー・ブラウンは，人間生態学の代表的な著作を再検討して，「学究的関心に資すること，地球を慈しむこと，人間の要求に応じること，そしてより合理的な人間らしい世界を創造すること」(Brown, 1993) と，人間生態学の目的は四つに集約できると結論づけた。

　＊1　そのようなケースでは，単位にとり人間生態学がふさわしい名称であったであろう。

家族・消費者生態学または家庭・消費者生態学の使命は，教育，研究，サービスそして公的，私的部門における専門的関与を通じ，個人と家族の生活の質と環境の質を改善することにある，と提案できる[*1]。この使命は，環境の質と個人や家族の生活の質は相互依存するとの前提に基づく。生活の質は，どの程度まで基本的欲求が満たされ価値が実現されるかということで定義される。欲求は人的および物的資源，内部および外部の資源（例えば，消費財，公共サービス，人的支援システム，個々人のもつ資源）によって満たされる。環境の質は，その環境が人的物的資源をいかに供給できるか，また，生命と非生命的環境の多様な形をいかに支えることができるかによって決まる（Bubolz & Sontag,1993）。生活の質と環境の質の相互依存は，資源の開発，分配における社会的な正義と公正に注意を払うことを求めている（Arcus, 1985; McCall, 1975）。

4-5 人間生態学内部のホーム・エコノミクスに対する名称の提案

私たちは，生態学的パースペクティブが，ホーム・エコノミクスにとり確かな概念枠組みとなり哲学的基礎となること，そしてより大きなパースペクティブまたは分野[*2]である人間生態学内部のホーム・エコノミクスに対する適切な名称は，**家族・消費者生態学**または**家庭・消費者生態学**であると提案する。「生態学」という用語は，ホーム・エコノミクスを科学にだけ関与するように制限することなく（家族・消費者科学または人間環境科学の場合にはそうなるが），個人と家族の日常生活における美的・人間的側面の重要性を認識させてくれる。さらに「生態学」という用語は，私たちの分野が人間と環境をそれぞれ分離して見るのではなく，それらの**関係**に焦点を合わせていることにも注視させてくれる。生態学的モデルに固有な価値は，個人や家族が相互作用し，また資源を交換する対象となる複雑な環境システム（例えば健康，教育，法律，市場，統治のシステム）に対して注意を向けていることにある。

「家族」または「家庭」という用語は，こうした重要な環境と社会システムに関してホーム・エコノミクスが占めてきたという独特な立場とそれが，社会で演じてきた不可欠な役割を示している（Bubolz,1991）。心理学や社会学のような他の学問も，家族に何らかの注意を払ってはいるが，ホーム・エコノミクス

[*1] 私たちは，より広範な人間生態学分野ではなく，家族・消費者生態学または家庭・消費者生態学のための使命を提案している。

[*2] 人間生態学という名称は，視野において学際的であり，組織のさまざまな社会的文化的レベルで自然や環境と人間との関係をより広く関連付けられる総合的分野のために用いられると提案したい。

がもっているような物理的物質的内容と社会的情緒的な要素との相互関係に焦点をあてているわけではない。「消費者」という用語を使うことは，個人や家族に必要とされる商品やサービスというイメージを与える。しかしこの語の単独の使用は，それが家庭や家族の中で行われる生産的で人間的なプロセスへの認識を付加していないという点で，あまりに意味が狭すぎる。

分野を簡単に叙述すると以下のようである。

> FCE あるいは HCE は，個人と家族の物質的社会的環境における日常的要求を中心とする研究分野であり専門的な活動である。主たる関心事は肯定的な人間の開発と相互関係，そして適切な食物，衣服，住居に対する商品やサービスの生産，供給，管理である。強調されるべきは，個人と家族の福利を促進し，環境の質を高めるために人的物的資源が使用されるということである。

私たちは，この叙述が一般の人々に，また私たち専門家を雇用する人々にも，たやすく理解されるだろうことを信じている（Hilton,1979）。

4-6　分野における問題領域

私たちは「分野」という用語を，一団となっている学識あるいは学問（Kockelmans, 1979），および特定の範域の実在や現象に関係する専門を含むという包括的な意味で使用する。分野は仮説，概念，原理，理論，そして研究，教育，実践を指導する方法論的役割と手順から成り立っている。人間生態学という統合的な分野から見ると，FCE あるいは HCE は準分野と考えることができる。これらはまたそれ自体が特定する範域の実在，焦点，そして前に規定した使命を備えた分野と考えられる。

現在，相互に関連づけられたさまざまな問題領域が確認できる[*1]。FCE や HCE の伝統的な重要課題や準分野は，以下のとおりである。

　　　　家族経済・経営
　　　　家族関係
　　　　人間発達
　　　　消費者行動
　　　　衣服・織物
　　　　住居・環境設計
　　　　栄養・食品

＊1　列記された諸領域は特化された学部・学科や専門の名称である必要はない。

問題領域はまた，教育，研究，コミュニケーション，カウンセリング，食事療法，市場調査，製品開発，デザイン，政策決定，そして家族，消費者，ビジネス，公的私的な企業やコミュニティーに対する他のさまざまなサービスといった専門の機能や役割をめぐって発展してきた。私たちは，ミクロなレベルにおいてもマクロなレベルにおいても，人間と環境との相互作用がすべての範囲の重要な要素であり，それらが人間生態学の概念枠組みと哲学的基盤に基づいているならば，生態学的モデルの構成要素になるものと信じている。生態学的モデルはまた，ブラウンとポルーチ（1979）が提案したように，分野の知識と専門的実践のための基礎となる恒常的実践的問題を明確にする助けとなる。新しい問題領域は，生態学的モデルに組み込まれ得る。

FCE あるいは HCE において教育を受けた専門家の中には，すべてのあるいはいくつかの領域の知識を構成し総合し創造し利用する統合者としての機能を果たすことになるであろう。これらの専門家は，家族，消費者，人間生態学者と自称し得るであろう。他の専門家は，専門領域と統合のさまざまなレベルの問題領域で仕事をするだろう。そのような専門家たちはスペシャリストのタイ

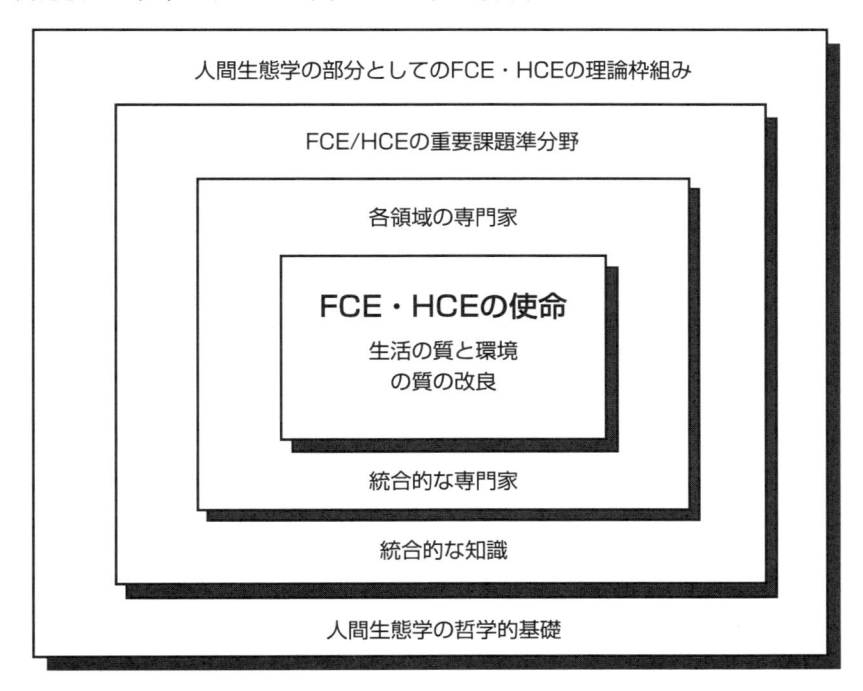

人間生態学の部分としてのFCE・HCEの理論枠組み

FCE/HCEの重要課題準分野

各領域の専門家

FCE・HCEの使命

生活の質と環境
の質の改良

統合的な専門家

統合的な知識

人間生態学の哲学的基礎

図Ⅱ-2　家族・消費者生態学または家庭・消費者生態学の骨格モデル

トルをもち続けるだろう。スペシャリストも統合家も，全体の使命を達成することに貢献するだろう。生態学的モデルは，分離した諸領域を意味のある全体へと統一化することができる。FCE あるいは HCE のモデルの骨子は，図Ⅱ-2 が示す通りである。

4-7　結　　論

　分野のアイデンティティと名称に対する哲学的，概念的な基礎としての人間生態学的パースペクティブを十分考察することが，専門の組織[*1]やいくつかのレベルにおける学部・学科やプログラム，そして多様な領域における専門の実践に対する名称にも反映されるべきである。生態学的モデルの教育に対する意味についても言及すべきであろう。準備段階の討議では人間生態学で学位を取る人々の育成や資格についても検討された（Bubolz & Sontag, 1988; Griffore & Phenice, 1992）。

　FCE あるいは HCE に対する包括的かつ理論的な枠組みが必要不可欠である。このような枠組みは，主たる仮説や中核概念，根源的な価値を描き，そして分野の内容がどのように相互に関係づけられるかを描き出すであろう。専門の広範な基礎を持続的に包含していくことは，すでに始められている仕事のさらなる発展にも必要である（Bristor, 1990; Bubolz & Sontag, 1988, 1993; Edwards, Brabble, Cole & Westney, 1991; Kilsdonk, 1983; Melson, 1980; Vaines, 1990; Westney, Brabble & Edwards, 1988; Wright & Herrin, 1988, 1990）。例えば，家族生態学理論のために提出された概念の相互関係モデルは，図Ⅱ-3 に含まれている。こうしたモデルの修正は，家族・消費者生態学あるいは家庭・消費者生態学の総合性を包括するために必要とされる。

　もし生態学的モデルが採用されるならば，家族・消費者生態学または家庭・消費者生態学と人間生態学という広い分野および人間生態学会との関係の検討が必要とされるだろう。家族と消費者に役立つ他の分野と専門組織との関係も注目されるべきであろう。このような検討は，人間生態学の広範な分野内部の他の問題領域と専門の明確化にも資するであろう。この機に及びホーム・エコノミクスは，人間と環境の基本的相互関係や問題を扱う成長途上の学際分野のさらなる進歩に向け，リーダーシップの一翼を担い得るのである。

　＊1　AHEA に対する可能な名称は，Association of Family and Consumer Ecology（AFCE）または Association of Home and Consumer Ecology（AHCE）だと考えられる。

4．人間生態学　57

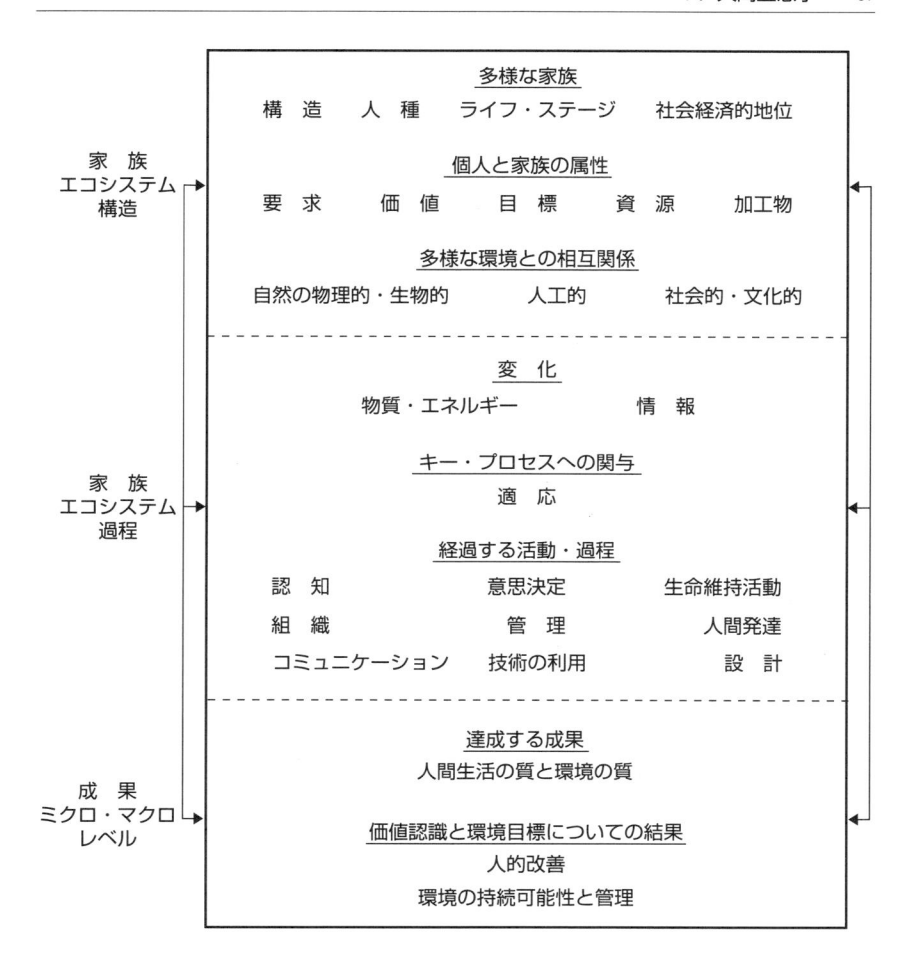

家族 エコシステム 構造	
	多様な家族 構造　人種　ライフ・ステージ　社会経済的地位 **個人と家族の属性** 要求　価値　目標　資源　加工物 **多様な環境との相互関係** 自然の物理的・生物的　人工的　社会的・文化的

家族 エコシステム 過程	
	変　化 物質・エネルギー　　情　報 **キー・プロセスへの関与** 適　応 **経過する活動・過程** 認　知　　意思決定　　生命維持活動 組　織　　　管　理　　　人間発達 コミュニケーション　技術の利用　　設　計

成果 ミクロ・マクロ レベル	
	達成する成果 人間生活の質と環境の質 **価値認識と環境目標についての結果** 人的改善 環境の持続可能性と管理

図Ⅱ-3　家族生態学理論における概念の相互関係
（Bubolz & Sontag, 1933, p.438 から著者の許可を得て引用した）

5．分野のためのモデル──家族・消費者科学

ベベリー・J・クラツリー（アイオワ州立大学家族・消費者科学部長）

アガサ・ヒュウペンベッカー（アイオワ州立大学名誉教授，家族・消費者科学繊維・被服学科長）

5-1　分野の使命

個人，家族，消費者の福利増進のために

この報告では「学問」と「分野」を区別していない。これらの用語間の差異を定義したり線引きすることより，むしろ私たちの分野の使命と独自性を定義することに関する実質的な論点に注意を集中したい。

5-2　分野のためのモデル

家族・消費者科学とは，個人，家族および消費者の福利と，彼等が置かれている環境との相恵的な関係に焦点を合わせた総合的な研究分野である。モデルの図式化した表示は図Ⅱ-4が示す通りであり，分野にホリスティクで相互依存的な性格を与えている相関関係に関心が向けられている。家族・消費者科学は他の学問との相互作用により発展し，家族や家族メンバーの成長や発展に影響を与える環境の変化とも相互作用するダイナミックな分野である。図Ⅱ-4は分野をマクロ的に見たものである。家族・消費者科学は保育や危険な状態にある青少年，加齢，健康管理，単親世帯，ホームレスなどの問題を含め，図に示されるようなグローバルなコンテクストにあるすべての環境を考察することが求められる。分野あるいは分野で進化した専門のための重要な知識基盤は，家族と消費者が相互に影響し合う環境の複雑さを理解することにある。家族・消費者科学は家族システムの機能に影響を与える環境の形成に重要な役割を果たすべきである。私たちの分野におけるさまざまな専門領域がこれらの環境の

いくつかに影響を与える一方，家族・消費者のスペシャリストのチームがともに働くことで，分野の単独の専門領域以上の広い視野で論点を示す機会も多い。家族・消費者科学分野は専門領域の集積体であり，またそこに分野のユニークさがある。

家族・消費者科学

家族・消費者科学—個人，家族，消費者の福利と地域，州，国家，国際の各レベルにおける彼らの環境との相互関係を焦点とする総合的でホリスティクかつ協働的な分野

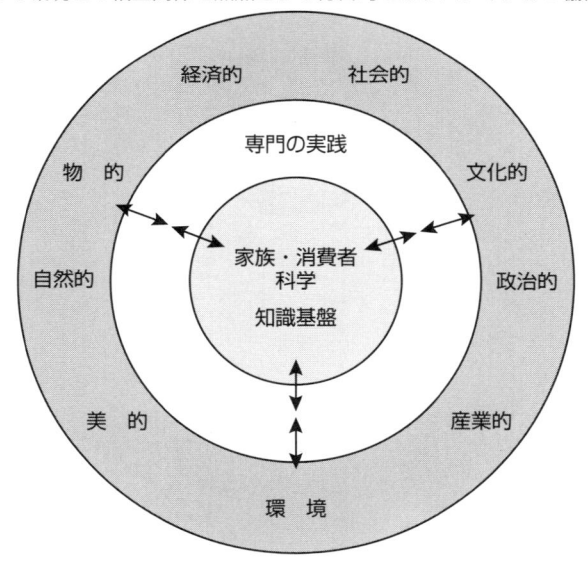

[図：同心円モデル。中心に「家族・消費者科学 知識基盤」，中間層に「専門の実践」，外層に「経済的」「社会的」「文化的」「政治的」「産業的」「美的」「自然的」「物的」，最下部に「環境」]

図Ⅱ-4　分野のためのモデル

図2-5は家族・消費者科学の知識基盤を示すモデルの中核部を拡大したものである。分野の統合的でホリスティクな焦点は，家族および家族メンバーとともに，生涯を通じ食物，衣服，住居，情緒的支え，養育が適切に与えられることを求める消費者としての家族や個々人に据えている。図Ⅱ-5は，家族・消費者科学とそのさまざまな専門領域が一般教育の基礎を含み，また社会学，行動学，生物学，物理学などの補足的分野ならびに芸術，人文科学に立脚していることを示している。分野のユニークさは図Ⅱ-5の中央部分に見ることができる。そこでは，さまざまな専門領域の重要課題が一般教育や補足的学問と一緒になり，家族と個々の家族メンバー，消費者としての家族や個人へのホリスティクな視点を共鳴的に創出している。専門領域の相互依存関係が，知識と能力を特有の方法で焦点に結集させ，それによって専門家は重要な社会的論点に

家族・消費者科学
知識基盤は，分野の統一的焦点，一般教育，関連・支持学問
そして分野の専門（諸）領域を含む

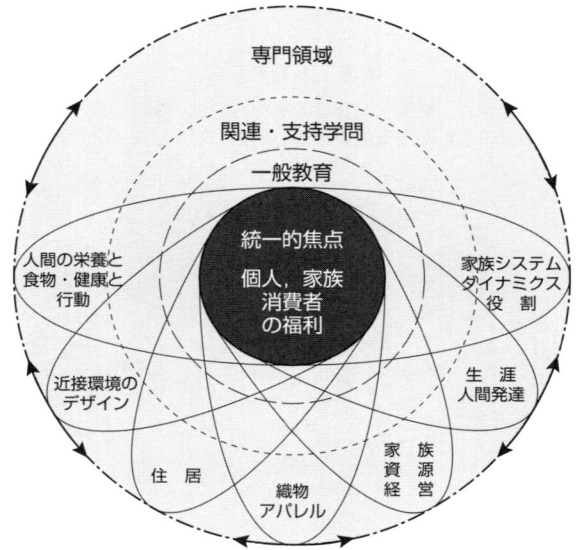

（図：同心円構造の知識基盤図）
- 外側の輪：専門領域
- 関連・支持学問
- 一般教育
- 中心：統一的焦点　個人，家族，消費者の福利
- 周囲の専門領域：人間の栄養と食物・健康と行動／家族システムダイナミクス役割／近接環境のデザイン／生涯人間発達／住居／織物アパレル／家族資源経営

一般教育—社会科学，人文科学，自然科学，数学・論理およびコミュニケーション学の基礎
知識関係・支持学問—社会・行動・生物・物理科学，芸術および専門領域に関わる人文科学

図Ⅱ-5　知識基盤

取り組むことが可能となる。FCSの専門家は，個人や家族が絶えず変化する社会的，経済的，技術的環境の中で，生産的で意義のある生活を送ろうとするときに影響を与えるような論点を取り扱う。FCSは家族と消費者の問題に関する統合的でホリスティクな哲学をもつため，家族と消費者へのこうしたユニークな焦点に価値を見いだした関係学問出身の研究者が，時にFCSに移動することがある。同様に，FCSで研究生活を始めた者が，時に関係学問に集中することを選び，家族・消費者科学のユニークな焦点から遠ざかることもある。図Ⅱ-5の外側の輪は，家族システム，食物，衣服，住居，人間発達，資源管理そして家族の養育側面と消費者科学から発展した多くの専門領域を表している。いずれもFCS分野に欠くことのできない専門領域である。専門家は領域を問わず，FCSのすべての専門領域の研究が自らの領域にいかに影響を与え，またいかに関係するかということに鋭敏な意識をもつ責務がある。

　何年もの間には，これらの専門領域の中に家族・消費者科学全体から「外れて」準専門領域になったものがある。こうした新しい準専門領域は必ずしも分

野を特徴付けているユニークな統合的，相恵的パースペクティブを反映したものではない。

5-3 専門家の実践

　家族・消費者科学から成長してきたすべての専門家を統一し，共通の名称を明確にすることに私たちは長期にわたり苦闘してきた。この分野が複雑であること，卒業生のための専門的機会が多岐に渡っていることのために，一つの共通の専門のタイトルが規定し難いのである。家族・消費者科学の専門家は，家族ファイナンシャル・プランナー，ファミリー・セラピスト，栄養学者，ホーム・エコノミスト，栄養士，商品取引関係者，保育スペシャリスト，教師，老人ホーム管理者，フード・サービス・ディレクター，等々のタイトルをもっている。家族と消費者という分野の広がりは，卒業生が時には教育を追加して，他のいろいろな職域に吸収されていくことを容認している。このような場合でも，FCSの卒業生は医学や法学，政治学，ビジネス，行政といった職域において，その後，十分に役立つようなユニークな視点を身に付けている。図Ⅱ-6は専門的実践の部分的モデルを拡大したものであり，家族・消費者科学の卒業生が関連のないタイトルで活動する広範な領域を示している。

　家族・消費者科学を卒業した専門家にとり，単一のタイトルを欠くことは，それほど重大なことではないに違いない。一般的に，大学を構成している学科が多様であるように，ほとんどの学科において職域選択はオーバーラップしている。ジャーナリズムやビジネス，政治，教育などの仕事には幅広く多様な学科からの卒業生が就いている。しかし，たとえ他の学科を卒業した者と競い合う場面にあっても，家族・消費者科学の卒業生は，大学で修めた学識が首尾よく仕事を遂行するのにどれほど役立っているかということを明確に証明している。家族・消費者科学の卒業生は，その専門的役割が何であれ，個人と家族そして消費者としての個人と家庭に焦点を合わせた専門領域を選んだ彼女・彼の知識の詰まった能力の資産目録を手にしているのである。

　生活の質の問題が，すべての専門にますます重要な影響を与えつつある。ビジネス，産業，教育システム，行政の将来の成功は，生産的な人的資源をその基盤にもつか否かにかかってきている。家族が人間の能力発達の場なのだから，家族に関連した問題により多くの注意を払うことは，世界中の健康で安定した社会にとって一番の重大事である。徐々に増えつつある高齢者人口に関する人口統計や貧困の蔓延，適切で手ごろな値段の住宅や保育サービス，健康管理の

家族・消費者科学

家族・消費者科学という専門は，家族と家族員各人，そして・または生涯を通じて発展する消費者としての個人と家族に直接的，間接的に物，サービス，そして，または教育プログラムを提供する。

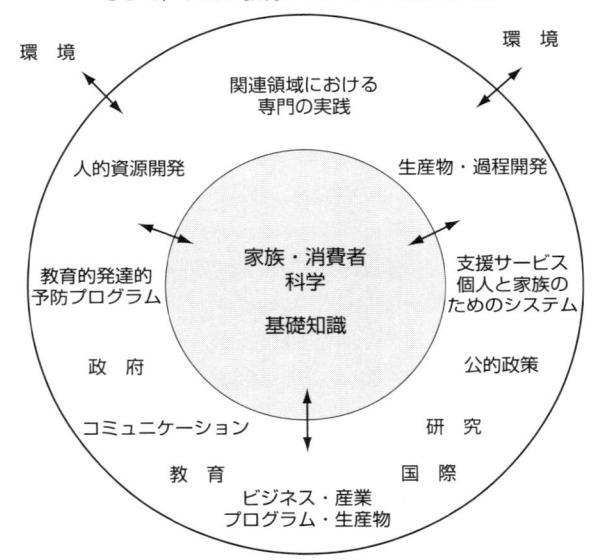

```
        環　境                           環　境
              関連領域における
                専門の実践
        人的資源開発          生産物・過程開発
                                          支援サービス
      教育的発達的      家族・消費者        個人と家族の
      予防プログラム        科学          ためのシステム
                        基礎知識
          政　府                          公的政策
              コミュニケーション    研　究
                    教育          国際
                ビジネス・産業
                プログラム・生産物
```

専門の特徴は，ブラウンとポルーチによる『ホーム・エコノミクス：一つの定義』で概説された。専門は実践的応用分野である。分野は次のサービスを行う。
- 社会に利益をもたらす
- 仕事の状況に応じた知的行動と実践的判断を含む理論的知識の専門的熟達を必要とする
- 業務の性格と質の両面においてモラルある防衛基準を保持する
- 専門を実践するための一定水準の能力と思考をもつ者に限られる

図Ⅱ-6　専門の実践

不足，また十代の未婚の親や危険な状態にある若者，アルコールや麻薬の濫用，家庭内暴力などの社会問題が経済に深刻な影響を与えるほどになり，あまりに遅まきながらも今や，家族と職場の相互作用が注目を浴びている。その結果，家族・消費者科学の統一化された知識基盤をもつ卒業生たちの専門的機会が劇的に増加している。

　これまでの歴史において，社会の安定や生産性に家族が貢献する重要な役割が，これほどまでに認識される時代はあっただろうか。私たちの経済において家族が主要な消費単位を成し，個人と家族のニーズに取り組むことが最も利益につながると，ビジネスや産業がこれほどはっきりと認識する時代はあっ

ただろうか。**私たちの研究分野の成功は，卒業生たちに専門のタイトルを与えることよりも，彼らを専門家として，家族と消費者を焦点とする自らの専門領域を効果的に遂行できるまでに育成した教育の価値を，卒業生たちが明言できる能力にかかっている。**専門領域において優秀な能力をもち，また家族・消費者というパースペクティブをもつ卒業生たちは，そのようなパースペクティブを欠く同僚たちにはない強みを自分たちがもっていることに，しばしば思い当たっているのである。

5-4 分野の名称

　大学という場における研究分野にとり，共通の名称が存在することは明らかに有利である。1986年に公表された『高等教育におけるホーム・エコノミクスの強化』が，「大学教育におけるホーム・エコノミクスの学部・学科に対し，名称の一致に向けた努力」を勧告したことは注目に値する。それによれば「普遍的に受け入れられる名称をもてば，分野が一つの特定領域の研究と授業を行っていることが認知され，資金調達のための強力な支持基盤を発達させることができ，専門の目標を高めるような教員や学生を引き付け，明白な改善をすることができ，大学内外における存在感を高めることができる」。

　「家族」と「消費者」という概念は理解しやすく，また分野の焦点を明示しており，公共的観点から高い尊敬を保持できる。そこで本論文の著者は，分野の名称を「家族・消費者科学」とすることを推奨する。

　中等教育や生活改良普及プログラムを研究分野のそれと同タイトルにすることはさほど重要ではないであろう。それらのプログラムは，特定の地域や州のニーズに応じて組まれることが多い。そのために食物，衣服，住宅，保育産業の職域向け職業訓練に重点を置く中等教育のプログラムもあれば，生徒の一般的教育を重視するプログラムも存在する。また現在の社会的状況に合わせて，親としての訓練や消費者行動，財務管理，個人の成長・発達などの領域で講義科目を増設する必要性に迫られている学校もあるだろう。公教育は資源的に限界があるため，家族・消費者科学の中等教育の教師は，分野のなかでも生徒や地域の直接的なニーズに即応した側面を選ぶことが重要であろう。これらのニーズが多岐に渡る場合，研究分野全体を包括するタイトルを掲げるよりも，各コースのタイトルを焦点とする方がより現実的である。

　家族・消費者行動領域では，生活改良普及プログラムが伝統的に強化されてきた。このタイトルはバラエティに富み，各州の特有な事情（組織構造，ニーズ，

優先事項）を反映している。しかし，どのようなタイトルであろうと，こうしたプログラムは家族・消費者科学分野の統一された焦点を反映すべきである。すべての州において，家族・消費者科学の焦点は4Hや青少年プログラムの統合的構成要素であることが期待されるべきである。

5-5 分野のための簡潔な声明

分野のための統合的でホリスティク，そして共存的な焦点は，生涯を通じ食物，衣服，住居，情緒的支え，養育が適切に与えられることを求める消費者としての家族と個人と同様に，家族システムの中で発達する個人におく。

6．人間環境科学

ペギー・メツァロス（ヴァージニア工科大学人間資源学部長）

　人間環境科学の概念は新しいものではない。科学の研究は近接環境の実践的側面に応用されているが，それはソクラテスとアリストテレスの論議と著作に起源をたどることができる。人々がいかに共に暮らし，自分たちの資源をいかに管理するかという問いは，経済的思考の基礎とみなされてきた。16世紀のフランシス・ベーコンの革命的な思考は，この関心を人間の生活を改善する助けとして科学を用いることへと拡大した。

　研究から得られた知識を日常生活の実践的で持続的な問題に応用することの価値が根付くまでは時間がかかった。エレン・H・リチャーズのリーダーシップの下に，初期のパイオニアたちが人間の持続的な問題を観察し解決するこの新しい方法を構造化し価値化するために，意見と資源を結集したのはやっと19世紀後半になってからであった。

　1800年代終わりのホーム・エコノミクス分野の誕生と1908年のアメリカ家政学会の創設により，日常生活の問題に社会科学と自然科学の原理を応用することに関心のある個人と，一つの専門を設立することが結び付いた。この時点で，分野と専門を区別することが重要となる。私見によれば，「専門」の概念は「分野」のそれを超える範域をもっている。この二つの用語が互換可能とは決して思われない。人は法学や医学やホーム・エコノミクスといった一つの分野で学ぶかも知れない。しかし，研究の分野が一つの専門として分類されるためには，さらにある規準を満たさなければならない。これらの規準は，専門を分野からも職業からも区別する。グリーン・ウッドは，一つの専門について，五つの顕著な特色を挙げている。つまり専門とは，系統的な理論，権威，社会の承認，倫理的な規約，文化の五つをもつものである（Wood, 1958）。専門は，五つすべての要素を評価し配置する複合体を備えた一連の状態を自己検分することが有益となるような発展の中で進化する。一つの分野の実践家は一般に，どの時点でもその一連の発展状態にある専門を創り出す組織的構造を通して，ともに結合している。ホーム・エコノミクス分野の実践家はアメリカ家政学会を形成し，専門としてのホーム・エコノミクスは1900年代初期から発展

してきた。最も未発達な範域はシステム論である。これは専門の十分な発達の後部にあり，今後の進化のための主要な焦点にならねばならない。

　この論文は，ホーム・エコノミクスという分野・専門の基本的な教義から生み出されて成長した人間環境科学とよばれる研究分野のための概念モデルを概説するものである。分野・専門の名称は人間環境科学と提案したい。

　人間環境科学はエレン・H・リチャーズの初期の思考から発展したものである。彼女の優境学は家事科学へと発展し，最終的にはホーム・エコノミクスとなった。ホーム・エコノミクス運動の発生以来，近接環境と相互作用する人間を研究する統合的分野は想定されていた。この近接環境には住まい（設計，家具，備品），着用する衣服，食物，家族，地域（ホテル，レストラン，療養院のような施設を含む）である。エレン・H・リチャーズはホーム・エコノミクスを「一方においては人間の直接的物的環境に関する，他方においては社会的存在としての人間の本性に関する法則，条件，原理，理想についての学問であり，とりわけこれら二つの関係についての学問」と定義している。この定義は人間環境科学をよく説明している。それは，協働的でホリスティクな形態で近接環境の中にいる人間の問題を考察するための概念枠組みを提供している。研究の焦点は，最初からホーム・エコノミクスの基礎であり，リスベス・ショールやリチャード・ラーナーといった現代の研究者により改めて提起されている。

　ショールとラーナーはともに，人の健康状態と環境の間でなされる相互作用は，そのどちらか一方だけというより，はるかに決定的に人間形成に影響を与えることを強調している。ラーナーが求める発展的コンテキストをもったパースペクティブは，人々の諸資源と学際的で多専門と協力関係にある専門が結合することにより，青少年と家族の多様な問題の解決を探求する最前線に位置している。

　人間環境科学はシステム論あるいは生態学的アプローチにおいて基礎づけられる。このアプローチは，独立した重要課題の専門領域を部分として認識するが，しかし同時に，諸部分の関係が生み出す独特の質と部分との関係に焦点をおいている。私たちが目の当たりにしている主要な挑戦は，注意をこうした「全体」あるいは部分間の関係に向けることであり，私たちの理論的基礎をいっそう発展させることである。専門領域あるいは部分は極めて強く，活気があり，よく発達しているが，諸部分の関係が生み出す独特の質の研究はまだ十分に発達していない。「全体」あるいはシステム論的意味の人間環境科学は，何らかの一つの部分ではない。一つのシステムとして部分が相互作用することを通して，全体と同様に部分の性質にも影響を与えるような何か新しいものが

創り出される。こうした協働に基づく生産物を明確にしなければならない。ここに私たちの独自性がある。

　人間環境科学の使命は，個人，家族そして地域の福利および彼らにサービスを提供するためのシステムが効果的に機能することに貢献することにある。この使命は分野のパイオニアたちの初期の思考と行動の上に築かれているが，家庭を超えて現代のシステムにまで広がっている。この分野の実践家は，その実践の場を問わず，人間環境システム科学者あるいは人間生態学者として自己を明確にするとよいであろう。彼らは一つの専門領域に学問的基礎をおくが，研究と実践の焦点は，人間と近接環境の持続的な問題に対する統合的なアプローチにあることになろう。問題にアプローチするための統合的で学際的な方法を用いた仕事に，彼らは共通の興味を分かち合うことになるだろう。分野の独自性はその学際的な焦点にあると思う。

　学術的ユニットは，自分の専門領域の理解に加えて，学際的チームによる持続的問題に対するアプローチとシステム理論の理解をもった実践家の養成で知られるような，強力な学部・学科から成ることになろう。研究と実践は，専門領域と特別な専門の組織ともにホリスティクな人間環境科学とアメリカ人間環境科学会（AHESA）に属することになるであろう。人間と近接環境についての幅広い学際的な問題を提起するためのこうした期待に向けて，専門領域の学会と学際的な学会の両方で，メンバー，専門知識そして資格証明を確保することが真剣に考えられねばならない。学会の年次会議と刊行物では，学際的な論点あるいは協働して問題を提起するために専門領域が集まることに焦点がおかれるだろう。

　人々は人間環境科学の分野と専門が，単一専門領域に課した人間と近接環境の複雑な問題を解決するためのアドバイスと専門知識を与えてくれることを知るようになるだろう。提案されたこのモデルは，エレン・H・リチャーズが彼女のオリジナルな見解の一部として打ち立てたホーム・エコノミクスのオリジナルな教義を拡充したものとして奨励され得るであろう。それは私たちの初期の歴史がもたらした論理的な産物であり発展である。社会が単一の学問的アプローチで持続的問題の解決に失敗したのだから，明らかに，その時がやって来たのである。現代の学者たちは，ホーム・エコノミクスの創設者たちが思い描いていたことを正確に提起しつつある。強力な専門領域では必要だが，さらにこの認識を超えて，人間環境科学はより高度に整序された概念モデルにまで到達する。

7. 人間生態学とは何か

ノーマ・ボビット（ミシガン州立大学人間生態学部家族・児童生態学科）

7-1　人間生態学とは何か

人間生態学の焦点　人間生態学の主要な焦点は，環境に関わる人間である。
特に　＊家族，世帯，衣服，住居，食物という直接的な環境の中の人間
　　　＊社会のマクロシステム―規則的，象徴的，分配的，工学的―に関わるミクロシステムとしての人間

7-1-1　使　命

人間生態学の専門家は，人間生活の質と量を改善するという使命を達成するために，この焦点と多様なプロセスを利用する。

7-1-2　専門としての人間生態学

人間生態学は専門である。専門家の目的は，社会の諸問題の解決に向けた**活動**を指導するために，知識を用いることにある。知識は人間生態学とその準専門とともに人間が抱える諸問題の解決法を探求する多様な学問と専門から蓄積される。学問の目的とは，学問の範囲内の研究を通じて，問題に答えるための知識を探索することである。

7-1-3　統合的専門としての人間生態学

人間生態学は，その発展の特質により統合的な専門である。人間生態学は専門―基礎が伝統的に多くの学問分野と結びついている準専門（専門領域および・あるいは専攻）からなる―の連合として行動する。ホーム・エコノミクス／人間生態学は，定義により環境と人間の**相互作用**を扱う（Ellen Swallow Richards, 1908）。人間生態学は，物理的，生物的，社会的，知的，美的，心理的な福利に関連する，ホリスティクな人間の性質に関心をもつ。人間とそのミクロ・マクロの環境との相互関連を統合的でホリスティクなパースペクティブから捉えることが人間生態学の特徴である。

7-1-4 人間生態学の概念枠組み

　概念枠組みというものは，思考に基づくシステム内の**概念**と**関係**の概要を目に見える描写で示すものである。構造は境界を明確にし，そのプロセスのダイナミズムを描き出す。概念枠組みは焦点，定義，使命を反映する。個人と家族は，生活の質と量を改善するためのミクロ・マクロ環境内の一つのシステムとして機能するから，人間生態学は生涯にわたる個人と家族についての研究と定義づけられるだろう。人間は自分のアプローチを適正に処理するために，さまざまなパースペクティブ―分析的・経験的，解釈的，批判的科学―を役立たせることで，自分のアプローチや評価，意思決定，管理，教育，伝達，問題解決，批判的思考，実践的推論の各プロセスをろ過する。これらのプロセスは，社会の他のシステム（規制的，象徴的，分配的，工学的）との相互作用と相互関連の中で発生する。規制システムは，「政治的なプロセスを通じ現れる社会的価値の実現に向けた社会的行動を導く」(Micklin, 1973) 集団を扱っている。いくつかの規制集団は警察，軍隊，政府などである。象徴的システムは文化（内容，価値，考え，象徴）を伝え，創造する。その例は，学校，教会，メディアや博物館などである。分配的システムは人々，制度，行為，財，サービスのような構成要素の動きに関連している。例えば，移住，慣習，休養，水，食物，小売り・卸売り業，病院，銀行，郵便局などである。工学的システムはコンピューター，電気，衛生，コミュニケーションといった科学や技術を創造し，応用する集団である。これらの**活動**（過程）は，人生の質と量を究極的に高めるために，人間の生活維持上のニーズを満足させるという使命へと方向づけられる。構成の可変性はプロセスの性格によって影響を受ける。変化は，空間，時間，情報，エネルギーというコンテクスト内のプロセスを通じて常に起こる (Miller, J.G. 1971)。枠組みは集合体と全体を見ることを可能にし，さらに部分や付加物を見ることも可能にする (Vaines, 1983)。図Ⅱ-7の概念枠組みは，専門内の言葉とビジョンの共有を促進させ得る理論と実践の間の調和を強化するためのガイドとして用いられるであろう。概念枠組みは，文化，民族，時間，地域，そして各水準のプログラムにわたる普遍性を反映すべきである。この枠組みは，これらの範域の設定に用いられてきた。

7-1-5　専門としての機能を反映する概念枠組み

　人間生態学のユニークさは，統合的なパースペクティブをもって人間の問題に言及する能力にある。人間の問題は相互関係し相互依存する多様な範域

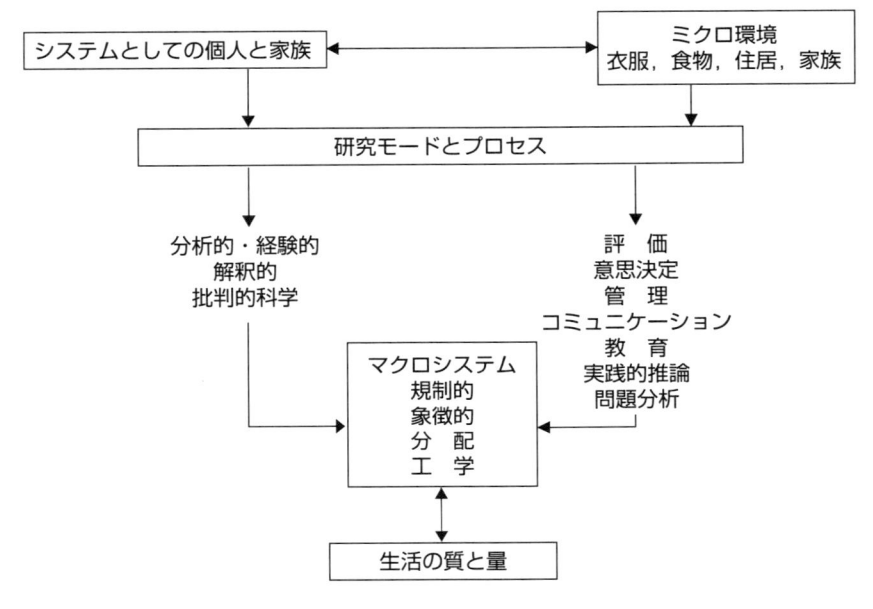

図Ⅱ-7 概念枠組み―人間生態学

```
[システムとしての個人と家族] ←→ [ミクロ環境 衣服，食物，住居，家族]
              ↓                           ↓
           [研究モードとプロセス]
              ↓                           ↓
      分析的・経験的                    評　価
        解釈的                         意思決定
       批判的科学                       管　理
                                   コミュニケーション
                                        教　育
                                      実践的推論
                                       問題分析
              ↓                           ↓
           [マクロシステム
             規制的
             象徴的
             分　配
             工　学]
              ↕
           [生活の質と量]
```

をもっている。問題は，次に示すような多面的な重要課題を捉えるパースペクティブによって引き出される専門知識を要求する解決をしばしば求めている。

　　論点：エネルギーの保存
　　問題：家計レベルでエネルギー使用をいかに減らすか
　　重要課題：解決に向け貢献する諸側面
　　住居：暖かい感覚を生み出すための暖色系の家具の利用
　　織物：熱を保つカーテンと衣料の選択
　　インテリアデザイン：エネルギーを保存するような照明，空間，設備の選択
　　栄養：身体の熱の生成における新陳代謝の役割
　　消費者問題：産業と消費者間における見解の連結

　マクロシステムにおける専門家との連携は，問題解決における成功の可能性をさらに高めることができる。

7-2 カリキュラムを考えるために基礎となる概念枠組み

7-2-1 専門と準専門の展開

　人間生態学は，多数の学際的な推進力により発展した。物理学や生物学は，食物と人間の栄養に関する科学およびそれと人間発達との相互依存の研究に用いられてきた。物理学や生物学は，織物，人間発達，そしてある側面で被服，住居管理の基盤として役に立ってきた。社会学と心理学といった学問は，食物，被服，住居，子供と家族，家庭経営，家族経済の社会心理学的側面の研究基盤として役立ってきた。環境美学は，芸術，人文科学，心理学，社会学および・または歴史といった多数の学問から発展した。この統合的で学際的な基盤は，ミクロかつマクロな環境に関連した人間理解を促進する。

　エレン・スワロー・リチャーズは，MITの化学の学士号をもち，人間生態学/ホーム・エコノミクスの創始者である。彼女は，日常生活を通じて，家庭環境や個人，家族の生活は，科学を応用することで向上し得ることを理解していた。最も包括的な意味で人間生態学あるいは「ホーム・エコノミクスは，一方においては人間の直接的物的環境に関する，他方においては社会的存在としての人間の本質に関する法則，条件，原理および理想についての学問であり，とりわけこれら二つの要素の関係についての学問である」（レイク・プラシッド会議議事録，1902年）。

7-2-2 カリキュラム構築にとっての意味

　人間生態学は，専門および分野または領域と考えられる。一つの研究領域は，学術的なプログラムの特性を表している。人間生態学やその準専門は多くの学問知識を統合し，社会的圧力やニーズを好転させる。ほとんどの学術的プログラム（学部および大学院レベル）は，観察から実践へ進む専門的実践の経験に応じた階層制をもって構築されている。実践は集中的なものから，限定され管理されたものへと発展した。経験に基づく区分は，個人から家族へ，ミクロおよびマクロな環境への連続体の横断的な相互作用を含むだろう。経験に基づく構成部分は，将来の専門を形作るために，実践的な知識を統合する機会を与えてくれる。ある研究分野は，専門の使命を反映した職業につく実践家向けに，免許証および・または証明書を備えている。専門はクライアント・顧客中心の相互作用において倫理的で責任感があり，利他的であることを必要とする。家族という焦点は，専門として機能する場合と同様に学術的なプログラムにおいて

も，位置的中心性と本質性が不可分であることからもたらされる。この不可分離性に関する固有な事柄は，専門のための概念的な枠組みについての専門家間の対話を通じて探究されるであろう。いくつかの専攻で家族は中心的な焦点であり，そして，家族についての集中的研究を要求している。他の専攻では，主な雇用源が，家族の知識を不可欠とするマクロシステムのレベルにあり，そこでより多くのコースが家族についての研究はあまりしないマクロシステムに焦点をおいている。応用専門（教職，地域サービス，カウンセリング）には，予防と介入の役割を準備するために強力な過程構成要素を必要とする。

　概念枠組みは，さまざまなレベルで計画を立てるための仕組みを供給する。プログラムは，すべてのレベルの教育と公式，非公式の教育，ビジネス，産業，行政といった多様な環境にとって尺度となる。それは縦の（深さまたは特殊化）または横の（幅または議論）視野をもって計画を立てるのに利用することができる。

7-2-3　コア研究の概念化

　コアあるいは核となるカリキュラムへのアプローチは，専門家として役割を果たすために，すべての専攻にとって重要な概念や原理を統合するために伝統的に利用されてきた。
コアは次のような研究をもたらすだろう。
・分野内における内容専門化の重要性
・歴史的，現在そして未来を展望した専門としての人間生態学
・専門の独自性，焦点としての人間とミクロ・マクロ環境との相互作用／相互関係
・全体―人間生態学を創出する部分の統合
・人間の問題を解決に向けた人間生態学専門家の個人またはチームの将来的専門的役割

7-3　研究の視座

7-3-1　質＋量＝ホリスティクな視座

　概念枠組みは研究を計画し，提示し，評価するための仕組みを提供する。枠組みは基礎的な理論を支持し，予防や介入という役割で実践家を援助するため，ミクロおよびマクロな環境に関連した，一生を通しての人間研究や調査に対す

るニーズを確認するのに役立つことができる。

　人間生態学は伝統的に多数の学問に関連した準専門から成り立っている。栄養，繊維，食物に関する科学は，歴史的に実証主義的パラダイム，量的方法論，経験科学を反映した研究基盤をもっている。人間相互間および個人内部の関係，家族関係，社会文化的なまたは美的な環境，社会心理的発達を扱う準専門は，歴史的にみて解釈科学と結びついた現象学を特徴づける研究基盤をもっている。応用専門（教育，サービス，ビジネス，擁護）の研究基盤は，さらに多方面にわたり，その問題の性質に基づいている。クライアントのニーズや問題は，統合的なアプローチを要求する。実践家は，概念，理論，方法論，実践を統合し，地方，国家そして世界のニーズや問題に応える新しいパラダイムへと発展する必要がある。

　実証主義的パラダイムは，量的方法論や研究の経験科学モードの基礎である。量的アプローチの長所は，研究課題がいかに効果的に，研究される人間システムと環境の現実を反映しているかに依存している。

　質的研究は，現象学的パラダイムに基づいている。この方式は，状況についての人々の認知内容から現象を理解することができると仮定している。その目的は，ミクロ・マクロの文脈の関係性に重点をおいて，状況に巻き込まれた人々の認知内容や知覚作用を理解することである。人間やその環境について質的アプローチで研究すると，さらに幅広い広がりや深さのある研究に役立つより広い認識をもつことができる。質的観点からの研究は有機的組織体の見方に基づいている。すなわち，全体は部分の寄せ集めより大きい。

　研究の質的アプローチは帰納法によって，量的アプローチは演繹法によって特徴づけられる。両方のアプローチは，理論的展開，応用，テストにおいて，また人間と環境の相互作用を理解する上でよりホリスティクで詳細な枠組みを組立てるのに役立つ正当な手法である。両アプローチは，相互に支え合う考えである。質的知識は，量的知識から利を得ることができ，そして，両方によって，理解の深さやどちらも単独では得ることができない複眼的見方を与えてくれる。質的および量的研究の価値を認めることによって，人間生態学者は，質と量による二分法を「非神話化」することによって，有意義なデータの解析に貢献することができる。質的および量的研究者の共存と協力は，対話を促進し，社会的に重要な問題からの学会の孤立を防ぐであろう。科学的な理解と同様に，実践的人間的理解を強調する必要がある。ホリスティクな専門にはホリスティクなアプローチが必要である。

7-3-2 統合──垂直的および水平的視野

　しばしば研究は垂直的パターンで推し進められる。つまり専門的に研究する洞察力が求められる。例えば，栄養学の研究者は食物摂取と肥満の関係を追究し，その研究は脂肪組織細胞質や心臓血管機能への効果といった，さらに綿密な学問へと展開するであろう。栄養学の研究者達は専門的知識を蓄積していく。

　研究者たちは個人に与える肥満の多様な影響について水平的な研究アプローチや，広がりのある視野を求めて，栄養学の専門知識と他の専攻領域をひとつながりにしてよいのである。図Ⅱ-7は，問題のホリスティクな解決を成し遂げるために必要不可欠な，それぞれ垂直的，水平的な双方の研究アプローチを統合した例を示している。

7-4　名称，イメージそしてアイデンティティ

　概念枠組みは名称を説明する。それは，名前に含意された概念や関係に実質を与える。アイデンティティとイメージは専門の活動に反映する。活動は概念的な枠組みを操作する中で優勢になり，名称は従属的になる。多様な職業の肩書きが，人間生態学のパラダイムを反映しているならば，それは人間生態学の文脈の中でふさわしいものとなる。

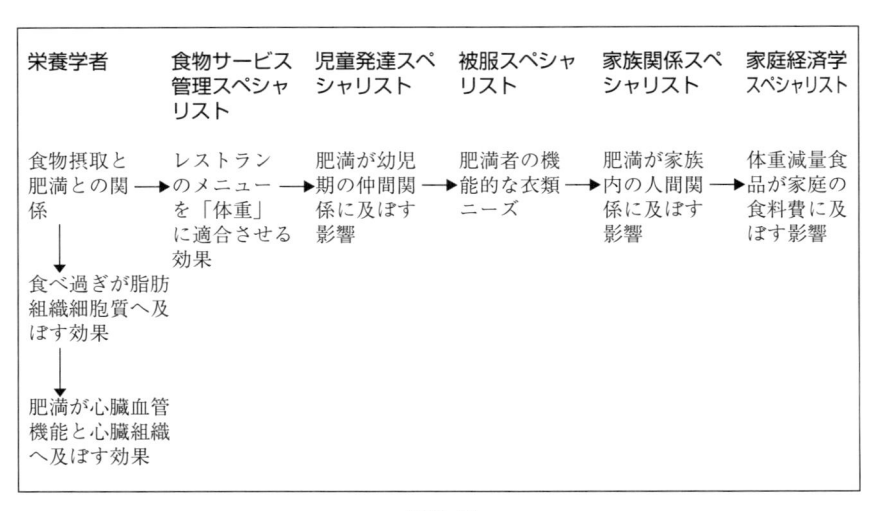

栄養学者	食物サービス管理スペシャリスト	児童発達スペシャリスト	被服スペシャリスト	家族関係スペシャリスト	家庭経済学スペシャリスト
食物摂取と肥満との関係 →	レストランのメニューを「体重」に適合させる効果 →	肥満が幼児期の仲間関係に及ぼす影響 →	肥満者の機能的な衣類ニーズ →	肥満が家族内の人間関係に及ぼす影響 →	体重減量食品が家庭の食料費に及ぼす影響
↓					
食べ過ぎが脂肪組織細胞質へ及ぼす効果					
↓					
肥満が心臓血管機能と心臓組織へ及ぼす効果					

図Ⅱ-7

8．ホーム・エコノミクスの再概念化とその付随要素

ジャクリーン・H・ヴォス（ノース・カロライナ大学グリーンズボロー人間環境科学部名誉学部長）

　今月10日までに送付することを約束したこのモデル論文を書こうとして，私はジレンマのようなものに陥っている。私は用意されたガイドラインを読み，また再読し，特別委員会が示した基本前提はもちろん，私たちが討議した論点に取り組む方法に応えようとして，数回にわたりこの論文に着手しようとした。しかしそのかいもなかった。ガイドラインに応えうる方法は全くない。というのは，何が書かれようとも，ガイドラインはそれがホーム・エコノミクスに焦点をおいた提案—それを変えるのか，またはこのままにしておくのか—という前提に立っているからである。私が提案したとしても，それは「新しい」ホーム・エコノミクスのためのモデルではなく，むしろ人間環境科学という異なったもののためのモデルである。私の見るところでは，ホーム・エコノミクスは人間生態学でも**なく**，人間環境科学でも**ない**。それらは，たとえいくつかの共通の要素を分かちもち，範域を共有しているとしても同一のものではない。それらは異なった定義，使命，目的，そしてプログラム構成をもっている。しかし，私ができることは，ガイドラインが示す論点と他の主要な問題について意見を述べることである。

　私は，ホーム・エコノミクスが何らかのもの—大変明確な何か—で**ある**と強く信じている。この分野は75年以上の長い歴史をもっており，現時点でその再定義を試みることに得るものはない。一般市民はホーム・エコノミクスとは何かということについて，非常に明確で的確な考え方をもっている。彼らは，公立学校制度の職業的ホーム・エコノミスト・プログラムや，国内のあちらこちらで開かれるホーム・エコノミクス生活改良普及プログラムにおいて，日常的に明示される定義をみている。そのため，何か異なったものにすることは，無意味なだけでなく，その歴史そのものを実際に否定することになるだろう。その代わりに，私はスコッツデイルに集った皆さんが「ホーム・エコノミクス」の共通の定義をまず採用し（私は，キンゼイ・グリーンが1990年の記念講演で用いた定義を強く推薦する），その上で，学科とそのカリキュラムがその定義と矛盾していないかどうかを基本に据えて，プログラムを評価することを提案したい。もしその評価が正直に行われれば，大学管理者や学部教員が，自分たち

のプログラムがホーム・エコノミクスのプログラムであるのか，あるいは何か他のものになってしまっているのか，すぐに発見できるだろう。そして，もしそれらが何か他のものになってしまっているとすれば，それらの学部は何で**あり何をしている**のかを最もよく説明し定義できる名称を採用する必要があり，自らをホーム・エコノミクスのプログラムに帰するのをやめるべきだろう。

　私の第二の論点は名称，使命，目的およびカリキュラムの一貫性という点である。学部のカリキュラムや使命を変えることなく，単に学部の名称をホーム・エコノミクス以外の何かに変えることは，大学に対する信頼性の欠如と学内での混乱を招く。同じように，カリキュラム・プログラムの多くが分析の基礎単位としてもはや家族を用いず，また家族に焦点を当てなくなった時，ホーム・エコノミクスの名称を維持することは，同様の混乱や信頼性の欠如を招く。名称に関する決定に先行して，私の大学でこの類の分析をした時，ただ二つの学科のみ—人間開発・家族学と社会事業—が，カリキュラムの焦点を家族においていることがわかった。他の学科や課程は，ビジネスや産業，あるいは病院や地域サービス機関のような地域組織などに焦点をおいていた。

　私の第三の論点は「専門」としてのホーム・エコノミクスの問題に関わることである。もしホーム・エコノミクスが全く単一の専門であるならば，その専門とは何か，それが何を行い何を含むのか，ということについて特定の定義がなければならない。ホーム・エコノミストは，家族が自力で機能することを助けるというのは非常に漠然としていて，しかもつかみどころがなく無意味である。手本として他の専門を見ると，法学，薬学および教育学に明確に定義された役割と行動があり，それらは専門と一般市民の両方が合意したものである。また，それらすべての専門では，卒業生が自分の専門の実践を許可される前に証明書あるいは免許が必要とされる。ホーム・エコノミクスは認証プログラムをもっているが，明確な定義はなく，十分に定義された役割や態度もなく，しかも卒業生にはその分野で実践し仕事をするために AHEA から免許を得ることは必要とされていない。

　私の第四の論点は学部の使命に関する疑問である。学部はあの使命と目的声明に関して AHEA に期待を寄せ，あるいは参加する個々の機関の使命をまず第一に提示しているのだろうか。個々の機関がどんな形であれ21世紀に生き残ろうとするならば，自らの使命をまず第一に提示し，他の何らかの目的あるいは目標を示す**前に**，その使命に貢献**しなければならない**と私は思う。このためにはさまざまな機関—総合大学，四年制カレッジ，コミュニティ・カレッジおよび技術系大学—の互いの相違を理解することが重要である。主に技能に基

礎をおいた教育志向のプログラムは、コミュニティ・カレッジと技術系大学で行われている。しかし理論や解釈に基づいた研究を指導する教員については、四年制カレッジあるいは州立大学にいる他の教員（まず第一に修士課程を経ている）が供給している。しかし総合大学のプログラムに関しては当然、それ自体の内部で新たな知識、新たな解釈そして新たな解決策を**生み出し**、また質の高い授業プログラムの情報を広めるものでなければならない。特に博士号を出す総合大学では、特定の専攻領域における知識の蓄積に貢献するような独創的な研究を遂行できる教員を雇用し保持することが課せられた義務となる。以上の理由から、私はこれらの異なったタイプの大学の学科プログラムに一律に同じ使命を遂行し、あるいは同じ名称をもつよう期待することに、何の意味も見いだせない。

　第五の論点は学部・学科認可過程に関するものである。認可の指針の変更は、みなに対し、すべてに対し立派な目標をもった試みであったとしても、実は、支持した分野そのものに害を与えてしまったと私は考えている。このスコッツデイルの集団が、分野についての共通の定義に合意するなら、この定義はその時、真にホーム・エコノミクスのものといえるプログラムのため、パラメーターやガイドラインを確立し、そして特にそれらのパラメーターに適合するように認可過程を変更するための手段となるべきである。すべてのプログラムが含まれるわけではなく、全てが同質ではないプログラムがその指針に適合するわけでもないのだから、大規模で最も名声のあるプログラムの多くは、もはやその認可過程に賛同しないだろう。しかしいずれにせよ、パラメーターにしっかり納まったプログラムであれば、認可も意味があり、しかも役に立つであろう。現在のところ、このどちらでもないのだが。

　最後の論点は、実は問題点というよりもむしろ嘆願である。今後、現存するものとその将来にとって極めて重大な決定を考える時には、プログラムがすでに削除され改組され縮小され、あるいは学生たちから拒絶された学部の人々に耳を傾けるのではなく、自分たちの学部やプログラムが力強くしかも成功している人々からの助言や勧告を求めることを、私は期待する。この前者に関わる人々が忠実で、誠実あるいは献身的か否かに関わらず、すでに行った方法は端的にいってもはや役に立たない。もし私たちが首尾良く進めようとするならば、成功している人々の話に耳を傾ける必要がある。彼・彼女自身のキャンパスにいるそれぞれの教員たちは、その大学の目的の中枢に留まるために、そのキャンパスと調和するための方法を探し求めなければならないだろう。それが何度も繰り返し実証され、そこでカレッジや総合大学が財政危機に取り組まない限

り，その大学は生産的（教授力とともに学力が）でなくなり，また大学の中心的目標に貢献せず，消去されるだろう。好景気の時には全ての者に機会があったが，時勢が厳しい時には，その大学にとって必須のプログラムだけが存続する。私たちを守ってくれる「生得権的地位」などないのである。

　私たちの大学では，すでにもっていたプログラムと自分たちが進みたいと考えた方向づけに基づいて，使命を定め名称を選択したが，それらの概念や理念のほとんどが，100年前にすでにエレン・スワロー・リチャーズが述べていたことだとわかった。彼女が提案した広い人間生態（環境）科学は，当時のホーム・エコノミストが採用した限定的なひとまとまりの概念よりもはるかに広く包括的なものであった。（事実，私たちは，全体の一部 [家庭と家族] を捉えて，それがあたかも全体であるかのように取り扱っていた。）私たちの新しい使命声明は，ホーム・エコノミクスとして伝統的に示されていたプログラムに広々とした余地を提供しているばかりでなく，私たち教員の目標や能力を利用できるように私たちの目的やプログラムを拡大することも許していると考えられる。これらの変更以来，奨学金の登録数，外部からの資金，入学者数，および学術的な正当性が，私たちの決定が思慮のあるものであった証拠となっている。私たちの決断が，他の大学においても通用するかどうかは，私にはわからない。それぞれの大学および教員が独自の決定をすべきである。

使命声明（人間環境科学部のために作ったもの）
　生活の質および人間の発達についてより良く理解し，それらを向上させるために講義，研究，サービス・プログラムを設計し実行すること。使命の中心は，個人とその環境をそれらが互いに形成し合うシステムであり，それぞれ時間のなかで変化し，互いの変化に応じて適応するものとして理解することにある。互いに形成し合い，それぞれの時間の中で変化し，互いの変化に応じて適応するものとしての人間‐環境の分析。人間‐環境関係の分析は，自然科学，心理学，社会科学が集合する地点にある。環境システムのあらゆるレベルとそれらの結節点における，人間発達についての科学的知識の創造，宣伝および適用が奨励される。

　この論文は，皆さんが私に求めた内容ではなかったと思います。皆さんとの合意に添わなかったことをお詫びしますが，私の意見がスコッツデイルでの話し合いにさらに刺激を与えることを期待します。

9．家族科学——検討のための諸概念

コビィ・B・シマリィ（ネブラスカ大学リンカーン人的資源・家族科学部）

この提案は，名称よりもむしろ使命に焦点をあてたものである。

9-1　専門の使命

　家庭，地域，あるいは市場において，個人と家族が相互依存的に機能し家族としての働きを果たすように強化する（empower）こと。この声明は，ブラウンとポルーチによる，ホーム・エコノミクスの使命に関する1979年の以下のような声明に由来している。

　「ホーム・エコノミクスの使命は，家族が個々の単位として，また一般的には社会制度として次のような行動システムを確立し維持できるようにすることである。(1)個人の自己形成における成熟，(2)社会的目標とそれらを達成する手段の批判と形成に協力的に参加するよう啓発されること。」(Brown and Paolucci, 1979, p.23)

　ブラウンとポルーチの声明は，専門の使命を明確に描き，ミクロとマクロの環境と個人および家族との相互作用的特質を含意するものであるが，分野以外の人々には引用されず，容易に記憶されず，理解もされない。しかしそれは，内部で専門の発展と仕事を導くには有益である。提示された声明「家庭，地域，あるいは市場において個人と家族が，相互依存的に機能し家族としての働きを果たすように強化すること」は外部で用いるのに有益である。

9-2　分野の広がりと視野

　分野の広がりと視野は，次の各項目によって決められる。
1．家庭と家族の諸問題に対し経験科学，批判科学，解釈科学を適用するという公約
2．分野は「人間の直接的物的環境に関する，他方においては社会的存在としての人間の本性に関する法則，条件，原理，および理念についての研究であり，とりわけこれら二つの要素の関係についての研究」(Lake Placid Proceedings, 1902) に関わっているという私たちの信念

3．家族が関与する多様な環境への認識
 4．分野の学際的な性格への認識
 5．図Ⅱ-8に示した概念枠組み

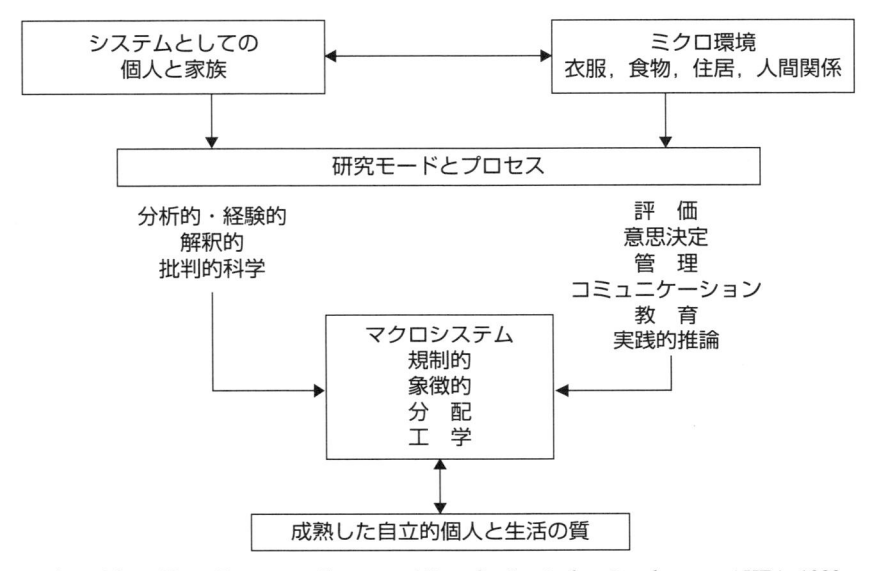

```
┌─────────────┐           ┌─────────────────┐
│ システムとしての │ ←──────→ │    ミクロ環境     │
│   個人と家族   │           │衣服，食物，住居，人間関係│
└─────────────┘           └─────────────────┘
        │                         │
        ↓                         ↓
       ┌─────────────────────────┐
       │   研究モードとプロセス      │
       └─────────────────────────┘
  分析的・経験的                    評　価
     解釈的                      意思決定
    批判的科学                     管　理
                              コミュニケーション
                                  教　育
       ┌─────────────┐           実践的推論
       │  マクロシステム  │
       │    規制的    │
       │    象徴的    │
       │    分　配    │
       │    工　学    │
       └─────────────┘
              ↕
       ┌─────────────────┐
       │成熟した自立的個人と生活の質│
       └─────────────────┘
```

Adapted from *Home Economics Concepts: A Base for Curriculum Development*. AHEA, 1989.

図Ⅱ-8　家族科学のための概念枠組み

9-3　提案される名称

　分野および家族が機能するミクロとマクロな環境が学際的でホリスティクかつ統合的な性格をもつため，分野が何についてのものであるかを的確に把握し伝える一つの名称を決めるのは難しい。

　「ホーム・エコノミクス」という名称は，不十分なことを証明してきたし，内部の混乱を引き起こす原因となってきたあまり，使命のより活力ある遂行からかけ離れてしまった。長年続いてきた消極的なホーム・エコノミクスのステレオタイプをうまく覆すことはできていない。個々の大学におけるそれぞれのプログラムは信頼しうるものであるが，プログラムや機関の名称となると，「ホーム・エコノミクス」は，多くの大学の管理者，学生，教員，その他の多くの人々に拒まれる。私たちの分野と仕事の価値を認める他専門の多くの友人が，名称を変えるときだと言っている。私たちは「ホーム・エコノミクス」

の名称ではなく，むしろ分野の発展を促し，近年ブラウンとポルーチ（1979），グリーン（1990），ブラウン（1993）によって明確に表明されてきた使命に目を向けるべきであると考える。

　「ホーム・エコノミクス」の名称にはかなり限界があり，また完璧な名称もないことがわかれば，「家族科学」という名称が分野と専門にとって最も妥当なものだと考えられる。この名称はいくつかのことを示してくれる。第一にそれは，分野が家族に関与していることを明らかにする。第二にそれは，研究と実践の結果として私たちが家族に関する知識を保有することを示唆し，また知識が家族の福利のために適用されうることを含意している。家族科学は簡潔で覚えやすい。図Ⅱ-8の概念枠組みによれば，この名称は，家族が相互作用しているマクロ・システムと同様に，一つのシステムとして，その中で家族員が機能を果たすミクロな環境であることを知らせてくれる。私はアメリカ家政学会がアメリカ家族科学学会になることを提案する。

9-4　この提案の関連事項

　高等教育機関，中等学校プログラム，ホーム・エコノミクスにおける協同的生活改良普及プログラム，アメリカ家政学会およびアメリカ学校家庭クラブに関する特別の提案は，次の通りである。

高等教育機関
・それぞれの学部は，自らの使命を上部組織の使命と関連して決めなければならない。
・学部の使命は，家族科学の使命を包含しなければならないが，限定されることはない。
・学術管理機関の名称はそれぞれの機関の使命によって異なるであろう。
・管理機関は，家族科学の使命を内容として含むプログラムを，それを含まないプログラムと共存させることができる。このタイプの管理機関の先例はある。一例としては，オレゴン州立大学の家政教育学部を挙げることができる。
・学部**あるいは**家族科学の使命を表したプログラムは，アメリカ家族科学学会による認可を求めるべきである。
・全国的に統一性をもち，名称を認知させ，また堅固さを保つという目的のために，学術管理機関は1997年以降，以下の名称の一つを採用するよう努力すべきである。
　　　　家族科学

　　　　　　人間生態学
　　　　　　人間環境科学
・家族科学の使命に関係する教員や管理者は，家族科学会に入会すべきである。
・家族科学の使命をもつ機関の管理者は，共通の目標を追求し達成するために，コミュニケーションと協力の機会を維持すべきである。

中等学校のプログラム
・全国の学校プログラムの多くは，家族もしくは職業的な内容を焦点とする。
・州レベルのプログラムは，家族を焦点とする使命および・あるいは職業的使命を反映すべきである。
・各州のすべての中等学校プログラムは同じ名称を使うべきである。
・全国的に統一性をもち，名称を認知させ，また堅固さを保つという目的のために，各州は1997年以降，次の名称の一つを採用するよう努力すべきである―家族学習，家族・消費者学習
・学級担任の教師，管理者，家族科学の教育者は，アメリカ家族科学会あるいはアメリカ職業協会に加入すべきである。

ホーム・エコノミクスの協同生活改良普及プログラム
・ホーム・エコノミクスの現行の協同生活改良普及プログラムは，家族の発展および・あるいは地域の発展に焦点をおいている。したがって，家族科学の使命を表している。
・州のプログラムは「家族・地域発展における協同生活改良普及プログラム」という名称を採用すべきである。
・プログラムの管理者，普及担当者，スペシャリストは，アメリカ家族科学会と生活改良普及専門家を独占的に供給している組織（NAEHE）に入会すべきである。

アメリカ家政学会
・学会名称をアメリカ家族科学会に変えよう。
・認可プログラムを強化し，それを家族科学の使命を表している学部やプログラムに売り込もう。
・認証プログラムを引き続き精選し発展させよう。
・専門としてホールマークを達成するために努力しよう。
・分野の使命に，専門学会としての目標と組織構造を明示しよう。プログラムや組織の持続的な変化に対応するために使命を変えることは避けよう。

アメリカ学校家庭クラブ
・「明日の家族・地域社会リーダーたち」という名称を採用する。

10．ホーム・エコノミクス再構築の提案

マリリン・ホーン（ネバダ大学レノ被服名誉教授）

　ホーム・エコノミクスの哲学と使命に関して同意することに問題はないが，主な問題は，**実践**が言葉の上だけの宣言に止まっていることである。そのような変形が生じていることに対し，私たちは分野が強調する概念と価値について明確な理解を共有しなければならない。こうした知的な活動は歴史的知識や弁証法的な論議あるいは専門的な対話を必要とする。それなくしては，どのような行動計画も方便的な「応急処置」以外の何ものにもならない。この報告はタイプされたページで 8 ページに限定されているので，次の提案のために必要な議論やデータ，またその論拠を文書で示すことができないことをご承知いただきたい。

10-1　哲　　学

　その発端以来，ホーム・エコノミクスについてのほとんどすべての容認できる定義は「家族の福利」「家庭生活の改善」「家庭に重要な価値の保持」に関わる言葉を含んでいる。それにもかかわらず，過去のフェミニズムや文化的革命の盛衰の中で，ホーム・エコノミクスという専門が家庭や家族に専念することにはかなり動揺があった。**社会**生活における平等の要求と抑制のない個人主義の強調が，**家庭**生活の価値を低下させ，そして多くのホーム・エコノミストは自らを「栄養学者」「経営スペシャリスト」と呼び，あるいは「家庭」や「家族」の語から自分を切り離すことになるような言葉で呼ぶことによって，自分のアイデンティティを偽った。

　さて，1990 年代のアメリカは，犯罪，暴力，アルコール中毒，売春といった事柄について，100 年前とほとんど同じ様な状況にある。かつてエレン・H・リチャーズは，犯罪や子供の虐待，アルコール中毒，精神的な病気の比率は，いわゆる「より良い」所よりもスラム街のほうがかなり高いことを観察して，物的環境と人間の行動との関係に鋭敏にも気づいていた（Clarke, 1973, p.193）。今日，私たちは社会の病と家族の崩壊との間に似たような関係をみることができる。ベティ・フリーダンさえも，「ミー」世代の無関心と道徳的犯罪は，家族に対する大昔からの責任を女性が放棄したことによると認めている。

私たちは一周してここに戻ってくる…家に―私たちが家庭とよぶ空間-時間であり物的で具体的な範域―そしてこの第二のステージで，家は，私たちがどこから来て，どこへ行くのかという場所の基本的な手掛かり（であり続けている）…。私たちの問題の核心を突くものこそが，物的で文字通りの家―あるいはその喪失―なのである」(Friedan, 1981, p.281)。

ホーム・エコノミクスは，今日の社会の悪を直接的に**改善**する分野ではない。むしろ強調されるのは治療ではなく予防であり，**対応的**プログラムではなく**予防的**プログラムである。まず，問題を発生させる状態を研究し，その状態の再発を予防する方法に専念するのがこの分野である。それは，すべての家族員が健康になり，また責任をもって貢献できる社会の成員になることを助け，私たち国民すべての生活の質を改善するために，教育プログラムを通して若い人々に自負心を確立することを探求している。ホーム・エコノミクスは本来的に，家族の福利の問題に焦点を合わせ，生物学や化学，経済学，心理学，社会学，哲学そして芸術の基礎にある知識や原理の上に成り立つ本質的に学際的でホリスティクな分野である。

10-2　ホーム・エコノミクスの使命

知識それ自体は**使命**をもっていない。専門は与えられた目的を達成する知識の**使用**に関わっている。専門は多くの**使命**を成し遂げるように，教育された人々の組織体であり，社会に必要なサービスを提供する。それは公共の福祉のための倫理的で，責任のある，利他的な関心をもっている。ホーム・エコノミストの場合，専門とは家族の福利増進に関与し，彼らが変化する世界に負けずに対処するよう援助することを意味している。

家族が生活し活動している社会的物的な環境は，技術革新や経済変動，資源の有用性，一般大衆の知的動向，文化の価値などに起因する不断の変化と変質の影響を受けている。**環境**は変化するが，ホーム・エコノミクスの**使命**は変わらない。家庭・家族生活を改善するという使命は，今日でも専門が設立された時と同じくらい確かである。より明確な用語で表すならば，ホーム・エコノミクスの使命は，家族を次のように支援することだといえる。

1. 機能的で，生態学的に健全で，美的に満足できる物的環境の創造
2. 金銭と資源の公正な管理
3. 家族のためになり，文化を尊重するような方法で供給される健康的で栄養のある食物

4．家族内の養育・扶養関係の維持
  5．家族員へのモラルある倫理的な価値の浸透
  6．基本的に必要な人間エネルギーと地球資源の保存に焦点を合わせる

　哲学と使命について以上に述べたことは本質的に，**家庭**と**家族**の概念に焦点をおいている。同時にそれらは，伝統的あるいは慣例的にホーム・エコノミクスの一部と考えられてきた多くの概念を**除外**している。**除外**されたのは例えば，多くの研究課題や専門領域の分野（ビジネス，インテリアデザイン，商取引，組織運営，繊維科学など）である。さらに「個人」という言葉も用いられていない。現在，一般に用いられる「ビジョン」や「使命」についての声明のほとんどは「個人と家族」という語句を含んでいる。家族がその個々の構成員の発達に明らかに貢献している一方，個人的関心の排他的追究は，家族の社会的情況をむしばみ，また私たちすべてが依存している共有的環境に対して有害である。こうしたパースペクティブによれば，個人主義の概念はホーム・エコノミクスの目的と正反対であり，ホーム・エコノミクスの使命を支持するよりはむしろ損なうものである。

　ホーム・エコノミクスは本来的に個人に焦点を合わせなかった。エレン・リチャーズは，かつて次のように述べた。

　　　家庭の中でなされるすべてのことは**家族**のためであり，個人のためではない。各人はある程度，自分自身の願望を他の人のために良いことに従属させなければならない。文明の単位は**家族**であり，**個人**ではない。人間の心の育成が家庭の中で最もうまく成される限り，**家庭**という言葉が私たちのタイトルの初めに位置するであろう。

　この見解は，より大きな社会への有効な参加に向けた社会化論のすべてを体現している。

　ホーム・エコノミストのなかには，このように家族生活に限定することは，各人の個人としての生活に向けられたホーム・エコノミクスの貢献を否認することとして拒否する人もいる。結婚していないかまたは自分に肉親がいない人にとって，ホーム・エコノミクスが「適切」な専門であるかどうか疑問をもつ者もいるであろう。これは，ある人が自分に健康問題がないなら医学の専門には不向きであると言っているのと似ている。

10-3　知識の基礎

　これまで述べたように，ホーム・エコノミクスは基礎的科学，哲学，そして

芸術が基礎をおく知識や原理を利用する。重要なガイドラインは，選ばれる研究課題の焦点が，ビジネスや産業または他の活動側面の方に適合的な隣接問題よりむしろ，家族の問題[*1]におかれているということである。**単に研究課題を拡大するだけでは専門にならない。**

　不幸にも，近年の研究の力点は，管理可能な研究課題領域規模の問題に焦点をおくために，専門分化を促進してしまった。ホーム・エコノミストが「学際的」とよぶ研究の多くは，基盤学問における一人またはそれ以上の科学者との共同研究となっている。私たちはどういうわけか，ホーム・エコノミクス内のさまざまな専門領域間に形成される**べき**明確な関係を無視してきた。家族の問題は狭いカテゴリーや学問にはうまく適合しない。家族は，その諸部分の合計には還元できない全体的システムであり，私たちは部分の相互作用や関係という観点から家族生活のすべての面を扱う方法を見つけださなければならない。明らかに，ホーム・エコノミクスは，この種の学際的な活動に対して哲学的な基礎をもっている。実際，それがホーム・エコノミクスの**本質**そのものである。

　こうしたパースペクティブから，ホーム・エコノミクスは一つの学問では**ない**。それは研究課題領域を超えた統合的な研究分野である。学際的な統合的アプローチへの転換が，ホーム・エコノミクスが単なる専門領域の集合以上に真の専門となる発展へのプロセスの重要な段階を画すのである。

10-4　広がりと視野

　これまでの数十年間，私たちは，ホーム・エコノミクスを「ますます専門分化した職域選択肢をもつ分野」として振興に努めてきた。多くの学部学生を誘引するための学生募集の努力は，すぐに有利な仕事への紹介を保証するようなテクニカルな技能の開発を見込んだものであった。狭い一組の研究課題の拡大に立脚したこの種の専門諸科目は，家族問題に焦点をおく知識の基礎と**矛盾**している。

　大学プログラムは，あらゆる専門の活力にとって戦略的な位置を占めている。学術プログラムは**専門**内で実践していくのに必要とされる**研究分野**から構成されている。大学は専門的実践家を教育し社会化する経験を操作することによって，入学許可の過程を操作してきた。したがってホーム・エコノミクスにおけ

[*1]　一層特定すれば，これは①生涯にわたる人間の成長と発達の理解，②食物や衣服，住居の供給と健康管理に関わる生産情報，評価そして資源管理，③家族支援体制，④社会的責務とともにモラルある倫理的価値の発展，に関連する選択的研究課題を含む。

る専門教育の目標は，卒業生に**専門的水準**の雇用を準備することである。私たちがあたかもホーム・エコノミクスが専門では**なく**，職業機会の収集物であるかのように動いてきたのは事実である。専攻領域の操作を通じて入学者を増加させようという努力の主要な結果は，アイデンティティの喪失をもたらし，かわりに学部・学科の存在そのものを深刻な脅威にさらしている。

　実は，ホーム・エコノミクスが家庭・家族生活の改善に焦点をおこうというのなら，相応に熟達した深い知識だけではなく，高度に発達した統合的技術ももった専門的実践家が必要なのである。これらすべてが4年間の学部課程で完成されると想定することは不合理である。ホーム・エコノミクスの学部卒業生が就く水準にある多くの職業は今日，学士の学位だけを要求している一方で，本当に専門を習得したとしても，その能力水準で実践家として通用することはほとんどない。

　1900年には当該人口の4%しか大学に行かなかった。より進んだ訓練を必要とする分野は医学，法学，神学だけであり，当時の「より進んだ訓練」とは，例えば若者が中等教育を終えただけで，医学校に入学し2年間で医学コースを終えられるというようなものであった。大学教育期間の延長の必要性は，今日ほとんどの専門（医学，歯学，法学，薬学，心理学等）に特徴的なことであり，ホーム・エコノミストが学部レベルでそれをすべて行うことができ，同等の専門的地位を要求できると考えるのは傲慢である（Horn, 1981）。

　専門的実践を哲学と使命にいっそう緊密に一致させるために，次のモデルが提示される。

1) 専門学位（専攻：ホーム・エコノミクス）

　ほとんどの専門学部―法学部や医学部のような―は，必要な知的能力と人格的素質をもっている限り，学部の専攻に関わりなく彼等を受け入れる。専門課程への進学を許可された学生は，ホーム・エコノミクスの「基礎」とみなされる学問のどれかを専攻し，4年間在学して得る学位に基づきホーム・エコノミクスの専門科目を含むプログラムを組み立てる。

　ホーム・エコノミクスの専門事前課程を経た学生は，第3学年を終えれば進級を許可され，より短い期間に専門的で臨床的な内容を習得できる。家族経験の背景をもつ成人学生や，批判的に考え効果的に意思伝達ができる能力ある学生には特別な配慮が与えられる。

　専門課程はコースの授業，インターンシップそして学位論文の各研究の組合せから成る。最終専門学年の一部は，臨床担当教員の監督のもとでなされる家族と・または家族サービス機関でのインターンシップから成る。このモデルは

信任状を添えて派遣され証明書が下付されるという過程を通して実施される[*1]。

2）学士号（専攻：ホーム・エコノミクス専門課程）

　ホーム・エコノミクスにおける専門事前課程は，自然科学と社会科学と人文科学のそれぞれ12単位が最低限必要であり，さらに学部のホーム・エコノミクス課程における36単位の修了が要求される。学士号に必要とされる残りの単位はホーム・エコノミクスの基礎と考えられる一つかそれ以上の学問における知識を深めるための，一般的な大学の必要条件に応ずるものであり，学生は興味のある専門領域にしぼって選択科目を選ぶことが認められる。

3）ホーム・エコノミクスにおける一般教育

　ホーム・エコノミクスは，人類が一個人として豊かになることに多大な貢献をしてきている。もし私たちが，社会における家族の福利を全体として増進しようとするならば，すべての大学生が栄養または家族財務と人間のセクシュアリティ，または児童発達のコースをとるべきである。多くの大学がすでに，専攻以外の学生に向けた科目の開発に成功している。個人の問題や利害には高い関心があるため，ホーム・エコノミクスの科目は，学生の論理的で批判的な思考技術の開発に理想的な手段となる。ホーム・エコノミクスを通して具体的に学んだ原理は，より広い抽象に向かう推論に用いられうるのである。

4）教員と大学

　教員の専門的知識は，家族の長期的問題すなわち家族支援的環境の開発，資源の効率的管理，そして食物，衣服，住居の準備と健康管理などをめぐり組織され，これらが人間の生存に対する一群の知識的基礎を構成する。

　すべての教員は，一つの領域とそれに関連する基礎学問について深い知識をもつ。すべての教員はまた，高度に発達した統合的技能をもち，倫理的な価値や専門的問題とこれらの領域間の相互関係を効率的に扱うことができる。

　研究領域は内容領域を横断する協同活動を促進するために，別々の部門に分割されていない。

　全国の高い入学基準をもつ少数の大学院レベルの大学には，専門教育プログラムの提供が託されることになろう。他方，現在ホーム・エコノミクスの学部課程を託されている大学は，専門事前プログラムおよび・もしくは一般教育プログラムを提供することになるであろう。

　[*1] 専門教育の「大学院大学」プログラムという考え方は新しくも革新的なものでもない。それは1903年のカロライン・ハントの哲学の一部分であり，コロンビア大学の教員養成学部が早くも1906年ごろに，ホーム・エコノミクスにおける大学院大学プログラムを持っていた。

10-5 名　　称

　名称の選択は，哲学と使命の問題が解決されない限り，無益なことである。しかしホーム・エコノミクスにおける専門のアイデンティティの喪失は，専門領域の抑制のない増長と普遍的に認識できる名称の欠如の両面から深まってきた。非常に多くのプログラムが流行の名称の背後に隠されているとき，ホーム・エコノミクスの全国的な衰退を例証する統計に反駁することは困難である。現在人気のある喧噪語は非常にたくさんある――例えば，**雇用代行制**，**エンパワーメント**，**環境**，**生態学**などである。1970年代においては**コンシューマリズム**が大流行した。1980年代の喧噪語は**科学**であった――大学社会ではだれもが科学者でなければならなかった。（例えば健康**科学**，人間**科学**，家族**科学**，地域**科学**…体育でさえ，運動**科学**になった。）今日，**家庭**という言葉は取り外され，**人間**という言葉が取り入れられている――**サービス**という言葉は取り外され，**科学**はいまも取り入れられている。学問とプログラムが必死で政治的に適切なラベルを探しつつあるこの名称大変更期においては，すべてのものが**科学的**もしくは包括的でなければならない。

　人間生態学は，現存の分断された専門領域すべてをカバーするのに十分なほど広く，同時に現在の専門語に調和する好都合なタイトルとして認められている。ホーム・エコノミクスが人間生態学という名称を採用するのは実に僭越なことである。なぜなら，**人間生態学**というものに含まれる多くの他の専門や学問があるからである（Brown, 1993）。1981年に設立された人間生態学会がすでに存在している。私たちが，時代にあった政治的標語を自分たちの語彙に組み入れ続けるというのなら，流行の喧噪語はやがて人気がなくなることを銘記しなければならない。なすことすべてを時流に合わせようとするなら，私たちは仕事や使命を事前に定義しないでおく。

　ホーム・エコノミクスは，範囲においても使命においても人間生態学よりも限定されたものである。逆に「ホーム」と「エコノミクス」という言葉は，「ホーム」が**家族**という概念を排除し，「エコノミクス」が経済学という基礎的学問に限定されたものと解釈されるならば，あまりに狭いといえよう。しかし社会は，家庭と現代の社会的悪を緩和することにおいて家庭がもつ重要性に価値を再び割り当てたのだから，家庭が家族の概念を包含していると理解する限りにおいては，私たちはそれを維持するのが賢明だろう。おそらく，より受容されやすいタイトルは**家庭生態学**であろう。これは元来エレン・H・リチャーズがその分野のために選択した名称である（Clarke, 1973）。もし大学の学

部が家庭生態学部として知られるようになるならば，そのとき専門の実践家は**家庭生態学者**と呼ばれるようになろう。一般教育，高等学校および生活改良普及プログラムは，**家庭・家族生活教育**とよばれることになるだろう。

10-6　提示されたモデルの国民に向けた促進

　私たちに，もはや策略的な売り込みキャンペーンの必要はない。そうした促進策は，専門の地位を落とすことになる—私たちは月刊誌クラブの会員資格を売っているのではない。会員資格に排他性がない集団に属していても威信はほとんどないのである。もし私たちが，厳格な学術的必要条件を備えた少数の大学院レベルの大学に専門の教育を限定することが可能ならば，また最も知的で有能な人だけが資格を与えられるほど高度の入学許可基準を設定できるならば，私たちは全員を受け入れる専門から，全員は受け入れない専門に移行することができるであろう。(法学部や医学部では志願者を全く探し回ったりしていない。)

　信念は行動を通じて自動的に伝達される。今日，言語で表された定義と**実際**の専門との間には厄介な矛盾が存在している。そして人々は，私たちが**言う**ことではなくて**行う**ことによって私たちを判断する。専門への献身はそれ自体に豊かな見返りがある。同じ信念を共有し，共通の目的に向かって研究している同職者との提携は，自尊心に加えて相互に尊敬しあう環境を与えてくれる。使命に献身的で，行うことに誇りをもつホーム・エコノミストこそが大切である。こうした数少ない者が多くの者を活気づけることに期待しよう。

11．名称再訪：ホーム・エコノミクス

グラディス・ガリィ・ボーン

11-1　序

　「革命的な変化」はいつも，国内の家族におびただしい混乱をもたらしてきた。このことが，家族の必要に応える組織的な教育と科学的集団における変化を次々に余儀なくしてきた。新しい研究分野の創設はまさしくこの変化の裡にある。ホーム・エコノミクスとは，その格好の例である。19世紀の後半期，農業国から工業国へとこの国が変貌を遂げるにつれて，家族（ならびに女性たち）に影響を及ぼす社会的諸条件の基礎が形成されていった。ホーム・エコノミクスの諸概念を構築した人々ならびに最も初期のホーム・エコノミクス信奉者たちは，かなり広範囲の問題群—(1)「ホーム・エコノミクス」という名称に込められる意味の差異，(2)家族の必要と機能との混同，(3)社会政策の残存と出現，(4)学術制度におけるホーム・エコノミクス・プログラムの組織と構造，(5)専門の実践のあり方，(6)制度としての家族と実態としての家族についての一般的認識—に直面した。さらにこれら諸問題の相互関係は，今日のより大規模化したホーム・エコノミクス集団が直面している問題と大同小異である。かつて「革命的な変化」に対処した人々に違わず，ホーム・エコノミクスに未来を創造するために，私たちは今日の「革命的な変化」に対応しなければならない。その意味で，分野の持続的発展にとり，新しいアプローチが決定的に重要である。それでは，専門に固有かつ本質的であり宿命的な諸関心事に，(1)専門のための将来をうちたて，また(2)専門の存在理由である家族を強化するような方法をもって，いかに応えることができるだろうか。

11-2　では専門はどのような名称で呼ばれるべきか

　90年以上にわたって専門を表してきた名称としてのホーム・エコノミクスは，存続すべきである。ここで，名称を決めれば直ちに—他の要素とともに—**アイデンティティ**，**印象**，**意味**，**評判**，そして**効能**までもが伝わるなどと，名称の重要性が間違って理解され主張されているのではない（Charmasson, 1988）。商品としての生産物やサービスを見分けるときに名称は重要であるが，学術的プ

ログラムや専門あるいは組織は名称だけでは，その実体の**全体像**はめったに伝えられ得ないものである。このことから哲学，使命，目的の表明，作業，カリキュラム，専門の実践についてのプログラム等々のすべてが，役割を果たすことになる。

「ホーム・エコノミクス」が専門の固有性を維持させるという提案の合理的根拠は，哲学や信念を理解し受容することほどには名称は重要でないという点にある。ホーム・エコノミクスは少なくともよく知られた存在である。つまりそれは，世界に広がった専門の集団を表明しており，国際的かつ政治的にも認知を得ている。専門を指し示すために現在用いられているさまざまな名称のうちでも，それは，諸外国の研究者たちのそれぞれの母国語に最も折り合いよく翻訳されている。さらに，ホーム・エコノミクスは関係についての研究，すなわち「現在は関係づけられていない知識の諸断片を，一貫した一つの全体へと結びつけ束ねてゆく（Lake Placid Conference, 1902）」研究分野であることが意図されていた。名称，アイデンティティ，哲学，ならびに使命をめぐる草創期の関心は，カレッジや総合大学の集団の中心におかれていた。もっともそのことは現在のジレンマでもあるのだが。しかし特定の専門を実践する各個人は，社会における専門の目的，使命そして役割を理解する義務とそれらを人々に伝える義務を負っている。必要とされるのは，新しい名称**よりも哲学，使命，目標**そして**実践の標準**についての共通の信念を同意し受容することである。

11-3　使命—公益のためのエンパワーメント

「家族」は専門の基礎的な文献に繰り返し登場する（Home Economics-New Directions, 1959; New Directions II, 1974; Brown, 1980, 1985; Green,1981）。この著者は，家族を専門の中心に位置づけ，専門の使命の概念化を強化するものとして家族を支持する。しばしば引用されるブラウン，ポルーチ，グリーンによる使命声明は，専門の使命の簡明な根本命題をそれが発展してきたものとして描いている。すなわち，

> ホーム・エコノミクスの使命は，家族が個別の単位として，また一般的には社会制度として次のことを導くような行動システムを確立し維持できるようにすることである (1)個人の自己形成における成熟，(2)社会目標とそれらを達成する手段の批判と形成に協力的に参加するよう啓発されること。(Brown and Paolucci, 1980)
>
> …ホーム・エコノミクスの使命は，家族が互助的に機能するよう強化

し，―どこでその必要が生じようとも―日々の機能を果たすよう個人を強化することである（Green, 1990）。

このような使命に**従う**効果的な専門の実践は明らかに，より大きな社会に利益―公益―をもたらすサービスとなって現れる。この二つの声明の両方に示唆されてはいるが，どちらも実際は述べていないのは，ホーム・エコノミクスの研究と公益との関係である。この使命は，家族が批判的にものごとを考え**公益**を支持する**モラルある選択**ができるような教育，調査，奉仕，協力のプログラムを提供することで，ホーム・エコノミストたちが多元的な社会における家族福祉に貢献するときに，全うされるのである。

11-3-1　21世紀のホーム・エコノミクスのためのモデル

ホーム・エコノミクスのための次のようなモデルが提案される。このモデルは専門の焦点として，公益のために家族を強化することを強調している。

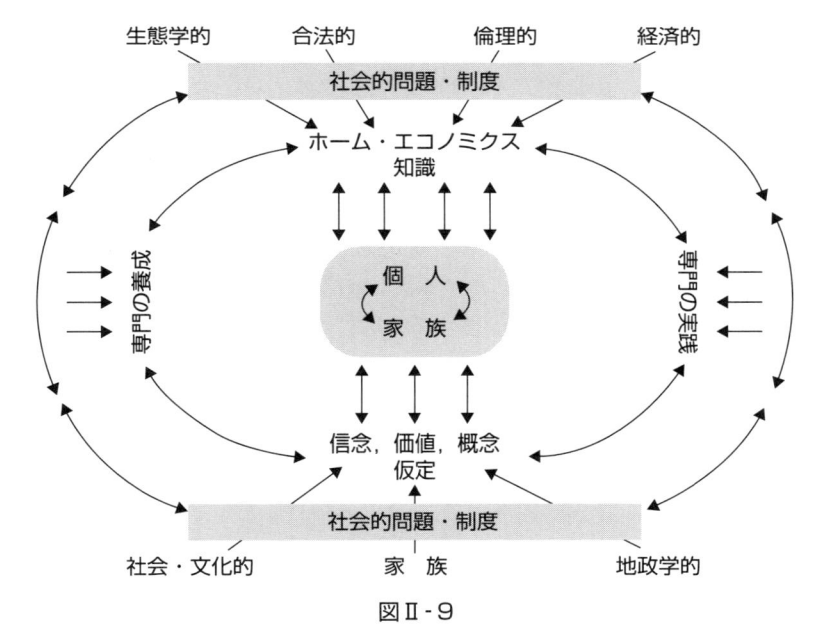

図Ⅱ-9

このモデルには，次のようないくつかの仮定がある。
・社会の中心的な制度は家族である。
・家族―さまざまな形態のすべてを含む―が，ホーム・エコノミクスの核である。家族は変化するものであり，家族はより広い社会の変化に修正され，ま

た社会の変化を修正する。家族が変われば，ホーム・エコノミクスの理論・実践もまた変わらなければならない。
・ホーム・エコノミクスは一つの専門であり，批判科学である。
・教育は，専門の主要な機能の一つである。
・ホーム・エコノミストが保持する主要な諸価値のうちには，（専門ならびに家族の）多様性の尊重ならびに予防し強化する（可能にする）という実践の哲学への信念がある。
・ホーム・エコノミクスは個人と家族を強化し，家族生活の価値を高め，究極的には地域や国家の建設を支援する思考と実行のための独特の方法である。
・家族は変わり社会も変化するが，ホーム・エコノミクスの使命は変わらない。

11-3-2 社会的専門的問題とモデルに関する考察

　特に教育，健康と福祉，人口推移そしてグローバル化の中で，強化手段としてのホーム・エコノミクスを概念化する必要性は，多くの論拠から支持できる。トフラーは権力のグローバルな移動の議論において，権力の源泉として，知識が富と軍事力に置き換わりつつあることを論じている（Toffler, 1990）。さらに，そうした知識は物の製造に基盤を置くというより「人間のサービス―例えば急速に増加する高齢者に手をさしのべること，児童保護，保健事業，個人の安全，訓練施設，レジャーやレクリエーション施設，観光旅行等々を供給すること―といった分野において…広範に及んだ文化的で個人と向き合った技術の方に一層立脚している」。この枠組みにおける新しい権力の源泉としての知識（技能）は明らかに，ホーム・エコノミクスの統合的特質と家族 - 社会 - 環境の相互関係に置かれたその焦点に結びつく。

　カリキュラム再編，教育の質そしてあらゆる階層の市民が教育を受ける方法は，国家の将来にとり重要である。例えば，**鍵のない扉を開くと**（Quality Education for Minorities, 1993），公営住宅に住む少数民族や低所得者の子どもたちに力を与えるために描かれた，統合的教育・サービス配分モデルが出現する。このモデルは数学，理科，家族生活教育の授業に力を入れ，また地域サービスのプログラムを設置することを求めている。最近のクリントン政府が勧告した地域奉仕を授業履修単位に代替するという提案は，やがて学部教育活動の期待事項となるであろう。いくつかの大学では，教員たちが動いたことで，既に公益奉仕に学部の単位が与えられている。

　国中の子ども，家族，地域の健康と福利に影響を及ぼす重要な社会的問題は，一般の書物や学術出版物にますます多く出現するようになっている。親を

11．名称再訪：ホーム・エコノミクス

欠くことと犯罪行動の発生，児童虐待そして思春期の妊娠との関係性は，「過度のストレスと多忙から，世話や注意，指導のできない親をもつ子どもたち」によって立証されている（Beyond Rhetoric, 1991）。国民の直面しているこれらのそして他の問題の解決を求める場合，劇的に変化した国民にはもはや適切さを欠く多くの社会政策と社会制度の検討において，家族中心のホーム・エコノミクスにこそ役割が存在する。

専門に関してはその明白さが再び言及されるべきだという一方で，ホーム・エコノミクスとして知られている学部を改名するという大学関係者の緩慢で着実な流れにより，専門の将来を確実にしようとする私たちの中から，部分的ジレンマが生み出されてきた。ジレンマは，その名称—あるいはこれらの学部が選択したアイデンティティと哲学—には一般大衆性がないことで悪化している。さらに改名のためのさまざまな理由が，改名しないために他の大学が選択した理由と同じということもしばしばである。

学部は自らの哲学，使命，目標を推し進めるために，自ら欲した名称自体に対し「権利」と権限をもっている。しかしその場合，三つの世界にいるということを認めなければならない。すなわち一つはそれが属する大学，一つはそれが所属する専門の集団，そして一つは卒業生がやがて活動する社会がそれであり，これら各々が満足されなければならない。ここで二つの質問がある—「ある学術分野，専門とそれに関連する専門家組織にとり，名称の一般大衆性は抗い難く必要なものなのだろうか」また「学部の名称とそこで果たしている目標との間の関係性ははっきりしているのだろうか」，実際問題として，既に改名された学部をさらに改名することが当然とは思われない。当然と思われるのは，共通の哲学，使命，知識の内容，実践方法に合意することである。私たちはさらによい名称を探し求めることはやめて，社会に対してホーム・エコノミクスが有用なことを明示し，広める，そして国中の家族によりよいサービスをする一般的な，また特殊な専門知識を用いる新しい方法を見つけることに集中すべきなのではないか。

学部名称問題に関連してくるのが，中等レベルの授業プログラムの名称問題である。ここでの問題は次のとおりである—「中等レベルの目的と実践は，大学以上のレベルの目的と実践に関わる名称を理解するうえで，重要な要因となるだろうか」，もしそうであれば，「問題は〈調整〉され得るだろうか」。名称には多様性があり，ホーム・エコノミクス以外の名称は常に用いられてきた。例えば「主婦学」「家事科学」「実用技術」「ホームメイキング」「ホームメイキング教育」「家族生活教育」「消費者・家庭教育」等々である。中等プログラ

ムは職業的と見なされているというのは控えめな言い方で，それはむしろ非学術的である。したがって，そのような認識の大きな影響で，高等プログラムも非学術的だと理解されてしまうことが否定できない。中等レベルのプログラムを大学のプログラムに関連づけるには，特に伝統的な職業教育（教員養成と中等のホーム・エコノミクス・プログラムの両方）との関係で，真剣な討論が必要である。農業とコンシューマーリズム（例えば農産物の効果的使用のために家庭と家族が利用すること）に関する認識もまた多大な影響があるので，生活改良普及についても同様の問題がある。生活改良普及と中等教育の関係性の「問題」は，使命，目的，実践の標準ほどには名称との関連がない。したがって名称変更がこれらの問題を解決することはないであろう。

11-3-3 専門領域

専門分化した課題領域は，初期に形成されたプログラム内容が展開したことを示すものであるが，またそれは1902年にホーム・エコノミクスを規定したときの必然的な派生物に他ならない。「家族の全体状況とそれぞれのスペシャリティーの間の実際的な関係に敏感なスペシャリストの育成」（Brown, 1963）が必要とされている。他の分野と同様にホーム・エコノミクスのスペシャリストには，自分の特定研究領域に密接に関わる重要な日常的問題を解決することが期待されている。これらの解決には—研究，共同プログラムあるいは講義のいずれを通じてにせよ—，家族と公益のために**意味づける**ところまでもっていくという随伴的期待がある。これは人間発達と栄養の領域に対してと同様に，接待経営（hospitality management）やファション取引といった領域にもあてはまる。これら専門領域が共同で進めている社会政策，家族への影響，重要なモラルの選択そして「これが社会にとって最善である」ことに問題はないだろうか。

11-3-4 タイトル

「ホーム・エコノミスト」は，それぞれのスペシャリストが決めたそれぞれの専門領域のタイトルをもった専門家が自らを呼ぶ属名であり続けるであろう。このようなやり方をとれば，各人はホーム・エコノミクスとの関連をはっきり示すような方法，例えば「インテリア・デザイン・ホーム・エコノミスト」「インテリア・デザイン専門のホーム・エコノミスト」というように自分を示すことができる。「インテリア・デザイナー」「デザイナー，商業インテリアの専門家」というのでは分野との関係付けができない。このモデルによれば，他の専門，例えば看護（麻酔助手，老人病看護師，看護教育助手），図書館学，マス

コミュニケーション学——ここでは「情報スペシャリスト」と自称するかもしれない——の専門家によっても用いられる名前ということになる。同様のことが，自分を「家族専用開業医」「家族専用医師」あるいは「医師」と考えている医学専門家にもあてはまる。

これはホーム・エコノミクスに限った問題ではないし，また全く新しい事柄でもない。しかしいずれにしても，つじつまの合わない事態に陥ることはない。実際，ホーム・エコノミクスの実践家がいかにして自己を表記するかという問題は，私たちが一般大衆の前で見える存在であるための中心的問題であり，また私たちが自己をいかに売り込むかということに関係している。

11-3-5 売り込み活動

40年代の終わりに，私たちはホーム・エコノミクスを一般大衆に知らせることをやめてしまったようである。専門についての全国的な広報活動が遅れている。しかし，大きな時間的あるいは認識上のギャップを乗り越える何らかの努力がなされねばならない。またこの努力により，私たちを**知っている**人々，現在**知らない**人々，そして私たちのことを**聞いたこともない**人々に，厳しいが将来性のある話しを聞かせなければならない。「ホーム・エク（Home ec）101」はしばしば一笑に付せられ軽視される。しかし私たちの専門を潜在的専門家に売り込む鍵は十分考えつくされたものであり，またおそらく「ホーム・エク101」は広く利用されている。その方針には，(1)分野体験，(2)私たちの起源，発展，機能，使命そして主要な哲学についての情報，(3) 社会にとっての利益，(4)知識の組織，専門領域そして職域選択・転換可能性，(5)可能な収入源，(6)重要なイベントと人物，(7)多元的社会へのホーム・エコノミクスの貢献，(8)「個人の自己認識と自己統合そして社会全体の善に向けた価値の意味付け」(Brown, 1963) が含まれている。もし私たちが発展のために資源を出し合い，選ばれた聴衆に届くような大きな国民運動を展開すれば，「ホーム・エク101」は一つの内容あるものとなり得るであろう。

ホーム・エコノミクスを一般大衆に知らせるために，次のテーマを提案する。これをめぐって共同的な専門規模の広報キャンペーンが打ち建てられるであろう。

　　　◆ホーム・エコノミクス：家族を強化し，，地域社会をつくる◆

端的にいえば，私たちの最初の仕事は，ホーム・エコノミクス発の社会に役に立つような利益を明確にすることである。次には，目的と望まれる結果を見きわめ，対象となる聴衆にターゲットをしぼり，そこで経路，メッセージ，戦

略を明確にすることである。

11-4　結　論

　ホーム・エコノミストとして私たちは，迫り来る社会問題の中で批判的役割を担っている。即ち私たちは，多様な文化をもつ家族のニーズに応えることを通じ，国民の将来を確実なものにする。教育と奉仕こそが，時を超えて国民を支え国民を強くする力である。ホーム・エコノミストはこの点で変化の本質的な実行者であった。使命の理解と履行への注意を怠れば，最初に家族レベルで感じとられる国家の社会的悪を解決する能力を減退させ，私たちは取り残されることになる。

12．ホーム・エコノミクスのパースペクティブ

マリアン・L・デービス（フロリダ州立大学人間科学部）

12-1 基本概念

　AHEA の内省と再構築のこの期間において，スコッツデイル会議，長期戦略プラン，そして現代的能率化といった私たちのコアである「傘」を明らかにするための努力の数々は，専門の生き残りにとり重要である。ホーム・エコノミクス内の個々の知識基盤や専門領域は，時にホーム・エコノミクスの統合的なアプローチを領域別に専門化された興味関心とは無関係かあるいはこれより下位のものとしてみながら，それら自体のアイデンティティを強化し続けている。専門は統合的なアプローチに基礎を置くが，それに加えて各専門領域の貢献を認め，それを調整する必要がある。この論文の目的は，(1)各専門領域がそれぞれ全く正当で，全体に対しては固有の役割をもつことを示すことにより，何らかの一部分を超えた能力をもつ包括的で統合されたパースペクティブをもつことを明確にし，(2)専門の発展のこの場面における哲学的議論を刺激することで，私たちが必要とする専門を強化し刷新し，そのイメージを改善するために求められる専門の展望と団結を実現することにある。

　専門が発展し，その構成領域を拡大するのに伴い，これら諸領域は大学や公的機関，ビジネス，産業，政府，研究，そしてサービスで定着し専門諸領域へと成長してきたわけだが，ホーム・エコノミクスの専門としての創設を刺激した家族に対する認識は中心的不変性を保ち続けた。専門領域は，家庭内あるいは家庭外の諸機関にみられる個人と家族の福利の物的，行動的それぞれの諸側面，しかも相互に作用し合う諸側面を具体化したものである。鍵は，それらが**ともに**人間の発展と福利を支援するような状況を推進することにある。

　精神的，肉体的，そして情緒的に健康な家族・家族員というのが，彼ら自身の権利において重要なことである。(1)すべての人間が何らかの仕方で家族と関係し，(2)家族が形態を問わず社会の基礎的な単位であり，(3)家族が他のすべての国民的発展諸形態に対する基礎的な土台なのだから，家族・家族員は社会的経済的福利の主要な鍵である。彼らがもし不衛生な生活状態により病気になれば，生産が行われない。彼らがもし栄養失調であれば，子どもたちは十分に勉強できない。もし家族のいざこざや金銭管理上の問題で，彼らが精神的に

動揺したり，虐待で傷つけられたり，あるいは家族の断絶や家庭内暴力に気をとられていたら，人々は働くことができない。

　逆に，衛生的で良い家庭環境において，養育関係が保たれる中で，十分な栄養と清潔な水が利用でき，安全なゴミの処理とすぐれた健康状態で発達を遂げる人間は，より生産的になることができる。脳の発達に欠くことのできない十分な栄養は，子どもたちがよく学ぶことを可能にし，良い経営を行う調和のとれた家族は，生産的な人間を育成し，良質の安全な住宅は，肉体的，精神的な安全性と生産性を促進する。ホーム・エコノミクスは，社会のコアとしての家族が，(1)人間本来の基礎的な必要を満たし，(2)発展を支援する相互作用し合う専門領域の恩恵を受け，(3)世界中の国家的発展のための基盤となることを助けるという意味で，ユニークで意味深い専門である。

　工学のように，ホーム・エコノミクスは発展的で応用的な専門である。それは，自然・社会科学の研究を基礎とする。それは理論と実践の両方，すなわち認識的（精神的，知的）であると同時に情緒的（心理的，感情的）領域，身体的であると同時に行動的な関心を包括する。ホーム・エコノミクスは，その応用が家族と社会がそのメンバーの基礎的な人間のニーズを満たし，世代を超えて文化を継承することを促進するのだから，「応用人類学」とみなされ得る。人類学が文化を調査するとき，文化について最も基礎的かつ重要な情報を提供する領域は，ホーム・エコノミクスを構成する以下のものである。すなわち，子どもの養育，食習慣および資源の利用パターン，被服，住居，家具，生活様式，労働の分配，家族員のヒエラルヒー，親族関係のパターン，家族関係および経営スタイル，妊娠，誕生，子ども期，成人，結婚，そして死といった人生の経過を祝う家族の基礎的なセレモニーなどである。したがって，ホーム・エコノミクスは，他の人間研究の専門と密接にからみ合っており，その内容領域は，しばしば他の分野を理解するための基礎を提供する（Davis, 1975）。

　ホーム・エコノミクスは，さらに別の重要でしばしば外見上見落とされる社会の機能に貢献している。それは人間の発達を最も効果的にするための積極的かつ発展的な知識や技術を提供しているし，また，家庭に始まり，やがて資源を使い果たし病院や刑務所を満員状態にするといった国の社会的・経済的問題にまで発展する諸問題を**予防**し**回避**もする。もし基本的な人間のニーズが初期のレベルで満たされず，代わって発展的各段階が破壊的な経験で膨らむことになれば，満たされないニーズは化膿し，麻薬や犯罪学や他の政府機関が最近「治療」の試みを強化しているような問題となる。治療に有効な試みにもかかわらず，栄養失調，虐待，犯罪の増加，貧しい衛生設備による避けられない病

気，あるいは貧しい家での不健康が長期に及べば，その結果は意識的であろうとなかろうと，生涯をとおして取り消すことができず，犠牲者が現れることもしばしばである。彼らの生涯や社会への貢献（あるいは社会からの流失）は，問題がかつて決して改善されたためしがなかったということとは全く別のことである。この意味で，ホーム・エコノミクスは「予防の社会福祉」とみなし得る。なぜなら，それは**積極的**な改善を促進し実行することにより治療の必要を**予防**し，またより低い財政的・人的コストでそれを行うからである。

しばしば国家の発展において，進歩や平均寿命の伸びは，医学的発見や農業の革新，そして技術的発明に帰せられる。しかしながら，進歩や長寿は次のようなものによっても，まさに同様に促進されたことが認められてきた。すなわち，健康的な栄養の摂取，清潔な水の供給，衛生的な廃物処理，健康的な子どもの養育，清潔で安全な住居，エネルギーを効率的に用いた家庭管理，栄養を保持する食物の調理，安全な食物保存，賢い消費者購入と家族の金銭管理，そして家具や衣服の賢い選択，使用，手入れなどである。それほど周知されてはいないが，これらは，少なくとも医学的，技術的な発見がそうであるのと同様に，人間と国家の発展，および問題の予防に対して不可欠である。

12-2　発　　　展

ホーム・エコノミクスが合衆国における専門として出発した時，人口の多くはまだ農村生活をしており，生き残るために自給自足に近い状態にあった。初期のホーム・エコノミクスの目的は，家庭担当者が地域社会の生産メンバーである家族や子どもの健康にとって，可能な限り良い家庭環境をつくるのを支援することにあった。その領域の大部分は主に家庭の中で実践された。都市化が進むにつれ，都会生活をする人の方が多くなり，もはや自給自足状態ではなくなった。家族は世界中の人間の第一義的な生産者として残ったが，経済先進国においては，家庭内で使用される商品やサービスは徐々に家庭外で生産されるようになった。家族の役割は，使用するほとんどすべてのものの生産者から，人間の生産者および商品やサービスの消費者へと徐々に移っていった。

ホーム・エコノミクスを構成する専門領域の応用は家庭内のことに集中していたが新しい研究や開発がそれぞれの領域における新しい知見を生み出し，それらはいっそう領域別に専門化することになった。しかしながら，各領域の内容は，それが家庭の中で行われようが，家庭の外で行われようが同じである。専門は家族を焦点とするその本来の主題をから発展し，家庭の外部の特定の

制度・機関による食品加工，家具製造，衣料・織物産業，レストラン，ファミリー・カウンセリング，病院，保育所や幼稚園，住宅供給，等々における応用も含むまでに発達した。ホーム・エコノミクスはその焦点を家族福利に置き続けているとともに，その構成領域が家庭外の産業，ビジネス，サービスへと展開していくことにも歩調を合わせている。このように専門としてのホーム・エコノミクスは，家族の周辺から国を越えた企業や国際的な機関までの全体的範囲にサービスを供給している。事実，他のいかなる専門も，個人と家族の双方の福利そして専門と経済の双方の達成に貢献することはできない。

養育や食物，住居，衣服といった人間に不可欠なニーズは，家庭内で出会おうが家庭外で出会おうが，それらはホーム・エコノミクスの専門諸領域へと反映される。表Ⅱ-3は家庭内と家庭外のビジネスや産業におけるホーム・エコノミクス諸領域の貢献という，しばしば見落とされる二元性に光をあて比較したものである。

確かに，すべての領域にもっと多くの事例があるだろうが，そのことはホーム・エコノミクスの構成領域の普遍性，相関性，多機能性を示すものである。その名に値する真の専門は，国境や時代を超え，その基本原理はいかなる時間，いかなる場所でも批判に耐える。しかしそれらの事例が文化，気候，ニーズ，資源に応じた適用性を必要とするように，ホーム・エコノミクスの原理の適用も文化や気候によって変化する必要がある。例えば，文化や気候によっては，炭水化物という栄養的必要をジャガイモやトウモロコシで満たすかもしれないし，米や麺類で満たすかもしれない。ある文化では核家族が担う子どもの養育も，他の文化では拡大家族が担うかもしれない。ある気候により木に適す住宅も，他の気候ではコンクリート，さらに異なる気候では竹，同様に粘土に適している。ホーム・エコノミクスの基本的な原理は，同じく世界に広まっていると同時に，その適用もまた地方文化，風土，自然資源に応じて極めて多方面にわたり，いまなお一貫性を保っている。

ホーム・エコノミクスの構成領域の発展や制度化の進展が，その統合性を弱め，細分化を正当化すると感じている人々がいる。ホーム・エコノミクスが解散させられたいくつかの大学では，その諸部分が心理学，医学，芸術，あるいは体操教育に分散された。多くの専門領域が独力で発展できるにもかかわらず，なぜ一緒に在り続ける必要があるのかという疑問もある。これについては，次の二つの見解を述べることができる。

(1)「ホーム・エコノミクスの構成領域が，異なる機関，ビジネス，産業で求

12. ホーム・エコノミクスのパースペクティブ

領　域	家族への適用	ビジネス・産業への適用
子どもの発達と育児	幼児と母親の健康 子どもの発達—肉体的，情緒的，心理的，精神的に健康な子ども	保育所，幼稚園，デイケア・センター，幼児教育，育児教育，家族計画クリニック，デイケア施設とビジネス
家族の発達	家族員間の良好な関係とライフサイクルを通じた養育，高齢者，病人，障害者の家庭介護	家族・社会サービス機関，カウンセリング，結婚・家族セラピー
食物と栄養	栄養があり，健康的で安全な家族の食物の選択，準備，サービス，保存 ライフサイクルを通じたダイエットと健康	栄養学—食品加工，技術検査—フードサービスとレストラン経営—食品生産調査・研究・開発—公的な栄養教育
家族経済学と資源管理	賢明な家族の予算計画，金銭管理，貯蓄，消費，購入，家族財務，仕事と家族のバランス，人的資源の開発	消費者保険機関，家族財務カウンセリング，銀行，信用機関，公益企業
家庭経営	家庭の衛生設備，浄水の手段，家事能力，時間管理，エネルギー管理，家庭環境への配慮，衛生的な廃物処理	ホーム・エコノミクス生活改良普及と管理機関・サービス，公益企業，環境関係機関，調査・管理機関，外部コンサルタント
住宅，家具，設備	住宅—デザイン，アレンジメント，場所，材料（壁，屋根，床，窓，照明，暖房，換気） 家具—型，材料，構造，用途，手入れ 家庭設備—料理，食品の保存，洗濯，裁縫，掃除，衛生向け	ユーザ視点から品質管理する家庭向けの設計—建設業，住宅・家具・設備製造業 デザイン—製造，販売，サービス 生活改良普及およびその他の助言団体 公益企業
被服と織物	ライフサイクルを通じた家族のための衣料の賢明な選択，利用，世話—家庭の品質や価値を考えた織物製品と特殊なニーズ（子供，障害者，高齢者）のための衣料の賢明な選択と利用と世話	衣料とファッション・デザイン，パターンの設計，アパレルと織物の検査，製造，品質管理，商品取引，調査，織物デザイン，製品開発，ファッション振興，マーケティング，歴史博物館，職業的ニーズ，修復，興業家

表Ⅱ-3

められるのに，ホーム・エコノミクスはなぜ必要なのか」と問われてきた。それはむしろ，「寝るためにはホテル，食べるためにはレストラン，モノの購入には店やマーケット，子どもを預けるには幼稚園，資金運用には銀行，衣類の洗濯にはランドリーがあるとすれば，人々はなぜ**家庭**を必要とするのか」と問うようなものである。家庭と家族は中心軸だから，人々は家庭を必要としている。この中心軸において**結び合わされた**基本的な人間のニーズが，生涯にわたって進行する親密な家族状態に託されるのである。家庭は人間発達にとって最初で，ずっと続く基本的な環境であり，そこでは社会的，身体的，情緒的養育が一体化している。人間発達は，家族関係と切り離された，家庭経営と切り離された，被服と切り離された，住居と切り離された食物といった，すっきりと別個に単独化されたユニットでは実現されない。人間の養育は，発達のエッセンスである基本的な身体的行動的要因が**相互混交する**ことを必要としている。それゆえに，このように表面上は分離した諸領域を一緒にして一つの専門の中に置く理由は，現実の日々の生活ではそれらが**一緒になって**，最初で緊密で最もパワフルで最も長い中核的な人間発達の環境を構成しているからである。

(2) 発達環境のこうした統合性が，第二点を導き出す。ホーム・エコノミクスに親しみのない「部外者」はしばしば，その主要な構成領域を別々な物的な技能―「料理や裁縫やフラワー・アレンジメントのような」―の集まりとみている。構成領域のスペシャリストのうちには，商業やサービスに応用される個々の専門性については賞賛するが，ホーム・エコノミクスの統合性については軽蔑する。彼らはしばしば，構成内容が家庭にはあまり含まれず，むしろ，ビジネスや産業と重要な関係をもつ個々別々に独立したものだとみている。彼らは自らの専門領域を，それ自体が最終目的であるようにみるが，そこに基本的な認識上の問題がある。それらの専門領域はそれ自体が「目的」なのではなく，人間発達という**最終目的の「手段」**であるということが鍵である。各々の構成領域は正当で確立したものだが，それぞれの寄与するものを束ね，統合された人間発達という最終目的に向けた手段として，それらを相互作用させるところに重要な意味がある。またそのことが単独化した部分の合計以上の，より大きな全体をつくるのである。**もしこうした「手段・目的」の認識を再現できていたとしたら，専門を再統一することにおいてはるか前方に行っていたであろう。**

ある人々は，私たちが日常的に行っている「単純」なことを―現にそれらは家庭で学ぶことができるものであるが―なぜ教えられる必要があるのかと問い

続けてきた。第一に，過去においては事実であったことが，共働き家庭や単親家庭，ホームレス等といったさまざまなかたちの家族となった今日では，すっかり減少してしまった。多くの良いことが世代間で引き継がれているとはいえ，新しい研究や開発が，家族に届く必要のある新しい知識を生み出す。第二には，私たちがますます，そしてしばしば学ぶのが苦痛になっているように，これらの「単純」で「些細な」日常のことも，単純でも些細でもなくなっている。多くの地域と国で，借金，飢え，犯罪，ホームレス，離婚，病気，加齢，子どもや高齢者への虐待や無視，家庭内暴力，配偶者虐待，子育て問題，貧困な住宅，ダイエットに伴う病気，貧しい消費者選択による金銭問題，薬物使用，汚れて不衛生な生活環境による病気，衣服や家具の製造に起因する品質性能の悪さ，等々といった日々ニュースになる家族問題が，ホーム・エコノミクスの扱う領域における研究，責務，そして助けを是非とも必要としていることを痛ましいほどに証明している。数え切れない砂の粒で砂漠がつくられ，数え切れない水滴で大洋ができているように，一見したところ単純のようだが，その普通の些細な日々の家庭の出来事が繰り返され複合され，やがて活力のある人間の発達力になり，あるいは破壊力になるのである。世界中の家庭において，これらの相互作用する諸力が毎日，毎年いかに調整され管理されるかが，重要な経済的，社会的帰結をもたらす。そしてホーム・エコノミクスは，これら帰結の本源にいる第一次的な専門なのである。

12-3 可能な定義

　以上のような見解は，ホーム・エコノミクスについての次のような定義を示唆している。ホーム・エコノミクスは，(1)基本的で，相関的で，普遍的な人間発達のニーズ—内的にも，また外的な近接環境においても身体的な健康へのニーズ，そして養育，人間関係，マネジメントへの行動上のニーズ—を統合し，(2)その構成領域を，最適な人間発達という最終目的に向けた相互作用的な手段とみなす応用専門である。

　あるいは別の言い方をするならば，ホーム・エコノミクスは，基本的で，相関的で，普遍的な人間発達のニーズ—健康的な食物，衣服，住居への物質的なニーズと養育や人間関係，マネジメントへの行動上のニーズ—を統合し，その構成領域を，最適な人間発達という最終目的に向けた相互作用的な手段とみなす応用専門である。

　さらなる理論の精緻化が必要とされるならば，

ホーム・エコノミクスは，自然科学および社会科学を基礎に，(1)最適な人間発達環境を推奨し，(2)社会的，経済的，政治的な問題となっていく否定的状態を予防する。その構成領域は，結合し一つの専門となることによって，a)その結合した諸領域が個人，家族，社会の福利を基礎としていることを示し，b)日々の生活の現実を反映し，そしてc)協力し合う広範な能力と専門性を示す。

12-4 名称の考察

　筆者の忠誠心は，名称がどうなろうと学問に向けられている。この学問のために，世界に広がった多くの専門家たちが75年以上にわたり，人間社会の基本的な単位とその支援となる課題に対し認識と効果的サービスを促進するために苦闘してきた。「ホーム・エコノミクス」が全人的発達と解釈されようが，あるいは料理と裁縫といったステレオタイプ化されようと，ほとんどの発展は，この名称の下で生じたのである。

　ホーム・エコノミクス創設当時の今世紀への転換期の生活状態の下で，中心となる焦点は，個々別々にではなく日常生活の中で相互混交する専門領域として，しばしば移民や農村居住者であり，またしばしば食料，住居，衣服，文化習得，養育といった基礎的な生活の必要を自給自足的で満たしていた家族にサービス提供することにあった。国と専門の双方が成長と発展をとげる中で，自給自足の必要性は減り，家族の生産者としての役割は縮小し，消費者としての役割が増大することになった。構成諸領域は往々にして「手段」ではなく「目的」とみなされるようになった。いまや，いくつかの大学においてホーム・エコノミクスはばらばらとなり，諸領域を一緒に繋ぐものを取り戻そうとする学部もある。

　この繋ぐものとは，人間発達において最初で普遍的かつ相互作用する養育である。すなわちホーム・エコノミクスの「目的」の根拠は今なお，人間とその発達環境にある。傘状の専門としてのホーム・エコノミクスは，ライフ・サイクルを通した誕生以来の身体的，精神的，情緒的発達という多くの発達的諸領域と，最も身近な社会的環境――家庭――およびその制度的代替物に広く関わる**唯一**の専門である。

　専門のためのどのような名称であろうとも，それは私たちを一緒に結びつけているものを反映しなければならない。ゼネラリストやホーム・エコノミクス教育に携わりその歴史や哲学を知る人は，ホーム・エコノミクスの全領域の統合性を認識し，ホーム・エコノミクスという名称を支持するであろう。一方，

家庭外の制度化された商業的環境において，自分たちの領域に専念するスペシャリストは往々にして構成領域の結合に対する理解を欠き，ホーム・エコノミクスという名称を支持しそうにないとも考えられる。ここにしばしば摩擦が生じることが多いのである。

「ホーム・エコノミクス」の名称の変更を要求する理由としては，次が多くいわれる。

　「時代遅れであり時代錯誤的である」
　「それはもはや，私たち（定義されない「私たち」）がやっているものではない」
　「ビジネス界や学術界は，それに期待していない」
　「財団や補助金団体が，それに低い優先順位を与えている」

名称維持を要求する理由は次のようである。

　「新しい，なじみの無い名称は，ほとんどがホーム・エコノミクスの用語
　　で定義されねばならず，今さら得るものはない」
　「名称を変えるよりもむしろ内容的イメージを一新すべきである」
　「それは，国際的にみて不明確な国があるにしても，世界的に広い認識を得
　　ている。」

　専門は第一義的に，消費者科学を扱うという論者もいる。しかし，その多くの専門領域は生産と創造性に非常に関わりが深い。そして家族自体も消費者であると同時に財やサービスの生産者でもあり，人間の根源的生産主体であり，将来世代のすべての生産者・消費者の文化的適合と社会化の担い手である。だから専門は創造‐生産指向的であると同時に消費者指向的である。

　「ホーム・エコノミクス」という名称が，専門が貧困なイメージを与える原因だと感じている人は，このように問う。すなわち「ホーム・エコノミクス」という名称の貧困なイメージは，おそらく「家庭」自体の貧困なイメージの反映ではないか，と。社会や政治が家庭と家族さらに「家族の価値」に頻繁にリップ・サービスしているにもかかわらず，現実には，「家族問題」が多くの優先事項の最下位に置かれる場合がほとんどである。家族医療業務は専門医学業務ほど威信がなく，家族や離婚問題の弁護士は軽く見られがちである。法律の執行は「家族のいざこざ」や家庭内暴力についてはしばしばためらい，犠牲者たちは路上の暴力や戦争による犠牲者と同様に放置されたままである。メディアは機能不全家族を面白がって伝え，コマーシャルでは主婦が無知で弱いものとして描かれる場合が多い。社会と政府は配偶者・児童虐待の犠牲者の支援に努めており，善意はあるといえるが弱体である。養育環境は「強い男」が

「弱虫」相手に引き起こす内輪もめとして描かれることが多い。

　現在の学部名称もこうした認識を反映している。1993年にAHEAがまとめた306大学のリストによれば，それが承認されているかはともかく，178が「ホーム・エコノミクス」という用語を単独でか，または他の用語との連結で用いていた。次に多かったのは「人間生態学」の25であった。いくつかの連結語としては，「家族・消費者科学または研究」が17で，これが3位，以下，「人間環境科学」が6，「人間資源」5，「人間科学」3，「人間発達」2となっている。名称における言葉の出現頻度は，専門のパースペクティブについての現行の語彙を示す。以上に挙げた名称が含む言葉と同様に，他の用語は次のパターンを示している。

　「ホーム・エコノミクス」以外で，私たちの内容の特質に対する理解を反映しているのは「人間」が54学部，「家族」は49，「消費者」35，「生態学」28，「資源」20，「栄養」16，「ファッション・デザイン・アパレル」11，「食物」と「環境」はともに7，「ファッション営業・小売り」5である。「アーツ」「インテリア・デザイン」「栄養学」「ホーム（エコノミクスは無い）」そして「生命・生活」は各3，「健康」は2，「社会」「児童」「カウンセリング」が1となっている。

　私たちの追究方法の特質に対する理解を反映しているのは，「科学」または「諸科学」が39，「研究」が21，「教育」10，「発達」7，「経営」「サービス」がともに4，「応用」「職業」「技術・科学技術」がともに3，「実業」が1である。内容の焦点としての「人間」と追究方法としての「科学」といった包括的用語が最も多く用いられていることは，結合力をもった理解が依然存続していることを示唆している（American Home Economics Association, August, 1993）。

　これらの観察により，名称の考察に関する二つの要点が浮上する。

(1) 名称を変更しようとする明確な動機の多くが，専門のイメージと結合力を向上させようというものであるなら，あらゆる関連組織が同時に同一名称を採用するのが最も効果的であろう。大学が自らを何と呼ぼうとするかについてAHEAは強制できない。コンセンサスを同時に得る必要はあるだろうが，困難な挑戦である。とはいえ個別的に推進することは専門の統合に背くことになる。こうしたアプローチは，本当のイメージ向上と名称変更が求めている期待を壊すものである。

(2) ホーム・エコノミクスの一つの専門領域のみに専念し，仕事の主軸を合衆国におく多くの人は，世界的に広がったホーム・エコノミクスのパースペクティブについての洞察を欠いている。40年近くにも及ぶ国際連合や国際諸

機関との関わりを通じ，ホーム・エコノミクスは専門として世界的規模に成長した。「家事科学」あるいは「家庭科学」から「ホーム・エコノミクス」という用語の移行があり，「国際家政学会」の名のもとで　専門の唯一の国際機関が発展した。男性が支配的な国際連合諸機関や発展途上国政府において認知され，期待されるようになる中で，ホーム・エコノミクスは少しずつ進歩してきた。ほぼ30年に及ぶ多くのひたむきな専門家たちのたゆみない苦闘を経て，これらの機関や国々で専門は大きく期待され受容されることになった。国家の発展に対する専門の価値が認知され出した。その一つの証拠は，1994年を国際家族年とすることが国際連合の会議で満場一致だったことである。依然として多くの部分で弱さがあるものの，これらほとんどすべてはホーム・エコノミクスの名のもとに起こったことである。政府や国際機関が比較的高度な転換力をもっているとしても，名称変更した専門への理解を再燃させるまで30年を要するとすれば，いったい何が失われることになるのかと懸念する者もいる。それら諸機関は，すでに認知しているサービスの合理的な名称変更という問題に取り組まざるを得なくなるであろう。

合衆国における名称変更は，必ずしも国際的な名称変更を意味してはいない。しかし，専門の基礎を創り，その世界的リーダーであり続けるとともに，全世界の専門家を育成した国が一つの名称で知られ，世界はもう一つかまたは他のいくつかの名称で知られるという状況が生まれるであろう。いずれ混乱は解消するかも知れないが，相当な損失は避けられないと考えられる。用語が一貫性を欠き世界的通用性に乏しいと，専門への理解はその内外で弱体化する。

重要な点は，改名するか否かという問題と，いかにして専門の統合性を強化し，領域の細分化をくい止めるのかという両面にある。答えるのは容易ではない。しかし，私たちの専門を歴史的でグローバルなパースペクティブをもってみていくことが，名称，概念，結合性，そして使命を考察する上での助けとなるであろう。各人の専門領域性と目の前にある情況を超えて熟視することが，反省し，そして基本的な人間的普遍性を育むという現実問題に応える唯一の批判的で深遠かつグローバルな専門を強化するための不可欠な要素である。

ural bold">Ⅲ ホーム・エコノミクスの発展

1. 年　表—ホーム・エコノミクスを規定し形成した出来事・運動

ヴァージニア・B・ヴィンセンティ編

1800年代　ラムフォード卿（アメリカ生まれ）が栄養科学を創始。ラムフォードはイギリスのジョージⅢ世から最初のナイト爵に叙せられ，その後ババリアに封ぜられる。そこで彼は食物栽培，貯蔵，保存と調理の科学的原理を定式化し，国王の軍隊を飢餓から救う。この功績から彼はババリア卿となる。彼はオーブンやボイラーを最初に発明し，調理に石炭を導入し，健康的で経済的な食事を作るのに必要な時間，熱，圧力の最少量を明らかにする研究を指導したことから「テクノロジーの父」といわれる。

1841　キャサリン・ビーチャーの『家事経済要論』が出版される。最初の家事経済の教科書として公立学校や成人女性に使用され，学校における教科の普及に役立つ。

1870　病気の細菌学説

1871　アイオワ州で初めて，カレッジ・レベルの家事経済のコースが始まる。

1873　カンザス州で家事経済のカリキュラムを開始。

1873-1910　エレン・リチャーズの主要出版物—『調理と洗濯の化学—家事の手引き—』1882，『食物材料と粗悪品』1886，「食物材料の調理に関する提案」（エドワード・アトキンソンと共著）1892，「学生のためのランチ・ルーム」1895，『生活のコスト』1899，『食物のコスト』1901，『栄養計算機』1902，「ハイスクールの家事科学」1903，『第一課　食物と栄養』1904，『正しい生活の技術』1904，『住居のコスト』1905，『日常生活の衛生』1907，『清潔さのコスト』1908，『優境学—環境制御の科学』1910，『衛生設備による保護』1911

　　エレン・リチャーズの人生の重要な出来事—MITは1873年にアメリカ女性初の科学学士号を彼女に与えたが，博士号は認めなかった。1878年MITは彼女を助手として認め，アメリカ科学振興協会は特別会員に指名した。1887年，彼女は近代的下水処理に関する衛生調査を進め，初めての水質基準を設けた。1893年ラムフォード・キッチンを開設。1910年にスミス・カレッジから名誉理学博士号を授与される。

1874　イリノイ工科大学が家事経済プログラムを開始。

1885　公立学校が家事経済を導入。

1887　ハッチ法が成立し，農業試験場設立のため毎年15,000ドルが各州に支給されることになる。農業試験場は公有地無償払い下げを受けた大学=ランド・グラント大学と共同し農業従事者を援助，国内農業技術の発展に努める。後に多くの栄養学研究がこれら試験場で行われることになる。

1890年代　栄養士教育の役割が拡大する。ニュー・イングランド・キッチン食物実地指導センターがボストンとロードアイランド州プロビデンス，ニューヨーク市に開

設される。

1893 シカゴのコロンビア世界万国博覧会がニュー・イングランド・キッチンに出展を要請する。

1894 エレン・リチャーズがボストンで学校栄養給食計画を始める。それ以前は用務員が学校の食事を用意していた。

1899-1908 レイク・プラシッド会議。第1回会議の出席者は11人だったが、1908年のAHEA設立時には143名の代表がいた。1902年定義「ホーム・エコノミクスは、最も包括的な意味で、一方においては人間の直接的物的環境に関する、他方においては社会的存在としての人間の本性に関する法則、状条、原理および理念についての研究であり、とりわけこれら二つの要素についての研究である」は、いまだに広く使われ引用されている。

1899-1946 物質的美とともに非物質的美が審美学についてのホーム・エコノミクス哲学において明確にされる。芸術の応用に関する実業志向が、衣服デザインのような職業の発達をもたらす。

ホーム・エコノミクスの初期時代 保育は当時行動科学が大変新しかったため、カリキュラムの中で低い地位にとどまる。

自然科学がカリキュラムの大部分を占める。

「細菌や疾病との戦い」が初期のホーム・エコノミクス教育に顕著に現れる。

1900 ホーム・エコノミストが農場や恵まれない人々に細菌の害について教育する役割を担う。

1900年代初期 忍耐力ある家族生活のタイプを初めて推進することがホーム・エコノミクスの焦点となる。移民の成人や児童が苦汗作業場で一日16時間の労働に従事し、家族生活の時間はほとんど無かった。農業普及実演活動が各州で始動。

1901 ボルティモア家事科学学校（黒人少女向け）開設。

1900年代初期 食物、調理、食事療法が増加し、栄養士が病院で働き始める（以前は、ほとんど男性医師の領域であった）。

1900年代 産業化の進展に伴い多数の技能労働者が必要とされ、州が援助する中等教育の実践教育が進展する。8年生以上の目標が職業教育を含んで拡大。ジョン・デューイが料理、裁縫、編み物を生活技術として強調。「ホーム産業」世界向けまたは家庭創りのため高校女生徒に多種の手工芸を習得させたいという親たちの要望が高まる。

1904 ホーム・エコノミクスは近代科学のすべての資源を家庭生活の改善に応用するものとみなされる。

1909 少女クラブ活動家の学校教師マリー・クローマーが合衆国で初めて、少女のためのトマトクラブを設立。農業普及指導者のナップは、農場女性が自分の娘をトマトクラブに参加させることで生活を豊かにできると考えた。ナップは当時、普及員として女性を雇うことを好まなかった。

アメリカ家政学会設立と『家政学会誌』発刊。

1911 3月30日エレン・リチャーズ永眠。キャロライン・ハントが彼女の伝記を執筆。

1911-1920 産業における「科学的管理法」の発達と並行して、家庭における能率と節約の原理が促進される。

1912	6月キャロライン・ハント『エレン・リチャーズの生涯（1842-1911）』出版。11月再版。
サウスカロライナで2人の白人女性が家庭実演員となる。彼女たちが農場黒人女性とともに働いた記録はない。
1912-1945	ホーム・エコノミクスの哲学から宗教と倫理学がほとんど消失する。すべての専門が成功するためには科学が必要だと考えられるようになる。
1914	スミス・レーバー法が成立し、農業普及事業が確立。この事業を通じ、農場女性にホーム・エコノミクス教育が、男性には農業教育が実施されることになる。多くのホーム・エコノミクスの研究が試験場で行われた。。
1916 以前	栄養士が初めて、看護婦向け実用調理インストラクターあるいは特別食準備の指導主事になる。
1916-1921	栄養士が食物管理職員として管理的役割を果たすことになる。
1917-1920	第一次世界大戦下、兵士向けの海路輸送ができなくなった物資が出たことに対応して、ホーム・エコノミストは、肉に代わる豆、白パンに代わる黒パンといった代替法を国民に教えるため、あるいは新鮮な野菜や果物の消費を促進するために精力的に努力する。共同普及事業はこれにがっちりと組み込まれた。ニューヨーク州の農業者は、自分たちの栄養習慣を修正することになる努力に否定的な反応を示した。ホーム・エコノミストは我が盟友（と移民）の伝統的な1品食事を変化させることになる。
1917	スミス・ヒューズ法が成立し、連邦の職業教育支援体制が確立する。
アメリカ栄養士協会（ADA）設立。栄養士になるために2年のホーム・エコノミクス・コースを修了することが求められる。
1918	10月『エレン・リチャーズの生涯』第3版。
国中のホーム・エコノミクス・プログラムが、学術団体の科学的標準を厳守し、州議会による実用教育の要求に応える。学術的信頼を増すために科学的必要条件を満たすことでカリキュラムが過重負担となる。
1918	アメリカ家政学会は、小学校と中学校の女子のために家庭経営の初歩の授業を確立・維持し、男子には家庭科の授業を充てるという目的を設定。
1919-1928	サウスカロライナ州で初めて黒人女性が家庭実演サービス「アシスタント」として雇われる。白人女性が黒人の家でサービス提供することは社会的政治的に不可能だった。黒人アシスタントの仕事の焦点は食物生産と衛生にあった。伝染性の病気が白人の家に侵入するのを防ぐのが重要関心事であった。彼女たちは黒人用ランド・グラント大学の直接指導のもとではなく白人女性職員のもとで働いた。
1919-1930 年代	サウスカロライナ州でリブ・アト・ホーム・プログラムが策定され、職員の仕事が黒人により良い生活と地域状態をもたらしたことで、北部の産業中心地へ黒人が移住する恐れが減少する。
1920 年代	栄養学者が外来患者教育と食物クリニックに関心を寄せ始める。
公衆衛生とホーム・エコノミクス分野が力点を置いていた病原菌に起因する疾病を相手の家事戦争が下火になる。疾病の罹患率が劇的に減少し、自治体の衛生サービスは改善され、消費者産業はより高い衛生水準を採用するようになる。
移民の減少に従い、ホーム・エコノミストは栄養問題を文化や貧困ではなく、無

知が原因だとみるようになる。栄養学は公立学校システムの中でホーム・エコノミストが教えた。ホーム・エコノミストは再び，アメリカ人が慣れ親しんだ食事こそが唯一適切な食事であるという信念を抱く。

1920-1930年代　ホーム・エコノミストは適切な家庭のあり方についての自分たち固有の考え方を「科学的家事」と呼ぶようになる。

　氷，電気，ガス産業が消費者に「科学的家事」を教育し自社生産物を奨励するためホーム・エコノミストを雇用する。最後に雇用した氷産業はホーム・エコノミストを訓練された家庭サービス社員として雇用。彼女らは消費者向け特別レシピによる冷蔵庫調理を実演し，またホーム・エコノミクス教師に講義して考えを改めさせた。ホーム・エコノミストは，食品の保存，調理のための冷蔵庫の使い方を母親に教育することで女性の専門知識領域を創造し，男性優位の氷産業に適所を切り開いた。三つの産業は，冷蔵庫の設計を推進するために共同で研究したが，氷産業は氷販売促進に一層利害関心があり1927年まで研究に資金提供したがらなかった。電気と氷産業はそれぞれの広告で食品を保存し，それゆえ児童の安全を守る自分たちの冷蔵庫の独創的な能力を互いに主張した。

1920-1930　ホーム・エコノミストは親を教育するクラスに女性と同様男性も参加させようとした。これを受け入れ子どもについて学習する父親もいたが，親役割について全く努力を払わない父親もいた。

　ホーム・エコノミクスの定義・目標が，仕事中心からホーム・家族中心へと移り始める。

1920-1940年代　子どもについての知識を親に伝授するため，州農業普及事業はいくつかの大学のホーム・エコノミクス学科と共同関係を結ぶ。

1921　栄養士と医師の一層緊密な協力のもとに「食事処方」が実施され，食事療法の実際面を栄養士が医師に教示する。

1924-1940年代　アメリカ家政学会は1927年にヒーブ（HEIB）部門を設置，1926年には宣伝用展示のためのコンベンション・フロアを開設。ヒーブ部門は，ホーム・エコノミストが消費者と生産者との間の解釈者，説明者，仲介者として活動することを認める。各自の科学的訓練と女性の視点に基づいた生産物改良のあり方を生産者にアドバイスするとともに消費者を教育した。食品会社はホーム・エコノミストをレシピ作成のため，また教育現場の・または新聞・雑誌を執筆する他のホーム・エコノミスト向けの栄養情報を作成させるために雇用した。

　AHEAは1924年の年次大会で初めて親教育運動を支援した。カレッジで教育された女性たちのカリキュラムに対するニーズの調査によると，回答者の80％がホーム・エコノミクス・プログラムに児童学部門を置くことを求めている。増加しつつあるカレッジで教育された女性たちは，この時期，結婚して母親になることを選択していた。

1925　12月『エレン・リチャーズの生涯』第4版。

　ランド・グラント・カレッジ協会への働きかけに成功し，保育がホーム・エコノミクスのカリキュラムにおける重要教科として認定される。

1926　ADA会員資格として栄養士に食物・栄養専攻の四年制学位が必要とされる。

1930　1930年以降に雇用されるサウスカロライナのすべての黒人普及員に公式の資

格要件としてカレッジ学位が必要となる。シアーズ・ローバック社の経営者の寄付によるローゼンヴァルト基金が黒人普及職員のための地方夏期学校に資金提供を開始する。

1930年代　1936年のジョージ・ディーン法がホーム・エコノミクスと農業に同額の支出金を認め，ホーム・エコノミクスを後援する。その結果，他の職業教育領域との関係でホーム・エコノミクスにもより公平な資金が供与されることになった。しかし数年後の大恐慌で決められた額の基金が利用できなくなり，見込んでいた効果は得られなかった。

普及事業ホーム・エコノミストはニューヨーク州で新たに設置された臨時緊急救済局と協力して救済を受ける家族に栄養や緊急食料支出法を教育することに成功した。ニューヨークのホーム・エコノミストは提供するに値する技能をもった栄養のエキスパートとして一般大衆に受け入れられた。

1930-1959　マリアン・B・ポールがサウスカロライナ州黒人家庭実地指導主事として雇用される。彼女が優先させた事項は他の白人普及員とは異なっていた。彼女には，農村家族の標準的生活を向上させるだけではなくマーケティング，経済的経営，家の所有権を教えることで彼らが自立・自助でき，自分の子どもたちを学校に行かせられるよう支援することが要請された。

1931　11月『エレン・リチャーズの生涯』第5版

1932-1935　普及事業は臨時緊急救済局と協力して自給菜園・缶詰センターのための教育と後援を行い，ニューヨークで救済を受けている人々の健康維持に効果をあげる。

1930年代末　ホーム・エコノミストはほとんどの主要な消費者向け生産物関連会社で持ち場を確立する。

消費者と会社のどちらにサービスするのか，身を裂かれるようなホーム・エコノミストが増加する。

1930年代-1950年代　農村電化局と合衆国公益企業のホーム・エコノミストは生活改良普及ホーム・エコノミストを訓練し，またともに働いた。彼女たちは電気器具の使い方や各自の家庭の電化について人々にアドバイスする方法を実演してみせた。電気製品製造業者もまた生産物のデザインやマーケティングについてホーム・エコノミストにアドバイスを求めた。

1940年代-1950年代　家庭内労働のより公平な分担を確立しようとするホーム・エコノミストの要求が高まる。

1941-1945　ホーム・エコノミストが缶詰調理場その他の戦時緊急活動を推進する。

1941　モーガン博士がルーズベルト大統領第一次栄養諮問委員会委員に指名される。

1942　6月，序文が追加された『エレン・リチャーズの生涯』第6版。

1943　合衆国家政学局が合衆国人間栄養・家政学局となる。

1945-1950年代　戦後消費者ブームに対応するため農村電化局が協同組合にホーム・エコノミストを雇用するよう働きかける。ホーム・エコノミストは成人の啓蒙という専門の理念と農民に電気の使い方を教育するという農村電化局の目的のどちらに忠実になるべきか，この点の迷いに直面する。

1946　戦後復旧法のジョージ・バーデン法が成立し，ホーム・エコノミクス教師が

家庭と地域のプロジェクトを指揮できるようになる。それがホーム・エコノミクスの地位を伝統的教科と対等にするのを助ける。

1946-1950　　モーガン博士が，州農業試験場の共同研究資金を統括する9人委員会初の女性委員となる。

1957　　ソ連のスプートニク1号打ち上げに刺激されて，国家防衛教育法が成立。この目的はソ連の科学技術に合衆国が追いつき打ち勝つのを支援することにある。同法は科学，数学，外国語を強調するが，中等教育の選択科目であったホーム・エコノミクスには，その行方を問うものとなった。

1958　　3月，記念版『エレン・リチャーズの生涯』出版。

1959　　『ホーム・エコノミクス：新指針』。哲学と目的についての15人委員会が3年をかけて声明を出す。さらに ADA，AVA，NEA，HDA の役員を含めた ガル・レイク・ワークショップ（1958）が大きく貢献。ランド・グラント大学部科長グループの5人のメンバーは委員会と必携書『ランド・グラント大学のホーム・エコノミクス』（1959）を出版。

1960年代　　生活改良普及員はプログラム作成にあたり黒人の生活に影響する新たな傾向を考慮しなければならなかった。機械化が農場生活のある種の骨折り仕事と必要ないくつかの手労働を軽減したが，経済的，教育的，社会的に自由を束縛された状態のために啓蒙される必要性は依然続いていた。サウスカロライナが普及事業を統合した時に，黒人家庭実地指導のためのプロジェクトと組織のなかには併合されたものもあったが，大半は廃止された。

第2波のフェミニストたちは，女性の拘束的役割を助長するものとして科学的エキスパートを批判。

ホーム・エコノミクスの専門領域教育が進む。女性のためのホーム・エコノミクス教養教育という焦点は古くさく，もはや時代に合わなかった。教育者はエキスパートかつスペシャリストであるべきだとホーム・エコノミストは信じていた。

専門領域プログラムの出現。一般大衆と消費者の関心・要求に応えて1960年代には大学で専門領域プログラムが発生し，それが現在に及んでいる。このプログラムの発生がホーム・エコノミクスの特質に亀裂をもたらすことになる。

1961-1971　　認定委員会7名委員会がほぼ10年にわたり一体となって動き，ホーム・エコノミクス学部プログラム認定のための計画と規準を作成した。その提案は1967年の AHEA の代議員会議で採択され，AHEA は最終的に1971年の国家認定委員会により認可機関となる。

1961　　インディアナ州フレンチリック でホーム・エコノミクス・セミナー開催。AHEA，合衆国教育局，連邦普及事業そしてランド・グラント大学を代表する65名が5日間の会合をもちホーム・エコノミクスという学問の基本概念と概括を規定する。これを追って諸領域すべてにおける一連の地域ミーティングが続く。焦点は初め中等レベルに置かれたが，それが示した教科の概要はいくつかの大学の教科書出版の基礎となる。

1963　　職業教育法改正。ヘレン・ルバロンがホワイトハウスの委員団に任命され，ホーム・エコノミクス研究のための基金が特別に含まれることになる。これが学術界で有力な男性に対し，ホーム・エコノミクスがいまや能力的に有効であり継承さ

れるに値する分野であることの合図となる。
　職業教育法はホーム・エコノミクスに無条件の資金提供はしないが，1965年以降スミス・ヒューズ法とジョージ・バーデン法による基金の少なくとも10％を確保してくれており，それをホーム・エコノミクスが職業訓練に関わる場合に限り使うことができる。ただし家庭科教育や家族生活教育には使えない。職業法規が初めて，有益な雇用向けの正規プログラムに加えてホーム・エコノミクスが学生に家庭外の有給雇用のための訓練を始めるべきだと明記した。

1960年代半ば　　ホーム・エコノミクスは女性学部教員が高い比率を占める分野である（通常90〜100％）。

1966　　初めて，ある黒人職員が普及事業での不当な扱いに対する抗議に成功する。1964年の市民権法は黒人職員に自分の権利を守る有効な武器を与えた。

1968　　アール・J・マッグラスが『変わりゆくホーム・エコノミクスの使命』を出版。ランド・グラント大学部科長は外部コンサルタントのマッグラスとジョンソン（高等教育研究所出身）に，カリキュラム，普及事業，研究を含めて，ランド・グラント大学におけるホーム・エコノミクスの将来的役割や見通しを研究し明らかにするよう委託した。目的はホーム・エコノミクスの実践を改善しアメリカ社会への実りある影響を広めることにあった。専門諸領域がそれぞれの発展をとげる傾向に対し，報告書は「コアのないホーム・エコノミクスはカメレオンのような折衷主義に陥り，スペシャリストの専攻が2，3年で時代遅れになるような特殊な仕事向けは単に技術的養成を行うだけになる」と述べた。

1968　　1963年職業教育法が改正され，障害をもつまたは不利な状態にある学生，職業相談，実施学習プログラム増加のための職業学校建設とプログラム評価のために助成資金が追加される。無条件供与資金も学部におけるホーム・エコノミクスの地位を強化する。

1970　　『ホーム・エコノミクスにおける研究のための全国的目標とガイドライン』をジーン・シュレイターがホーム・エコノミクスにおける研究の優先順位を明らかにするために，家政学部科長連合をスポンサーとした研究成果として出版。本著は「家族および人とその近接環境との相互作用へのホーム・エコノミクスの持続的関与」について熟考している。

1970年代　　貧しい民族の人々の食事を改善するプロジェクトで，ホーム・エコノミストは人々が文化的に親しんだ食物をとることを奨励する。ニューヨーク市教育委員会家政学局が教師に自分の教室で文化的レシピを用いるよう奨励する。
　親としてのあり方における対等のパートナーシップの問題が再び急浮上。

1972-1976　　すべての教育プログラムにおける性差別を禁止したタイトルⅨの通過と職業教育法改正により，ホーム・エコノミクスが男性に向かって専門としての仕事を真剣に装備し始める。

1973　　第11回レイク・プラシッド会議。計画にあったグループは専門の将来の使命についての意見やアイディアを「デルファイ技法」を通じて求める。368の回答と大量の情報が収集できたトーク・セションであったが，結果は焦点に欠け，方向性や新しいアイディアを生み出せなかった。その意義はメンバーが民主的に関与したことにある。

1974 『ホーム・エコノミストのイメージ研究―質的調査―』出版。AHEA は広報活動プログラムを計画するためのデータを得るため，ホーム・エコノミクスに対する一般の人々の見方について研究するよう外部のマーケット・コンサルタント（ヤンケロビッチ社）に研究を委託する。その要約によれば，結論として，ホーム・エコノミクスという専門は「関連づけられていない諸部分に細分化された一つの集まり」であることで損をしている。

1975 『ホーム・エコノミクス：新指針Ⅱ』。7名からなる委員会がホーム・エコノミクスの目的についての声明を作成し，この専門の新しい五つの優先事項を概説する。1959年の定義と基本的使命が繰り返されている。

1970 中頃 ホーム・エコノミクス分野において，科学批判の高まりとともに倫理問題への関心が高まる。

1978-1979 AHEA はマージョリー・ブラウンとベアトリス・ポルーチの『ホーム・エコノミクス：一つの定義』をホーム・エコノミクスの基本的使命と哲学を明らかにするための一連の弁証法的討議における焦点として用いる。ホーム・エコノミクス定義会議が四つの地域と中央で各1回開催され，参加者はそれぞれ25〜86人（総計260）に及ぶ。加えて多くの州で一年を通じ小グループ討論とともに自前の会議が開催される。ブラウン・ポルーチの仕事は幅広く受け入れられ多くのホーム・エコノミクス学部学科と専門家たちの思考・仕事に取り入れられる。

1980 6月，序文とあとがきが加えられた『エレン・リチャーズの生涯』第8版。

1980-1981 『ホーム・エコノミクスにおける新しいイニシアティブ』が合衆国農務省科学・教育局の後援で取りまとめられ，ホーム・エコノミクスの研究，普及，高等教育における新しいプログラムが提案される。

1980-1985 将来開発委員会がホーム・エコノミクスにおける重要論点（任務，専門領域，志向職域，倫理）についての討論のアウトラインおよび討論のリーダーのためのガイドラインを作成。これらは全州の組織に配布される。

1985 マージョリー・ブラウン『合衆国におけるホーム・エコノミクスの哲学的研究－私たちの実践的知的遺産』Ⅰ，Ⅱ巻出版。

　　10月，統合的学部コア・カリキュラム「ホーム・エコノミクスにおける統合」についての会議をテネシー大学ノックスビルで開催。

1991 10月，ニューヨーク州人文学会議とコーネル大学人間生態学部共催で「20世紀における女性とホーム・エコノミクスの再考」が開催される。参加者はホーム・エコノミクスとホーム・エコノミストが果たしてきた歴史的役割と、ホーム・エコノミクスという専門がアメリカ社会に対し及ぼした影響について追究する。

1993 マージョリー・ブラウン『合衆国におけるホーム・エコノミクスの哲学的研究－ホーム・エコノミストが自らを理解するための基礎理念』出版。

2．ホーム・エコノミクスの歴史

ヴァージニア・B・ヴィンセンティ（ワイオミング大学家政学科長・教授）

序

歴史的パースペクティブが，私たちの将来にとって重要なのはなぜだろうか。
　一つの分野として，歴史が私たちに対してなし得ることを，広くも深くも私たちは理解していない。ホーム・エコノミストによる解釈的な歴史研究は一般に行われていない。歴史が中心的な関心にならないというもどかしさがある。なぜだろうか。このことは，科学と科学技術そして新しいものを売るために，ある・あったものを減らそうとする経済が文化的に強調されているという観点から理解できる。科学的方法それ自体が非歴史的である。
　結果として科学的集団が新しい「真実」を古い「真実」に置き換えるとき，その「真実」が組み込まれていた書物や論文のほとんどに見向きもしなくなるのが常である。そして一般に，以前の考えはまるで存在しなかったかのようにテキストを書き換えたり（Kuhn, 1970），あるいは単に新しい「真実」を科学の年代記的研究のなかに付け加えるにすぎない。私たち自身がこのようにしてきた。ホーム・エコノミクスにおけるそうした年代記の例としては，クレイグ（1946），ボールドウィン（1949），カーバー（1979），プント（1980）がある。このような態度にもかかわらず「多くの学者たちは，歴史的自己認識は，私たちが誰であり何に価値を置き，私たちの将来のためにどんな変化が必要かを明らかにすることによって，批判的な自省を促すことができると信じている。過去に表現された考えを歴史的に理解することで，私たちは現在の考えに過去を組み入れ，それを発展させ批判することで，私たち自身の進歩のためにそれらの遺産を使うことが可能になる（Collingwood, 1936）」。
　「ブラウン（1985）は，ホーム・エコノミクスが一つの専門，一つの学問として，それ自体合理的に再概念化されるには，その前にホーム・エコノミクスが自らの歴史を理解し，歴史がいかに分野の現状に影響を与えてきたかを知る必要があると確信している」（Vincenti, 1989）。概念，信念，仮説の意味することへの洞察は，私たちの哲学の中にある矛盾や哲学と実践との間の矛盾に対する認識とともに，専門に生じた事象や論述を年代記的に検討する以上の歴史的

方法を組み込んだ研究によってなされうる。歴史的方法を組み込んだ研究というのは，出来事と思考の間の相互作用とより大きな社会的コンテクストを時を追って眺めることである。こうした研究が，個々に独立した論述を検討しただけでは現れない基礎にある一貫性を明らかにし得るのであり，またこうした方法によりホーム・エコノミクス哲学の思慮深い検討が促進されるに違いない。

2-1 アイデンティティ

歴史的理解は，より明確な専門のアイデンティティの開発に貢献しうる。私たちの分野について起こった出来事ではなく，その基礎となっている思想や仮説，そしてそれらの思想の発展に及ぼした影響を歴史的に理解することは，私たちが現在もっている思想や信念を評価する助けとなる。どのようにして今の私たちの位置を保持するようになったのか。私たちがこのような位置づけになった根拠は今でも有効なのだろうか。私たちが抱く思想がもはや意味をなくすほどに何らかの環境が変化したのではないか。そうした歴史的な理解なしには，記憶喪失者が自分を何者であるかわからないように，私たちも自分が専門として何者であるのかという明確な意識をもつことができない。歴史的知識はアイデンティティのための基盤となる。

2-2 パースペクティブ

歴史的理解は，専門の現状の理解にパースペクティブを加えてくれる。よくいわれるように，現象を十分に理解するためには，それをパースペクティブの中に置き，そのコンテクストの中で理解する必要がある。歴史的理解は，現在を理解するのを妨げる近視眼的な状況を私たちが克服し，将来向かう方向を成功裡に決定する手だてとなる。

しかしながら，歴史的パースペクティブをもつということは一度だけではすまされない。なぜならその後に起こることによって解釈は変わるし，解釈者が異なれば，そのプロセスには異なった経験が持ち込まれ，また解釈にあたって用いるレンズも異なったものになるからである。このことは自然現象を解釈するための科学においてすら発生する。この解釈も，科学者がもつ価値観のパースペクティブが変わることによって変化するのである。クーンはこのことを1970年に指摘している。カオスの概念は，科学者が捉えるパターンや法則性は，科学者が焦点をおくものによって変わるという点で，同様のことを示している。

2．ホーム・エコノミクスの歴史

　ホーム・エコノミクスの場合については，女性運動が始まって以来の過去30年におけるホーム・エコノミクスの発展の要因と，それが女性や社会に与えてきた影響について叙述してきた歴史家たちは，全く批判的そのものであった。これらの女性たちは，ジェンダーによって分離された女性の経験を潔しとせず，男性が影響力をもつ領域で男性と競争することを支持した。最近は他の歴史家たちが，同じく平等に関心をもちながらも，ホーム・エコノミクスに課せられた一定のコンテクストをもった制約に理解を示し，より好意的な視点でホーム・エコノミクスを再解釈している。

　ホーム・エコノミクスへのこのような関心は，コーネル大学人間生態学部とニューヨーク州人文学会議が後援した「20世紀における女性とホーム・エコノミクスの再考」と題する1991年の会議へとつながった。歴史学者たちは論文を発表し，ホーム・エコノミストたちは公開討論に参加するとともに，論文への助言やコメント，過去の出来事に対する回想などを行った。カリフォルニア大学リバーサイド歴史・女性学科のセイラ・ステージと私は，その会議で始まった二つの分野間の対話を掲載した共同執筆の著書を編集する予定である。この著書は，20世紀の女性とホーム・エコノミクスを再考するための新しい枠組みを創るように企画されている。各章はホーム・エコノミクス史がこれまで言及していない多くの文書資料を用いているため，それらが語るストーリーは新しい見識を与えてくれるであろう。

　この著書は次に述べるトピックスを扱ういくつかのセクションに分かれている。第1部では，初期ホーム・エコノミクス運動が目指した広範な改革を行うための目標，教育を受けた女性が職業的な機会を見つけるときの外圧，一般の人々，特に成人女性や少女たちを重点に，次いで住民を対象に，細菌学を広めようとしたホーム・エコノミクスの努力，親教育運動におけるホーム・エコノミストの役割。第2部では，教育機関におけるホーム・エコノミクス，スミス・ヒューズ法といった法律の影響力，大学行政の上層部における家父長制とそれが高等教育のホーム・エコノミクスに与えた影響，そして男性が入るホーム・エコノミクスが今世紀半ばに始まったことに焦点が置かれている。第3部の要点は，公立学校の教職以外のさまざまな職業がホーム・エコノミストのために創り出されたことにある。例えば病院の栄養士，企業内ホーム・エコノミスト，大恐慌期に人的サービスを行った協同的生活改良普及ホーム・エコノミスト。第4部では，企業内ホーム・エコノミストの役割が重視されている。それによれば，彼女たちの専門的任務は，利益最大化を命じる雇主と対立することを含めて，生活の質を向上させるための物資とサービスを消費者に供給する

ことにあった。私は最終章で、ここ20年間に専門に発生したことについて論じ、21世紀に向かう方向と未来へのビジョンを明らかにするつもりである。

2-3 統一性

歴史的理解は統一化も可能にする。 ホーム・エコノミクスと女性体験史という二つの分野が互いに理解を増すことにより、女性の体験についての両者の共通理解が高まる可能性は広がる。ホーム・エコノミクスにとり、このような対話が将来への道筋をつけるための明確な基盤となり得るのである。

ホーム・エコノミクスの中で、もし私たちが対話することで専門の経験と意味、また互いの信念や思想について歴史的理解を捜し求めるならば、この週末には必ずや、互いにより敬意に満ち心を開いた議論ができるだろう。私たちの任務をより困難にし、しかしより刺激的なものにもするのが、私たちすべてが同じ専門的な遺産をもっているのではないという事情である。この専門内で全職業人生を送ってきた者もいる。異なる学問系列から別々にやってきて、ここにそろう者もいる。私たちの討論に加わり部内者のように感じる者もいれば、自らを考え部外者のように感じる者もいる。しかし私たちは皆この議論の場にいることで、自分は専門において何なのか、何のためにここにいるのか、将来、どのような方向に行くべきかということについて、より統一的で確実な位置に到達している。

2-4 私たちの歴史

女性とホーム・エコノミクスを再考した近刊書から部分的に得られる私たちの歴史のハイライトは、それ自体多様性をもった私たちの専門に、共通の基盤と自負心、そして尊敬の感情を与えてくれる。前述した私たちの分野の歴史をすべて論じる時間はない。本書に収められる年表の草稿からハイライトだけを述べていこう。

ホーム・エコノミクスは最初、キャサリン・ビーチャーによって家事経済として教えられた。1841年に刊行された彼女の『家事経済要論』は最初の教科書となった。家事経済は最初、カレッジレベルで行われ、アイオワ州立大学（1871）、カンザス州立大学（1873）、イリノイ工科大学（1874）で開始された。10年後（1885）、家事経済は公立学校に導入された。

1887年のハッチ法により、農業試験場が設立され、それが栄養調査を支援

した。1890年代には栄養士に教える役割が生じた。その当時は看護婦に食事の準備を教えることが焦点であった (Nyhart, 近刊)。この10年間にはまた，シカゴの世界万国博覧会へのニューイングランド・キッチンの出展があり，追ってこれとは別のニューイングランド・キッチン実地指導センターがボストン，ロードアイランド州プロビデンス，ニューヨーク市に開設された。1894年，エレン・H・リチャーズと何人かが，その種のものとしては初めての栄養給食プログラムをもつ学校をボストンで開始した。これにより，いくつかの学校で行われていた用務員たちによる学生への食事の準備・提供が廃止された。

これらのすべてとこれ以上のことが，1899〜1909年に開かれたホーム・エコノミクスについてのレイク・プラシッド会議の前に起こった。生活状態は都市でも農村でも極めて貧しく，産業革命と資本主義経済の発展過程で急速に拡大する諸産業において，職を探そうと合衆国に集まった多くの移民にとっては特にそうであった。分野の発達の初期においては，細菌学および結果的に発生する「細菌と疾病との戦い」が，学校と農場家族を相手とする生活改良普及といったタイプの仕事の双方でホーム・エコノミストの教育を顕著に特徴づけた (Tomes, 近刊)。こうした公衆衛生の重点化と社会科学が出現したばかりであったことが，当時の分野の焦点が自然科学にあったという説明の一助となる。

レイク・プラシッド会議開催期の1901年，家事労働を離れ工場に向かいつつあった召使たちの必要性に応えて，黒人少女のためのボルチモア家事科学学校が開設された。当時，産業化されたアメリカは多くの技能労働者を必要としていたため，州支援の第8学年以上向けの実践的教育に対する支持が高まっていた。結果として，中等教育の目的が職業教育にまで広げられた。親たちは，高校女生徒のための「家内工業」あるいは家庭を創るための準備となるようなさまざまな手仕事を教えるように要求した (Apple, 近刊)。ホーム・エコノミクスについてのレイク・プラシッド会議は，少女や成人女性のための教育に焦点を多くおき，1909年にはアメリカ家政学会を設立し，『家政学会誌』を創刊することによって，その仕事を具体化していった。

エレン・リチャーズの思想の影響を受けて，次の10年間は産業における「科学的管理」の発展に対応して，家庭における効率と経済の価値がホーム・エコノミクスで推奨された。リチャーズは1911年に亡くなったが，科学が分野をすっかり捉えていたので，第二次世界大戦後までは，ホーム・エコノミクスの哲学から宗教と倫理学がほとんど消失したままであった。科学こそが専門が成功するために必要なもののすべてであるとリチャーズは考えていた。

教職に止まらず科学を基礎とする多くの職業がホーム・エコノミクス出身者

のために確立された。1914年，スミス・レーバー法が制定され，世紀の変わり目頃に始まった農場女性のホーム・エコノミクス教育を具体化した農業生活改良普及事業に資金助成が行われることとなった（Harris, 近刊）。栄養士が病院の食事管理を担当し始めたのは1916年ころで，その翌年にはアメリカ栄養士協会（ADA）が設立され，栄養士に2年間のホーム・エコノミクス・コース習得が求められるようになった（Nyhart, 近刊）。第一次世界大戦を通じ，ホーム・エコノミスト，特に生活改良普及ホーム・エコノミストたちは，戦時下の仕事を支援するためアメリカ人が食事を代用食にするよう働いた。1917年のスミス・ヒューズ法も，公立学校の職業教育に対する連邦支援を制定した。全国のホーム・エコノミクス・プログラムが学術界の科学的標準とともに実践的教育を求める州の法規を反映していた。学術的信頼を増進させるために，カリキュラムには科学が過重負担となっていた。

1910年代末から20年代にかけて，黒人が南部農業地帯から北部の工業中心地へ移住するという懸念が高まった。このためサウスカロライナ州の連邦生活改良普及事業は，家庭と地域の現状改善を目的とするリブ・アト・ホーム・プログラムにおいて黒人女性を雇用し他の黒人女性と一緒に働くようにした。黒人の生活改良普及員は白人女性普及員の「助手」として働き，食物生産について教え，また伝染病を撲滅し白人家庭へなるべく伝播しないよう衛生について教えた（Harris, 近刊）。地方自治体の公衆衛生サービスが向上し，消費財産業が一層高い衛生基準を採用し，また移民が減少する中で伝染病も劇的に減少した。ホーム・エコノミクスも公衆衛生学を強調しなくなった（Tomes, 近刊）。

1920年代と30年代は「科学的家事」が引き続きホーム・エコノミクスおいて奨励された。児童学習運動が進展し，ホーム・エコノミストは親を教育するクラスで第一には母親とともに活動したが，父親の参加も試みた。1924年までにホーム・エコノミストたちは，分野の自己定義と目的が仕事中心から家庭・家族中心に変化していることを指摘し，アメリカ家政学会を介してホーム・エコノミクスの学部プログラムに児童学領域を追加するように強く主張していた（Grant, 近刊）。一般に当時の民族に無感覚な文化を反映して，栄養問題は無知の結果だとみなすホーム・エコノミストたちは，アメリカ人が慣れ親しんだ食事こそが唯一適切な食事であるという信念を助長することとなった（Levenstein, 近刊）。

1920年代初期までに「食事処方」の実施と，処方箋を食べられる物に変換することの難しさを医師に教えることの双方に関して，栄養士は以前にもまして医師と密接に協力するようになっていた。1926年アメリカ栄養士協会は，

会員としての要件を食物・栄養専攻の四年制大学学位課程修了者へと変更した (Nyhart, 近刊)。

1920年代中頃から，食品会社は授業を担当する他のホーム・エコノミスト向けのレシピや栄養情報を作成するためにホーム・エコノミストの雇用を開始し，出版社も新聞や雑誌の記事執筆のためにホーム・エコノミストを採用した。1924年，アメリカ家政学会は企業内ホーム・エコノミスト (HEIB) 部門を創設し，1926年には宣伝用展示のためのコンベンション・フロアを開設した。企業内ホーム・エコノミストは，消費者と生産者との間の解釈者，説明者，仲介者として活動し，各自の科学的訓練と消費者の視点に基づく生産物の改善を生産者に勧告するとともに，消費者には教育を行った。1930年代末までにホーム・エコノミストは，ほとんどの主要な消費財関連企業において地位を確立している。彼女たちは消費者と自分の雇主という二人の主人に仕えるべく奮闘したが，これら両者の利害はしばしば対立した。

政府もまたこの分野を支援した。1929年ジョージ・ディーン法が制定され，ホーム・エコノミクスに対する予算が増額され，農業その他の職業領域に匹敵する額となった。しかし，大恐慌により資金提供が割り当てどおりに行えなかったので，所期の効果が減じてしまった。それにもかかわらずホーム・エコノミストたちは，当時広範に存した要求に応えるために大いに奮闘した。ニューヨークその他の州の生活改良普及ホーム・エコノミストたちは，州機関と協力して共同で教育を行い，また家計困難に陥った人々の健康を効率よく保持するために自給農園や缶詰センターを後援した (Babbitt, 近刊)。

家族が直面した金銭問題の一部は人種差別に基づくものであった。しかし，1930年から1959年までサウスカロナイナ州黒人家事実地教育指導主事として雇われていたマリアン・ポールには，白人普及職員とは異なる優先事項があった。単に農村の貧困家庭の生活水準を向上させるというのではなく，彼女は人々にマーケティング，経済的経営，家の所有権について教育し，またそれらの家庭の子供たちに学校へ引き続き通うように激励することにより，自立自活するのを助けたのである (Harris, 近刊)。

1930年代末から50年代にかけて同じくアメリカ農村地帯で活動していた農村電化局と合衆国農務省は，農村地域に電気を導入した官・民諸機関のネットワークと共同関係にあった。このネットワークの中で，ホーム・エコノミストは重要な役割を果たした。公益企業のホーム・エコノミストは生活改良普及ホーム・エコノミストを訓練し，また共に働いた。彼女たちは電気製品の使い方や，各家庭の電化について人々にアドバイスする方法を実演してみせたので

ある。電気製品製造業者もまた生産物のデザインやマーケティングに関してホーム・エコノミストの意見を求めた（Kline, 近刊）。

1940年代と50年代は，家庭においてもっと公平な分業を推進すべきだとするホーム・エコノミストの要求が次第に弱まっていく。第二次世界大戦 (1941-1945) 中に再度，ホーム・エコノミストたちは缶詰調理場その他の戦時緊急活動を推進した。1941年，カリフォルニア大学バークレー校ホーム・エコノミクス学科長アグネス・フェイ・モーガン博士が，ルーズベルト大統領の第一次栄養諮問委員会委員に任命された（Nerad, 近刊）。

第二次世界大戦後の1946年，戦後復旧法のジョージ・バーデン法により，ホーム・エコノミクスの教員が家庭や地域のプロジェクトを指揮できるようになった。このことはホーム・エコノミクスの地位が伝統的教科と対等になるのを助けた。同年，アグネス・フェイ・モーガン博士は，州農業試験場で推進する研究に全国的な優先順位付けを行う九人委員会初の女性委員となった（Nerad, 近刊）。

1957年，ソ連の人工衛星スプートニク1号の打ち上げが国防教育法の通過を促した。同法の目的は，中等学校で科学，数学，外国語に力を入れることにより米国がソ連に科学技術面で対抗するのに役立てようというものであった。これはホーム・エコノミクスのような選択科目に対する支援の当否を問うことであった。同じ時期，アメリカ家政学会の50周年が近づいたため，分野内部で自己内省が進んだ。1959年，AHEAの哲学・目的についての委員会は3年間にわたるホーム・エコノミクスの検討を終了し，『ホーム・エコノミクス：新指針』を発表した。同年，ホーム・エコノミクスのランド・グラント大学部科長たちは必携書として『ランド・グラント大学のホーム・エコノミクス』を発行した。

1960年代は市民権運動によって人種差別が廃止された。黒人に対する機会が拡大されたのではなく，黒人の家庭実地指導員たちが開発した強力な生活改良普及プログラムのいくつかが併合または廃止された。経済的，教育的，社会的に自由を束縛された状態を軽減するための啓蒙の必要性は依然存続していた。

1960年代でもう一つ重要なのは，ホーム・エコノミクスに限らず，国内で領域別専門化が進展したことである。1961年，インディアナ州フレンチリックで開催されたホーム・エコノミクス・セミナーにアメリカ家政学会，合衆国教育局，連邦生活改良普及事業，ランド・グラント大学のそれぞれを代表するホーム・エコノミストたちが集結した。ここで，ホーム・エコノミクスという学問の基本的概念と概括が確認され，引き続いてすべての専門諸領域で地域

ミーティングが開催された。そもそもは中等教育のホーム・エコノミクスに焦点が置かれていたのだが,提示された教科の概要は数校の大学教科書の基礎として用いられた。

1963年から職業教育法改正の一環としてホーム・エコノミクスの研究に特別資金が与えられるようになったが,これは少なくとも部分的にはホワイトハウスの職業教育についての委員団に任命されていたヘレン・ルバロンに負うものである。1960年代中期にホーム・エコノミクスの高等教育教員は女性が90～100％を占めていたが,この研究助成金は学界の有力な男性たちに向けた,ホーム・エコノミクスが今や受け継ぐに足る能力的に有利な分野だということの合図となった(Rossiter, 近刊)。1965年以後スミス・ヒューズ法によりホーム・エコノミクス関連の職業訓練に資金助成が行われたが,家庭科教育や家族生活教育には助成がなかった。職業法規が初めて,有効な雇用のためのホーム・エコノミクスのプログラムに家庭外の種々の特殊な仕事に有利に雇用されるために学生を訓練することを明確に付け加えた。ホーム・エコノミクスにおける女性のための一般教育という焦点は,もはや一つの理念にすぎなくなる。

現在まで続いている専門諸領域の優位化が,専門自体の分裂的特質をもたらす要因だと考えられる。あまりにも狭く,あるいは分野のある部分だけがホーム・エコノミクスと自称しているような学部編成を含めた学問的標準に関する懸念に応えて,1961年に七人委員会が発足し,ほぼ10年をかけて大学学部ホーム・エコノミクス・プログラムを認定するための計画と規準を作成した。AHEA代議員大会は1967年この認定案を採択した。1971年,AHEAは国家認定委員会により認定機関として承認された(East, 電話インタビュー, 1993)。

またこの時期に,高等教育におけるホーム・エコノミクスは再び,自己とその将来を検討しつつあった。ランド・グラント大学管理者はコロンビア大学教員養成学部高等教育研究所出身のコンサルタント,マッグラスとジョンソンに,ランド・グラント大学における教育,研究,生活改良普及ホーム・エコノミクスの将来的役割と見通しを研究し勧告するよう委託した。目的はホーム・エコノミクスの実践を改善し,アメリカ社会への有益な影響を拡大させることにあった。こうして得られた報告書は,専門領域強化傾向のために,もしホーム・エコノミクスが共通のコアをもたないとすると,「カメレオンのような折衷主義に陥り,専門領域のスペシャリストが…2,3年で時代遅れになるような特殊な仕事向けに単に技術的養成を行うだけになる(であろう)」と指摘した(McGrath, 1968)。

また1968年に,1963年職業教育法が改正され,障害をもつ,また不利な学生,

職業相談，学習プログラム増加のための職業学校建設向けに，また学習プログラム評価向けに資金助成が行われるようになった。さらに，無条件供与資金が学部間におけるホーム・エコノミクスの位置を強固にした。

専門の基準確立に向けた自己点検が1970年代にかけて継続された。ジャン・シュレイターは，ホーム・エコノミクス部科長連合が後援するホーム・エコノミクスにおける研究の優先順位を認証するための研究『ホーム・エコノミクスにおける研究の全国的目標とガイドライン』(1970) を出版した。そこには，家族および家族の近隣環境と人々との相互作用に分野が持続的に関与してきたことが反映されている。

この10年間ではまた，貧しい民族の人々の食事を改善するために，教員その他のホーム・エコノミストは，人々の習慣のなかで文化的に親しんだ食物を取り上げる必要があるという認識が高まっていった。男性志向的カリキュラムも1972年の教育改正によるタイトルIXの可決と1976年の職業教育法への改正のなかで増加した。これらはともに教育プログラムにおける性差別を禁じた。

1973年の11回レイク・プラシッド会議は専門の未来についての意見とアイディアを求めた。「デルファイ技法」を用い会員たちを民主的に取り込んだことが，不幸にも新しいアイディアを産めない，あるいは焦点と方向性を示せない膨大な量の情報を生じさせた。一方，AHEAは広報活動プログラムを発展させるために，一般の人々によるこの分野への理解についての研究をマーケティング企業のダニエル・ヤンケロビッチ社に委託した。1974年に，専門が「関連づけられていない諸部分に細分化された一つの集まり」であることで損をしていると報告された。

自己学習が続いた。1975年の『ホーム・エコノミクス：新指針II』は目的声明と分野の五つの優先事項を提起した。それもまた1959年のホーム・エコノミクスの定義と使命を繰り返したものだった。ほぼこの頃，分野は倫理と統御的科学にいっそう関わるようになった。AHEA将来開発委員会はマージョリー・ブラウンとベアトリス・ポルーチに分野の使命と哲学を明確にするための『ホーム・エコノミクス：一つの定義』(1979) を書くよう委託した。分野についての変革的で新しい思考様式を導入している論文を討議するための全国会議一つおよび地区会議四つと多くの州会議があった。多くの仕事がとくにホーム・エコノミクス教育において，ブラウンとポルーチのアイディアに提供するために行われた。

1980年代は『ホーム・エコノミクスの研究，普及そして高等教育における新たな独創力のための包括的全国的プラン』で始まった。この報告書はUSDA

科学・教育局によるもので，ホーム・エコノミクスの研究，普及および高等教育における新たなプログラムが提起された。AHEA将来開発委員会は，専門領域やキャリア志向そして倫理といった論題について，すべての州組織に配布する討議概要を開発することで，分野内部の持続的対話を奨励した。哲学的熟考の確固とした流れを継続させるため，マージョリー・ブラウンは1985年に「私たちの実践的知的遺産」というサブタイトルのついた2巻からなる『合衆国におけるホーム・エコノミクスの哲学的研究』を出版した。彼女は1993年に「ホーム・エコノミストが自らを理解するための基礎理念」というサブタイトルの3巻目を出版した。(年表参照)。

　本稿の簡潔な概観が証明しているように，私たちは大いに誇りに思うべきではあるが，「明確で合意された…ホーム・エコノミクス（の）…一般的目標への関心と不確実さが…レイク・プラシッド会議を組織する際いくつかの目標が表明されたとはいえ，創設以来存続してきたのであり，それは間歇的にリーダーたちによって繰返し述べられてきた。この関心を明らかにする形跡はさまざまな形態を示した。すなわち(1)ホーム・エコノミクスの一般的目標が明確さと確実さを欠いていることを指摘する明確な論述，(2)すでに述べられていた目標の解釈または再確認，そして(3)ホーム・エコノミクスの一般的目標（使命）がどうあるべきかに関する研究の提案または指揮」(Vincenti, 1981)。これを警告することの重要性は，高等教育のいくつかのホーム・エコノミクス学部の廃止により宙に浮いている。この廃止は重要な諸利益を社会に知らせるという共通目標に対する明確さと責任を欠落させていたことの帰結である。

　1912年ころから1945年までの期間，哲学に関したことにはほとんど注意が払われなかったが，第二次世界大戦後は，哲学的な自己検討への関心が幾分か増し，1970年代には増大しつつ今日に及んでいる。この闘いは，変わり行く期待を反映したより広い社会的コンテクストをみることで最もよく理解できる。一般に人々は，政治家や法人管理職，団体リーダーといった権力の座にいる人物を信頼しなくなった。科学者，経済学者そして法律家のようなエキスパートへの信頼もまた減退した。人々はもはや科学，技術あるいは大学教育に対してさえ，自分たちの生活の質を改善するための最良の機会だという確信を抱いていない。不満もまた指導者たちを刺激し，彼らがいくらか統御できる生活の部分を長期的かつ厳しく見つめるよう仕向けているように見える。

　ジャーナリズムや法律といった多くの専門，心理学，経済学，政治学といった学問が，自分たちの「哲学」を再検討し明確にするために闘っている。ワイオミング大学の植物，土壌，昆虫科学の学科が近年，エコロジカルなフレーム

ワークを用いて3領域を統合した農業生態学プログラムを開発したのは一つの例である。私たちは自らを再考し自らを方向付けることにおいて孤独ではない。

　私たちは将来に向けた明確な勧告を行うことを希望するが，議論を今回限りで終わらせることを希望すべきではない。自分の生涯の仕事をホーム・エコノミクスの考察と再考察に費やしたマージョリー・ブラウンは，1985年の仕事以来，いくつかの良い忠告を提示している。彼女は，私たちが専門の「あるべき適切な目標と範囲，独自の知識と調査研究，そしてメンバーの方向付けと教育がどのようであるべきか」に注目する必要があり，「これらすべてを熟考することは，自らの動機や感情と同様にホーム・エコノミクスの信条，概念そして価値を使用し組織化することを必要とする」と述べている（Brown, 1993）。私たちは信条と理解を分かち合う必要がある。そして私たちの実践を導くような首尾一貫した概念枠組みでホーム・エコノミクスを一つの集団にすることにともに献身する必要がある。とりわけ必要とされるのは，次のことである。

1) 明確であり，統一と統合（統合性）の基礎となる使命と範域
2) それを通じて使命を成し遂げ，かつ私たちが同意できる枠組み・方向づけ・土台をなす理論的基盤
3) 分野の方向づけをもった使命遂行に適切な教育，研究，そしてサービスのための知識と調査研究モデル
4) 私たちの多様な構成部分と一般の人々に，私たちが何を支持しているかが伝わり，かつわかりやすい名称

以上について意見の一致が得られるならば，私たちはより完全な目標と道義心をもった集団になることができ，便宜的で未検討なままの伝統に重くのしかかった集団ではなくなる。この専門はそれが私たちを取り巻く世界とどのように結び付いているかについての首尾一貫した見方を発達させるために総合化されたという顕著な特質と役割に立脚している。したがって私たちが集団的に共同で行う専門のアイデンティティは，私たち自身についての多様な見解から成り立っている。学問と専門の長所と短所，限界と可能性を合理的に評価することで，わたしたちの卒業生を養成するよりよい仕事をしよう。内部的にいっそう首尾一貫した専門的実践も行い，いっそうの活力と自信をもって，私たちの使命を果たし，私たちの構成部分と一般の人々の中で尊敬心を高めるのに必要とされる脈絡のある変化を探求しよう。私たちが専門内の特定領域に属し，またそれにより専門と結びついているとしても，私たちの誰もがもはや，この専門によって自己を特質づけることを避けるべきではない。

Ⅳ　背景をなす資料および情報

　次の著作と文献が，スコッツデイル会議のために選ばれた背景資料である。これら選ばれた資料は，この分野を形成し定義してきた重要な著作や文献のすべてを必ずしも含んでいるわけではないと認める。これらの著作・文献の目的は，分野を形づくってきた主な成果と出来事を再確認することを手助けし，将来に向けてのパラダイムについて考察するのを刺激することである。おそらく会議のために準備されたその他の著作も読みたいと思うだろう。私たちはそうすることを勧めたい。

　　　　　　　　　　　　専門の統一とアイデンティティのための特別委員会

1．ホーム・エコノミクスを定義し形づくってきた出来事の年表

1　レイク・プラシッド会議 1899-1908年

　11人の人々が第1回レイク・プラシッド会議に出席した。AHEAが結成された1909年には143人の代議員がいた。1902年の定義は今でも広く使われ引用されている。「ホーム・エコノミクスは最も包括的な意味で，一方においては人間の直接的物的環境に関する，他方においては社会的存在としての人間の本性に関する法則，条件，原理および理想についての学問であり，**とりわけこれら二つの要素の関係についての学問である。**」

2　ホーム・エコノミクス：新指針　1959年（後掲）

　哲学と目的に関する委員会に属する15人の会員が，声明を作成するため3年間の活動をした。ADA，AVA，NEA，HDAの代表者を含むガル・レイク・ワークショップ（1958年）からさらに情報が提供された。ランド・グラント管理者グループの5人のメンバーが一つの委員会として活動して，内部出版物**「ランド・グラント大学におけるホーム・エコノミクス」**を1959年に作成した。

3　フレンチ・リックにおけるホーム・エコノミクス・セミナー 1961年

　AHEA，合衆国教育局，連邦改良普及事業およびランド・グラントカレッジを代表する65人のホーム・エコノミストが5日間の会議を行い，ホーム・エコノミクス分野の基礎概念と一般原則を明らかにした。これに続いて，一連の地方会議があらゆる内容領域について行われた。焦点は当初，中等教育レベルに向けられていたが，内容の概略はいくつかのカレッジの教科書出版のための基礎を提供した。

4　ホーム・エコノミクスの変化する使命 1968年

　ランド・グラントの管理者は，外部コンサルタントのマッグラスとジョンソン（高等教育研究所からの）に，ランド・グラント機関におけるホーム・エコ

ノミクスの将来の役割と範囲について，研究し明確にするよう委託した。その役割と範囲はホーム・エコノミクスのカリキュラム，改良普及事業および研究を含むものであった。その目的はホーム・エコノミクスの実践を向上させることであり，アメリカ社会に対するその有益な影響力を広げることであった。専門領域化の傾向について，報告書は次のように述べた。「中核なしでは，ホーム・エコノミクスはカメレオンのような折衷主義になって解体してしまうだろう。スペシャリストの専攻はおそらく 2～3 年で時代遅れになるようなある特定の仕事に対する単なる技術的な準備にしかならないだろう。」

5 専門領域化されたプログラムの出現

一般の人々や消費者の関心・要求に応えるため，1960 年代には大学では現在まで続いている専門領域化されたプログラムの増加がみられた。専門領域化されたプログラムの増加はホーム・エコノミクスの混乱した性質の一因となった。

6 認定委員会 1961 年-1970 年

7 人委員会は，学部のホーム・エコノミクス・プログラム認定のための計画と規準を作成するためにほぼ 10 年間共に作業をした。提案は 1967 年の代議員会で採択された。AHEA は 1971 年に，全米認定委員会によって認定機関として最終的に承認された。

7 全米的目標と指針 1970 年

ホーム・エコノミクス研究における優先課題を明らかにするための全国会議。公表文書で，優先課題は「ホーム・エコノミクスの，家族および人間とその近接環境との相互作用についての継続的関与」であると表明した。

8 第 11 回レイク・プラシッド会議 1973 年

企画グループは「デルファイ技法」により，専門の将来についての意見と発想を求めた。368 通の回答が寄せられ，多量の情報を生み出すこととなったトークセッションがもたれた。しかし，成果は焦点に欠け，方針が見出せず，いかなる新しい発想も生み出さなかった。そのトークセッションの趣旨は会員の民主的な参加であった。

9 ホーム・エコノミクスのイメージ研究 1974 年

AHEA は，外部のマーケティング・コンサルタント（ヤンケロビッチ社）

に宣伝プログラム計画のための資料を提供することを委託した。その調査は，ホーム・エコノミクスという専門は「一連の分断された相互関連のない独自性」に悩まされているという結論を出した。

10 ホーム・エコノミクス―新指針Ⅱ 1975年（後掲）

7人のメンバーからなる委員会はホーム・エコノミクスの目的についての声明を作成し，ホーム・エコノミクスの専門のための五つの新しい優先課題についての概要を述べた。それは1902年の定義と基本使命を繰り返したものであった。

11 人間生態学，人間エコシステム運動 1970年代〜現在（付録文書参照）

12 ホーム・エコノミクス定義会議 1979年-1980年

ブラウンとポルーチの論文「ホーム・エコノミクス：一つの定義」が，ホーム・エコノミクスの基本使命と哲学を明らかにするための一連の弁証法的議論のための核心として用いられた。五つの地方会議が開かれ，その参加者の人数は25人から86人（総数＝260人）であった。多くの州では，年間を通して独自の会議を開くとともに，より小規模の討論グループが集められた。ブラウンとポルーチの仕事は広く受け入れられ，多くのホーム・エコノミクス団体や専門家の思考・仕事に取り入れられた。

13 ホーム・エコノミクスにおける新たなイニシアチブ 1980-1981年

（この会は）U.S.D.AのSEA主催で行われた。その成果報告は，ホーム・エコノミクスの研究，改良普及および高等教育における新たなプログラムのための提案であった。

14 将来発展委員会 1980年-1985年

委員会は議論の指導者に向けての指針と同様に，ホーム・エコノミクスにおける問題（核心，使命，専門領域化，職業進路指導，倫理）の概要について一連の議論を計画した。これらはすべての州の学会に配布された。

2．1902年レイク・プラシッド会議における定義と1980年のブラウン・ポルーチの使命声明

　ホーム・エコノミクスは，最も包括的な意味で，一方においては人間の直接的物的環境に関する，他方においては社会的存在としての人間の本性に関する法則，条件，原理および理想についての学問であり，とりわけこれら二つの要素の関係についての学問である。
　　　　　─ホーム・エコノミクスについてのレイク・プラシッド会議，1902年

　ホーム・エコノミクスの使命は，家族が個別の単位として，また一般的には，社会制度として次のようなことをもたらす行為の体系を形成し維持できるようにすることである。(1)個人の自己形成における成熟，(2)社会的目標およびそれらを達成する手段の批判と組織立てに協力的に参加するよう啓発されること。
　この使命を成し遂げるために，ホーム・エコノミストは（直接的であれ間接的であれ）家族に対するサービスの提供に従事する。これらのサービスには，目的や使命によって規定された領域において，何をなすべきかという家族の問題解決が含まれている。
　　　　　─マジョリー・ブラウンとベアトリス・ポルーチ
　　　　　　ホーム・エコノミクス：一つの定義，1980年

3．ホーム・エコノミクス：新指針

哲学と目的に関する声明　　1959年6月

アメリカ家政学会のホーム・エコノミクスの哲学と目的に関する委員会作成

ホーム・エコノミクスの目的に関する委員会

　　　ルイス・K・エディス　　　　　　フレミー・P・キットレル
　　　ベウラ・I・クーン　　　　　　　ベアトリス・ポルーチ
　　　アーセル・エプライト　　　　　　フランシス・スカダー
　　　レジナ・フリスビー　　　　　　　エヴァ・W・スカリー
　　　マジョリー・M・ヘセルティン　　アーウィン・スペリー
　　　エドナ・A・ヒル　　　　　　　　マーガレット・シーダム
　　　ミルドレッド・ジョーダン　　　　委員長　デイ・モンロー
　　　　　　　　　　　　　　　　　　　ドロシー・D・スコット

委員会顧問

　　　オルガ・P・ブラッシャー　　　　メアリー・ホーキンス
　　　ベウラ・V・ギラスピー　　　　　ジョセフィン・ヘンフィル
　　　ミルドレッド・ホートン

3-1　序　　文

　1959年という年はアメリカ家政学会の半世紀を区切る年である。3年前，50周年記念日の準備として，学会長のキャサリン・T・デニスは，過去を回顧し，現在を概観し，将来への提案をするための委員会を設立した。

　委員会がホーム・エコノミクスの過去50年間を回顧した時，私たちは創設者たちが夢見た可能性よりもはるかに多くのことが成し遂げられたことを見いだした。私たちは，創設者たちが1909年に示したホーム・エコノミクスの目的，すなわち「家庭，施設および地域社会における生活条件の改善」を達成する過程で得られた前進を，彼らが誇らしく思うだろうと私たちは確信する。この声明には専門の多くの業績が掲載されている。そのいくつかは，現在および将来に継続されている。

現在についての概観において，私たちは過去50年間の教育的，科学的，そして科学技術的進歩により生じた社会の変化について考察した。また，家庭および慣れ親しんだ家庭生活様式に深い変化を引き起こした進歩，すなわち，家族のニーズと欲望にかなうことを強調するという新しい局面を要求することについて考察した。

　しかし，私たちは，創設者たちの根本哲学と基礎的信条は依然として専門に適応しており，専門に新たな指針を与えてくれるに違いないと固く信じている。

　多くの人々がこの声明に寄与した。この声明が専門の外部の人々に対して，ホーム・エコノミクスとは何であり，何をしているかということ，およびホーム・エコノミクスが社会の利益に貢献している多くの方法について，より一層の理解をもたらすことを願っている。

　私たちは，この声明はこれから先，ホーム・エコノミストの挑戦と機会についての認識を鋭くさせるであろうと信じている。

ホーム・エコノミクスの哲学と目的に関する委員会委員長
ドロシー・D・スコット

・栄養上のニーズ，食料の選択，保存，調理および利用
・被服のデザイン，選択，構成，管理，および被服の心理的社会的意味
・被服用および家庭（住宅）用の織物
・家族のための住居および家庭用の設備備品
・日常生活で欠くことのできない部分としての芸術
・個人，家族あるいは社会の価値と目標が達成されるような資源利用の管理

　ホーム・エコノミクスは，生活のこれらの諸側面の一つあるいはいくつかを取り扱うだけの専門分野ではなく，これらすべてと，それらの相互関係，それらが形づくる全体的な様式に関わる唯一の分野である。ホーム・エコノミクスは，家族が日常生活様式の部分と全体の両方を形成することを助ける唯一の分野である。ホーム・エコノミクスが生活のさまざまな側面に与える強調点は，その時代の社会環境の中での個人と家族のニーズによって決められる。

　ホーム・エコノミクスは，専門家全員が教育，研究，社会福祉および公衆衛生，栄養学，施設管理，およびビジネスをとおして，その目的を達成できるように自覚を促している。ホーム・エコノミクスは，他の教育の分野と協力して

仕事をするだけでなく，少年少女と成人男女が健全で幸福な生活を達成することを助ける特有の責任を負っている。ホーム・エコノミクスは，効果的な生活ができるように条件を改善する能力と意志とをもった，理解力があり十分な知識のある市民を発達させる責任を他の分野と共有している。

3-2．ホーム・エコノミクス専門の今日

> アメリカ家政学会の目的は，専門のホーム・エコノミストや他分野からのメンバーに，個人と家族の福利の達成，家庭の改善，家庭生活における重要な価値の保持のために協力する機会を提供することとしよう。
> ―アメリカ家政学会の規約

アメリカ家政学会が1909年に設立された時，創設者たちは生活のための教育プログラムを推進するために，中学校や初期のランド・グラントカレッジにおいて，わずかな散漫な教育プログラムをもっているだけだった。全国的な学会を通じて新指針を定めようとする人々は，わずか700人を数えるにすぎなかった。しかしそれでも彼らは，思い切って前に踏み出した。当時の貧弱な教育プログラムを身につけた（だけで），家族が生活の質を改善するのを助けるために協力した。

今日，私たちのニーズが当時より複雑に見えても，私たちが専門の未来を描くための知識と経験をより多くもっていることも真実である。

ホーム・エコノミクスの今日

教育において

ホーム・エコノミクスは，アメリカ合衆国のいたるところの学校制度の中で教えられている。ホーム・エコノミクスは，ほぼ500近くの大学で確立された場をもっている。

公立や私立の学校，そして協同的生活改良普及サービスや職業教育プログラムのような州や連邦などに後援されたプログラムを通して，何百万もの大人や若者がより良い生活のために，公式，非公式の教育を受けている。多くのコミュニケーション・メディアを通して，ホーム・エコノミストは家族のための教育を提供している。

研究において

　ホーム・エコノミクス研究の知見は広く普及され，アメリカ合衆国や世界中の家庭に利益をもたらしている。アメリカ合衆国農務省のホーム・エコノミクス研究所や州農業試験所のホーム・エコノミクス部門，他の政府機関，民間の機関，多くの大学や産業において，研究が行われている。

ビジネスにおいて

　家庭や家族に役立つビジネスや商業の多くの領域では，ホーム・エコノミストを雇用している。消費者のニーズが産業に説明され，同様に生産物やサービスの効率的利用において家族が助けられるというつながりを提供することが彼らの責任である。

栄養学と施設管理において

　集団生活のための病院や他の施設，レストラン，学校給食プログラム，産業において，施設管理のスペシャリスト，栄養学者，栄養士，およびその他食品サービスに従事しているホーム・エコノミストの仕事によって，何百万人もの健康は保護され改善されている。

社会福祉と公衆衛生において

　連邦政府や州，郡や市の社会福祉や公衆衛生の機関は，ホーム・エコノミストを雇用している。その他の多くはボランティアの機関で働いている。連邦政府で働くホーム・エコノミストは，公衆衛生局，子ども局，生活保護局のような機関に勤めている。

国際的サービスにおいて

　健康，福祉，教育プログラムに貢献しているアメリカ合衆国や国際連合の国際的機関は，世界中のすべての地方でホーム・エコノミストの奉仕を役立てている。海外からのホーム・エコノミストや自国でホーム・エコノミストになる用意をしている人々が，この国の大学に学びに来ている。

3-3　ホーム・エコノミクスと今日の家族

　今日，専門は変化によって導かれるものであることと，研究と他の活動を変化に関連づけることを進んで認めなければならないし，またそのような力をつけなければならない。このことは，特にホーム・エコノミクスにあてはまる。すなわち，ホーム・エコノミクスは新しい状況によって引き起こされるストレスを軽減し，満足を促進する際にのみ有効である。

　ホーム・エコノミストは率先して変化を予期し，認知すること，新しい要求

3．ホーム・エコノミクス：新指針

に応じるための個人の能力を評価すること，家族の利益についての専門プログラムのために新しい方針を打ち出すことをしなければならない。

人々は常に，彼らのニーズや時代の状況を扱う範囲で，生活の満足を見いだすだろう。私たちは専門として，今日の家族の利益のために知識や努力を調整する前に，時代や彼らの生活の状況を理解しなければならない。

今日の世界と50年前の世界とを比較すると，家族メンバーの一部に対して，新しい能力を要求するような1ダース以上の，あるいは，より基礎的な変化を明らかにすることは容易である。これらの変化は，専門が家族を援助するために創造したものに起因する洞察力と知性を必要とする。

例えば，工業化，都市化，郊外居住化，働く母親と通勤する父親，人口増加，高齢者の増加，高学歴化，勤務時間の短縮が家庭や地域に与える影響を考えてみよう。また，家族の消費のますますの強調，生産の減少，家族メンバーの役割の交替，家族の情緒機能の重要性についてのより大きな認識，家事のオートメーション化，即時のコミュニケーションとの電光石火のような旅行について考えよう。

これらの変化の各々は（一つの変化が他の変化をよぶだろう），多くの今日の主婦の生涯期間内やホーム・エコノミクスの存続期間内に受け入れられ，持続する傾向になってきている。将来の変化は私たちの生活をさらに速く変化させるかもしれない。変化の事実は，その形態よりも明白である。今日の家族が変化の挑戦に向き合うのを助ける知識や技能とは何だろうか。

私たちは，ホーム・エコノミクスにとって最も明瞭な新しい指針は，個人または家族の特有の状況に関わらず，個人と家族の生活に効果的と思われる確かで基本的な能力を明確化し，発展させるのを助けることであると信じている。

効果的な生活に基本的な能力は，次のようなことである。
・個人，家族，コミュニティの生活に意味を与える価値を確立すること；これらの価値にふさわしい目標を選択すること
・家族周期のすべての段階においてすべての家族メンバーの健康的な成長と発達に役立つ家庭やコミュニティ環境を創造すること
・家庭やコミュニティ内で良い人間関係を築くこと
・若者を育て，彼らの身体的，精神的，社会的な成長や発達を育成すること
・個人，家族，コミュニティの資源の使用に関して知的な決定をし，遂行する

こと
・財政安定のために長期目標を確立し，その達成に向けて努力すること
・家族によって決められた価値と目標を促進する方法で，食物，被服，住居を含む商品とサービスの消費計画をたてること
・経済資源の賢い使用にふさわしい消費財とサービスを購入すること
・個人と家族の目標を促進するために効果的に貢献するような方法で，家庭維持という課題を遂行すること
・芸術と人間性および元気回復と余暇の創造的活用などを通して，個人と家族の生活を豊かにすること
・個人と家族の福祉に直接的に影響する法律制定や他の社会行動プログラムにおいて知的役割を引き受けること
・異文化や生活様式についての相互理解や価値認識を発展させ，生活水準を上げる努力をしている異文化の人々と協力すること

　ホーム・エコノミストとして，私たちはこれらの能力をもった個人と家族が，その発展に貢献する範囲によって，私たちの仕事の成功を測定することができる。

3-4　現在および将来への挑戦

　私たちの専門が，本当に「家庭や社会についてのより重要で永続的な関心のために精神を自由にする」とすれば，私たちは何をしなければならないのだろうか。私たちは，個人と家族が自分の生活において満足や美および他者との関係における尊厳や自信を達成することや，家庭内での強さやコミュニティにおける民主主義を構築することをどのように助けることができるのだろうか。

　私たちは，どのようにしたら専門家としてのホーム・エコノミストに，家族がよりよい生活を達成するのを助けるための優れたリーダーシップを，最も効果的に備えさせることができるのだろうか。

　ホーム・エコノミクスが現在と将来への挑戦に取り組むならば，次のことをしなければならないと信じる。
・個人と家族にもっと奉仕し，もっと有効に奉仕する
・研究を発展させ，個人と家族のニーズに焦点を合わせる
・専門のための教育を強化する

　より多くの人々に奉仕し，研究を展開し，教育を強化するための明確な責務，目的，行動プログラムは専門の中の各集団で異なっているだろう。しかし，こ

れらすべては，私たちの共通の目的に応じた新しい指針を見いだすための挑戦を受けている。

より多くの個人と家族に，より有効なサービスをすることへの挑戦

　ホーム・エコノミクス教育者は，効果的な生活の様式に重要な能力を発達させる教育に焦点を合わせるべきという挑戦を受けている。すなわち，文化的，社会的，経済的集団の差異に基づくさまざまな能力の男性，女性，少年，少女に向けた教育プログラムの発展に協力すること，ある教育水準から他の教育水準にわたるホーム・エコノミクス教育の効果的進歩のための計画を立てること，ホーム・エコノミクスについての一般的な理解を向上させること，ホーム・エコノミクスを外国に広めることなどである。

　ビジネスにおけるホーム・エコノミストは，多くの家族にもっと効果的にサービスするために，家族のニーズとそれに適した方法について，生産者や卸業者に対して説明するより多くのより良い方法を見つけなければならない。すなわち，消費者の欲望や生活方法の傾向，消費者の満足にとって重要な製品の特徴，異なる所得水準における家族の消費パターンなどである。ホーム・エコノミストは，消費者教育プログラムを通して，一般の人々が小売業者と協力すること，市場の商品に対する彼らの反応を伝えること，そのような商品がもっと受け入れられるようにする方法を提案することなどの能力を向上させることができる。

　行政機関や栄養学におけるホーム・エコノミストは，家族生活様式の変化に気付き，家庭外の機関によってますます取って代わられつつある機能を果たすのに最も効果的であるようにサービスを提供すべきである。過去10年間でさえ，私たちは，多くの人々が一日3度の食事のうち1回以上レストランやホテルで食事をしていること，カレッジに通い，カレッジの寄宿舎で生活している多くの若者や，労働に従事する多くの人々が産業用の食堂やカフェテリアで食事をしていること，また，より多くの人々が病院やクリニックにおけるケア，保育所，老人ホームの便利さを利用していることなどを見てきた。学校給食プログラムの価値については，繰り返し強調されている。

　社会的機関におけるホーム・エコノミストは，公立私立福祉機関のサービスの価値についてのコミュニティの認識を高めるべきであり，これらのサービスを創造し，向上させるための知識や援助を提供するのを助けるべきである。家族の福祉には，地域的・全国的や家の事情および国際的事情が織り交ぜられている。ホーム・エコノミストは，家族がこれらの関連を理解するのを助け，より良い家庭生活のために必要とされるプログラムを奨励することができる。

研究を発展させ，個人と家族のニーズに焦点を合わせることへの挑戦

　ホーム・エコノミクスは，家庭と家族に焦点を合わせた活発な研究計画を推進しなければならない。さらに，研究上の知見を直ちに専門や一般の人々に役立てられるようにすることによって，その有用性を高めなければならない。

　ホーム・エコノミクスは研究の新しい方針を計画する際に，急速な変化の時代におけるより良い家族生活のために意味のある研究を優先すべきである。栄養，住居，織物のような確立された領域で，新しい知識を捜し出し続ける一方で，家庭の経済的，管理的問題や，家族生活の精神的，情緒的，社会的な局面（これらすべては急速な時代の変化の中で重要になっている）に関連した研究を進展させるべきである。

　ホーム・エコノミクスは，基礎科学の道具や方法を使うことができるようなトレーニングの幅と深さをもった働き手を獲得しなければならない。多くの家族生活問題を解決するために必要となってきている学際的で協同的な研究が用いられ，必要とされているので，ホーム・エコノミストはスペシャリストチームのメンバーとなることができるに違いない。

専門の教育を強化することへの挑戦

　専門家の働き手のためのより良い教育という挑戦に取り組む際に，ホーム・エコノミクスは明確な目的を確立し，それらを連続的に再評価し，次のことを考慮した新しい指針を設定しなければならない。

- 専門が貢献できる個人と家族の能力
- 日々の生活に一般的に影響を与えている社会的科学的影響力の特質
- ホーム・エコノミクスにおける専門教育が調和させなければならない哲学と基礎教育の傾向
- 家族を援助するための新しい基礎を提供するホーム・エコノミクス独自の研究分野と他の研究分野の発展

　大学は，学部における基礎科学や芸術カリキュラムを強化すべきである。それらのプログラムは，ホーム・エコノミクスの専門の特別な局面におけるリーダーシップに必要とされる教育の深さのための機会を提供すべきであり，家族福祉に関連した市やコミュニティの業務においてリーダーシップをもつ人々に必要とされる教育の広さのための機会を提供するべきである。

　すべての専門的ホーム・エコノミクス教育は，成功したホーム・エコノミストを特徴づける性質を発展させようと努めるべきである。これらのうちの重要なものを次に示す。

- 社会の基礎単位としての家族に対する心からの関心

・個人と家族の生活を向上させるために知識を広げ，適用し，あるいは普及させるという点での創造性
・新しいものの中で，より良い生活にとって重要なものと，真の価値を欠いているものとを見分ける能力
・専門としてのホーム・エコノミクスから得られる継続的な満足への感謝
・家族福祉に影響を及ぼす地域的・全国的・国際的プログラムへの関心

リチャーズ夫人が予言したように：

　十分に教育された若い女性（将来の）は，私たちが夢にも見ない方法で，芸術と科学を調和させるだろう。すなわち，科学は芸術を安定させ，芸術は科学に魅力を与えるだろう。

1909-1959年の成果

　最初の50年間にホーム・エコノミクスは次のようなことを行った。
・家庭と家族に関係する人々のためのユニークな教育プログラムを，とくに女性の特別な関心事と責務に適合するように開発した
・児童学と保育学のセンター設置に協力することで，就学前教育のための運動を促進し向上させた
・全国の家族生活のための教育プログラムを強化し，また家庭外で子供を世話するグループをより良いグループにするような，家族関係・児童発達研究を指揮した
・専門家と専門外の人々のために学問の主要部分を築き上げた
・主婦のための先験的なラジオやテレビの番組の創設や後援に参加した
・家庭の衛生の継続的な研究や教育を通して，家庭や施設の衛生基準に貢献した
・ホーム・エコノミストを一時的熱狂や流行という混沌から抜け出させ，研究や教育の全体的な分野を開かせる食物の構造や栄養の研究に着手した
・一般的に不適切な食事を指摘する食物消費の研究や食事の栄養的価値の評価を提供した
・家族の支出，消費，貯金についての大規模な研究を実施し，それによって，教育プログラムや公的扶助プログラムに不可欠なデータを提供した
・一般の人々の関心事－例えば，パン，小麦粉，穀物や他の食物製品の栄養強化－に，政策の基礎として研究知見が寄与した
・1938年についに通過となった食品・医薬品・化粧品法の立法化とその後の改正および連邦取引委員会のような，連邦の規制機関における消費者保護の

領域における法律制定を支援した
・より栄養のある飲食物を国中の子どもたちにもたらし，食習慣を改善する広範な教育をもたらした全米学校給食法の立法化を支援した
・食物や栄養の研究，そのような研究からの知見の説明，および毎日の食事への研究知見の利用を教えることを通して，非常にたくさんの男性，女性，子どもの健康を改善した
・特別な家族集団，多様な家族のメンバーの活動を効果的に調整し，個人の特別なニーズに応じる居住計画を開発した
・主婦が時間，エネルギー，金銭，その他の家族資源を賢く使用することを助ける家庭管理方法を開発した
・より効率的な家事設備のデザインと製作，食品の加工，織物製品の改善に貢献してきた研究知見を産業に提供した
・多くの女性や子どもの身体計測の研究を開拓し，被服産業に必要とされていた衣服パターンのサイズの基準の基礎を与えた
・家庭や被服の用途で使われる織物の使用品質と繊維内容の関係についての研究－消費者の商品に対する仕様書の開発や刺激的，情報提供的織物材料へのラベリングなどを助ける研究－を開拓した
・ビジネス，病院や診療所，社会福祉や公衆衛生，その他重要なサービス分野において専門のホーム・エコノミストのための機会を開いた。－栄養士やビジネスにおけるホーム・エコノミストのような重要なサービス分野は専門領域化された始まりである
・戦争，不況，他の災害のときに，政府が非常食，栄養，教育，食物や被服の保護，若者の訓練，保育所のプログラムを始め，発展させることを手助けすることを通して，国中の家族の福利を保護することを助けた
・政府，民間機関・財団，宗教集団，国際連合の特殊機関のような多様な国際組織との協力をとおして，多くの外国の家族の福利に貢献した
・他国にホームエコノミクス・カレッジを設立するのを援助し，海外からの若い女性のためにアメリカ合衆国でのホーム・エコノミクス教育を整えた。例えば，海外の国際会議に参加し，1958年アメリカ合衆国におけるホーム・エコノミクス国際会議のお膳立てをした。

4. ホーム・エコノミクス：新指針 II

歴史的パースペクティブ

　専門の創設者たちは分野を次のように定義した。
「ホーム・エコノミクスはその最も包括的な意味で，一方においては人間の直接的物的環境に関して，他方においては社会的存在としての人間の本性に関する法則，条件，原理および理想についての学問であり，とりわけこれら二つの要素の間の関係についての学問である。」
　分野の性質は発展したけれども，その基本的使命は本質的には今日も依然として同じである。

目的声明

　ホーム・エコノミクスの焦点はさまざまな形態をもつ家族である。家族は価値と目標，決定に対する責任および資源を共有し，時を超えて互いに委ね合い，親密に交渉し，相互に依存する人々の単位と定義される。
　ホーム・エコノミクスは，家族は個人にとって，養育，保護，回復の主要な資源とみなす。教育的集団として，家族はその各構成員の質的発達に重要な貢献をし，個人に対して自分自身と社会のために効果的な生産性を準備させる潜在力をもっている。
　このようなパースペクティブによれば，ホーム・エコノミクスは家族を通して人々とその環境との間に最適バランスをもたらすように働きかける。ホーム・エコノミクスは，人々が変化に適応し，未来を形成することを助けるという挑戦を受け入れる。
　ホーム・エコノミクスの核心は家族エコシステムである。すなわち，家族とその自然的環境および人工的環境との相互関係についての研究，それらが家族の内部機能を形成するにあたって，単独または一斉に及ぼす効果についての研究，家族と他の社会機関および物的環境との間の相互作用についての研究である。

5．AHEA 目的声明

5-1　ホーム・エコノミクスにとっての新しい優先課題

　これらの声明は，ホーム・エコノミクスという専門が，理論（ホーム・エコノミクスに対する知識の基礎）と調査研究（家族エコシステムについての科学的に構成された調査）との相互作用を認めているとみなしている。理論と調査研究は，ビジネス，教育およびサービスプログラムへ応用するための基礎を提供する。家族単位を維持し，および（あるいは）変化させるために予想される事柄（人々と環境の観点から評価された費用・便益）は，将来計画において，絶えず評価される必要がある。

　次に示す優先課題がすべてを含んでいるというつもりはない。むしろホーム・エコノミストは，特定の状況，関心およびニーズに対して，より実際的な意味を与えるために声明を修正し拡張するであろう。

1．将来志向的な思考と計画

　日常生活について代替的構想をたてさせ，それらの費用・便益を批判的に評価し解釈する。例えば，
■価値を再形成すること
■最適な人間発達と生存に適した生活環境を保障すること
■私的決定と公的決定との関連を認めること

2．公共政策の形成

　家族に影響を及ぼす公的領域における意思決定に対して，より大きな情報をもたらす。例えば，
■手続き，プログラムおよび政策の結果を明らかにする経験的資料を提供すること
■家族の擁護者として奉仕すること
■変化をもたらすために政策的技術と同等のものを用いること

3．不確実さと変化に対する創造的適応

変化につきものの機会を観察し，家族に影響を及ぼす変化に注意を向けるなかにあるリスクを喜んで引き受ける。例えば，
■専門的役割における論争問題に立つこと
■価値を明確にするための効果的なモードとしての葛藤を受け入れること
■変化に対応した新たな専門的範囲を開拓すること

4．資源の再分配

資源の利用可能性と人間の可能性の発達との相互依存を認識させ，より公平な資源配分へと導く行為を開始させる。例えば，
■人口教育プログラムを開発すること
■資源の制約が人間の行動に及ぼす影響を検討すること

5．専門家と専門補助者との相互関係

専門家と専門を補助する人々の能力を区別し，それぞれの家族への貢献を認める。例えば，
■それぞれの役割のために必要な能力と必要とされる教育を確認すること
■役割をニーズに適合させること

　これらの優先課題は，ホーム・エコノミストが正当と認められることを保障する現在のプログラムとの関係を批判的に検討するときにのみ実行可能となる。現在のプログラムは別の構造，強調点または現状に対する単なる追加を必要とするのであろうか。新しい優先課題が新たな構造，プログラムおよび責任を必要とするという挑戦を受け入れるにあたって，ホーム・エコノミストは創造的かつ革新的であらねばならない。

■この声明は，この時点（1974-75年）で，AHEA の会員によって提出された多くの問題をもとに展開された。この声明は，家族と社会の変化するニーズに適応するための専門の優先課題の再方向付けが持続的に必要であることについての関心と認識についての考えを表明している。

委員会委員

　ゴルドン・ビベンス，マーガレット・フィッチ，グエンドリン・ニューキルク，ベアトリス・ポルーチ，エム・リグス，セイトニグ・セント・マリイ，グラディス・ボーン

5-2 パースペクティブ（1）

（「家族のための勢力　アメリカ家政学会」所収）

「ホーム・エコノミストは，家族研究における唯一ではない。私たちは家について分析することにおいても唯一ではない。食べものへの人間の生物学的なニーズを決定することにおいても・・・人間発達の理論を発展させることにおいても・・・。私たちは，子どもへの関心，あるいはストレス下にある家族が経験する身体的感情的危機から家族を助ける努力においても唯一ではない。私たちはビジネス界に向けて消費者を代表する努力においても，あるいは消費者の有効性を高めるという努力においてさえも唯一ではない。」

「しかし，私たちは家族および家族を取り巻く環境に関するあらゆる知識と情報を集めて，一つの折衷的，統合的全体にするという能力において唯一である。」

ロイス・ランド AHEA 会員　ミシガン州立大学ヒューマン・エコロジー学部長
「出現する専門：独立と相互依存」高等教育協議会で行われた講演，1976年8月10日

アメリカ家政学会（AHEA）はホーム・エコノミクスという専門のための一つの発言機関としての役割を果たしている。ホーム・エコノミクスは，すべての基礎学問，すなわち科学，人文科学，および芸術の知識を統合し，知識を家族の日常生活上の問題を解決するために生かす唯一の専門である。

AHEA は，5万人以上の成人男女，ホーム・エコノミクスの専門家および学生を代表している。彼らは，個人を養育し，保護し，そして回復させる家族単位にとくに重点を置いて，すべての人々の生活の質を向上させるという共通の目標に向けて，知識を応用するさまざまな分野で働いている。

ホーム・エコノミクス専門の独自な統合的な性質および共通目標を達成するために学会内部に確立された機構，プロセスおよびコミュニケーションネットワークという長所によって，AHEA 会員は学際的パースペクティブをもち，家族が健全に機能することを推進する費用効率的なプログラムを計画し支援するために必要な支援システムをもっている。これが，ほとんど4分の3世紀の実情であった。なぜならば，ホーム・エコノミストは家族の自然的および人工的環境との関係で，家族が必要とするものを検討するために専門が公認され，

AHEA が設立された 1909 年以来，知識と組織をもってきている。
　ホーム・エコノミクスの性格と学会プログラムは，資源，家族機能そして文化的風潮の特徴の変化および基礎学問における新たな知識の発見によって発展してきた。しかし，AHEA の創設者であり初代会長であったエレン・H・リチャーズによって最初に確認された関心は学会の中核にとどまっただけでなく，他の専門の内部にもますます普及してきている。
　リチャーズは，消費者教育，栄養，産業の安全，公衆衛生，職業教育，女性の権利，空気・食物・水の清浄さ，そのほかさらに多くのことに関心をもっていた。歴史家は，ホーム・エコノミクスという専門を公認させただけでなく，エコロジー概念を考案したことについても，リチャーズの功績を認めている。
　AHEA はホーム・エコノミクスの全体性を検討する唯一の全国的な専門家の学会であり，したがって専門全体にわたる目的の方向性，持続性および統一性を提供している。
　AHEA は，公共政策，専門の発展，奉仕活動，研究という領域に対して，最大のインパクトを与えるために優先課題を選定し，会員の専門知識の多様性と同様な範囲と視野をもった2，3の問題に集中した。
　現在 AHEA は，これらの優先課題に対して，学会の資源の相当な部分を割り当てている。

家族研究—家族についての研究に対する組織的で持続的な支援，

教育—消費者教育，家庭科教育研究，家族生活教育，人的能力開発と職業教育，男女の多面的役割の開発に対する支援等を含む選定された教育領域への支援，

若者，高齢者そして障害者のためのデイケアおよびサービス

エネルギー保全

働くようになった主婦のための法律

選択した消費者擁護問題と製品情報

5-3 学会，専門，家族

学　会
　アメリカ家政学会は1909年に設立された教育的科学的組織である。その目的は，教育，研究，共同プログラムおよび公共情報を通して個人と家族の生活の質と基準を向上させることである。

専　門
　「ホーム・エコノミクスはその最も包括的な意味で，一方においては人間の直接的物的環境に関する，他方においては社会的存在としての人間の本性に関する法則，条件，原理および理想についての学問であり，とりわけこれら二つの要素の関係についての学問である。」
　　　　　　　　ホーム・エコノミクスについてのレイク・プラシッド会議1902年

家　族
　AHEAは家族単位を，資源，決定に対する責任および価値と目標を共有する，時とともに互いに献身し合うような二人あるいはそれ以上の人々として定義する。家族には，「完全に理解される」という空気がある。最も正確に家族単位の特徴を述べるのは，血縁，法的結びつき，養子縁組，結婚ではなく，分かち合いと献身のネットワークである。

5-4 パースペクティブ（2）

　　　　　　　（アメリカ家政学会1984 ?）

　アメリカ家政学会（AHEA）は合衆国で最も古い専門家の団体の一つである。1909年に設立され，その目的は教育，研究，共同プログラムおよび公共情報を通して，個人と家族の生活の質と基準の向上を図ることである。
　学会は，ホーム・エコノミクスという専門のための発言機関としての役割を果たしている。それは，すべての基礎学問―芸術，科学，人文科学―の知識を統合し，その知識を家族の複雑な日常生活上の問題解決のために生かし，主として予防，教育および発達を通して働く唯一の専門である。どの専門も専門家の代弁者・擁護者の組織をもっている。ホーム・エコノミクスにとって，その組織がアメリカ家政学会である。

AHEAは，専門が実践され，すべての専門領域の内容を含むあらゆる場において専門家を代表している。学会は，33,000人以上の成人男女―ホーム・エコノミクス専門家，学生および支持者―知識を応用してさまざまな分野で働いている―を代表している。彼らは共通の目標―個人を養育し保護し回復させる家族単位にとくに重点を置いて，すべての人々の生活の質を向上させること―に向けて働いている。

ホーム・エコノミクスの特徴と学会プログラムは，資源，家族機能そして文化的風潮の変化の特徴によって，基礎学問における新たな知識の発見および応用研究からの成果によって発展してきた。AHEAの創設者であり初代会長であるエレン・H・リチャーズによって最初に確認された関心は，依然として専門および学会の中核にとどまっており，実際，ますます目立つようになってきている。リチャーズは，マサチューセッツ工科大学（MIT）の最初の女性卒業生であり教授であった。彼女は消費者教育，栄養，子ども保護，産業上の安全，公衆衛生，職業教育，女性の権利，空気・食品・水の清浄さ，および科学的な原理や経営的な原理の家庭への適用に関心をもっていた。歴史家はホーム・エコノミクスという専門を公認させただけでなく，エコロジー概念を考案したことについてもリチャーズの功績を認めている。

ホーム・エコノミクスは家庭の物質的，社会的，道徳的，美的および精神的な条件が，個人と社会一般に対してもつ意味を発展させるための教科である。
M・タルボット　レイク・プラシッド会議議事録　1902年

AHEAはホーム・エコノミクスの全体性を検討する唯一の全国的な専門家の学会である。したがって，専門に対して目的の方向，持続性，統一性およびすばらしい基準をもたらす。これが4分の3世紀の実情である。専門が公認され，AHEAが設立された世紀の変わり目以来，ホーム・エコノミストは，環境との関連において家族のニーズを検討する知識，意志そして組織をもっている。

6．ホーム・エコノミクス教育とは何か

1980年，ミネソタ大学ミネソタ職業教育研究開発センター（ミネソタ大学職業技術教育学部）

（本論文はマージョリー・ブラウンの『ホーム・エコノミクス教育とは何か』の一部分である。第2部と第3部のみが抜粋されており，第1部については別途参照することが奨められている。なお，引用文献は省略されていた―訳者。）

マージョリー・ブラウン（ミネソタ大学家政教育学部名誉教授）

本プロジェクトはミネソタ大学職業・技術教育学部（ミネアポリス）から研究補助金を受けた。

第2部　ホーム・エコノミクスと教育―予備的分析

　一世紀以上前に組織化された分野として始まったホーム・エコノミクスは，当初から一つの専門と考えられてきた。ノーソウは，社会的に必要とされるサービスを供給する方法を探ってきたこの分野の人々と，サービスを受ける人々によって，そのように考えられてきたと指摘している。〈教育〉もまた，一つの専門と認識されてきたし，現在もそうである。ある努力分野を一つの専門として分類することは，努力分野の中でもその専門が，特定のカテゴリーに位置づけられるような一定の特徴をもつことを示している。社会はこの特徴により専門的努力を専門的でない努力から区別するが，そうした特徴をもつ専門の社会学的研究については，多くの報告がなされてきた。専門とは，通常定義されているように，モラルに値するような組織性を全うしてきた一定の職業である。モラルに値するということは，理論的知識の深さをもつこと，および社会の機能遂行において，サービスを有益に供給するために知識を活用することに由来する。さらに，この知識は定型的に適用されるのではなく，専門家が実践において遭遇する各ケースに応じて，専門家の判断や活動に対し賢明で倫理的に用いられるべきである。募集と入会は有能で適切な気質の実践者を得るように統制されている。知識の深遠な性質と専門家の判断の重要性によ

り，専門は，その実践がモラルに値すると判断される限り，外部の統制から自由でいられる。

　専門への入会には，事実上理論的で実践的領域に関わる知識を実践者が習得し活用するために延長された研究期間を必要とする，というのが専門の特徴である。学問志向的な研究の場でもある学校や総合大学のカレッジで，専門のための教育を行うことは相互に有益であることが期待される。しかしながら，それはまた，〈教育〉においても，またホーム・エコノミクスにおいても説明可能な曲解と誤解をも導いてきた。(〈教育〉の専門分野を他の「教育」という用語の用い方と区別するため，前出のように，ここでは〈教育〉と表している。) これらの曲解による影響の中で，大学内で「基礎学問」に社会的に一定の地位が与えられてきたことはなかった。安易にも，専門内であれ，また「純粋」学問を行っていても，大学教員たちの中には，**優れた**専門家の専門領域とは，「基盤学問」に極めて類似したものとみなす者がいる。それに伴う信念や報酬のシステムは，理論と実践の関係を歪めるばかりでなく，専門，とりわけ対人サービス専門において，実践に必要とされる知識の性質について誤解するという結果をもたらす。大学における研究分野として，また専門としてのホーム・エコノミクスと〈教育〉を理解するために，いくつかの概念的処理をすることが適切であろう。ホーム・エコノミクスと〈教育〉を他の研究分野と比較するような分析は，専門分野間におけるホーム・エコノミクス，または〈教育〉の独自性についての理解を生み出さないだろう。しかしながらそれは，私たちが専門を他の研究分野と区別するものを明確にとらえ，またハーモスが「対人サービス専門」と「非対人サービス専門」とよぶ区別を専門内で行う助けとなる。それが，観察された普遍的で顕著な特徴についての実態データの分析ではなく，必要な質に関連した分析であることを私たちは適切にも気づくであろう。

学問と専門を区別すること

　物理学，生物学，心理学，社会学のような研究分野と，機械工学，宇宙工学，医学，社会事業，〈教育〉，ホーム・エコノミクスを比較すると，二つのグループを区別する多くの違いがあることがわかる。

1. 最初のグループは，学問，または訓練された知的な努力を伴う限定された「純粋」領域を目指している。2番目のグループは，活動，すなわち社会または社会の一部に対して何らかのサービスを提供する方向を目指している。2番目のグループにおけるそのような分野は，しばしばサービスの使命を果たす方法を探る「専門」とよばれている。しかしながら，このサービスを実行するた

めには訓練された知的な努力は複雑であるため，一定のまとまった知識がサービスを受ける人々の問題に役立つように引き出される。とはいえ，そのような知的な努力の訓練をすることは，「純粋」学問（後に示されるように）におけるのと同じような関心やパターンを生み出すわけではない。

2．それぞれのグループが関わる疑問あるいは問題の種類にも違いがある。専門家志向のグループにとって，**その疑問は**，社会の構成員や社会の一部が抱き，解決には助けが必要な疑問や問題として**専門の外部にある原因から生じる**。そのような問題は，その解決が荷重を減らし必要性や価値を満たすという点で重要である。これらの問題は単独の「純粋」学問においては生み出されず，その問題解決は単独の学問の中では見いだされない。例えば，医学が関係している健康と病気の問題は単に解剖学や生理学の問題ではない。それらの解決は，生化学，哲学，社会科学，そしてしばしば工学の部門の中にさえ存在する。人の栄養や栄養失調に対する行為の問題は単に生化学だけの問題ではない。それらは，経済学，心理学，文化・社会人類学，政治学，哲学を含む他の学問を横断する問題である。使命志向分野あるいは専門において，そのような問題を組織立て解決することは，学際的関心事である。そのような問題の解決は社会にとって重要であり，その影響は広範囲である。一方，物理学，生化学，社会学のような分野では，疑問や問題が特定**学問内**で生み出される。疑問は，それらの解決がその実践的な意義というよりも，むしろ研究の特定分野において知的な理解をつけ加えることになるために興味深く重要である。（だから，「純粋」学問の多くが社会の関心事や問題に起源をもつということは奇妙に思えるかもしれない。例えば細菌学は，ワインメーカーがワインの腐敗に対する解決を見つける手助けのためパスツールが努力した結果，出現し，その後，牛乳や食べ物の発酵に関わる人々を実際に助けることになった。）学問的視点に基づく問題は特定学問内で解決できるように組織立てられるから，その範囲は，その解決が及ぼす影響と同様に狭い。

3．知識に関わる行為が，二つの研究分野間では異なる。「純粋」学問における知識の発生は新しい知識の探索と生産に向けられている。学問内で解決可能な問題への興味は，狭く特殊化された興味と学問内での知識の分裂的細分化をもたらす傾向がある（傾向があった）。個々の学者の仕事がますます抽象化し，互いにますます疎遠になると，学問内で既存知識を組織化することは強調されなくなる。一方，使命志向研究分野にあっては，専門に任される社会問題解決のための既存知識の組織化が強調される。この既存知識は，一連の問題解決に貢献にするような何らかのものをもつ学問であれば，どの学問からも充当される。つまり，個々の問題は断片的にではなく，むしろその全体のコンテクスト

の中で眺められる。新しい知識の探索はあまり強調されなくなるが，この場合の関心は，専門が関係する，行為についての問題を解決するために必要とされる，既存知識の間隙にある。

対人サービス専門と非対人サービス専門を区別すること

　私は，この専門を「応用科学」とよぶことを慎重に避けている。というのは，この用語はいくつかの点については不適切だからである。その点を明らかにするために，異なった専門群を比較してみよう。宇宙工学と機械工学を医学，社会事業，〈教育〉，ホーム・エコノミクスと比べると，(1)専門家が彼ら自身のために設定した職務の種類において，(2)提供される利益において，(3)サービス提供に用いられる知識の種類と組織において，違いがある。

1．すべての専門分野の構成員が彼ら自身のために設定した職務は，既に指摘したように行為志向的である。しかしながら，これらの行為志向的職務は，例えば，工学を薬学，〈教育〉，ホーム・エコノミクスと比較すると，互いの区別がわかるであろう。後者のグループの人々は，サービスを受ける人々に変化をもたらす職務を自分自身に設定している。ハーモスは，専門の主要な職務は「対人サービス専門」として，クライアントの身体や人格に変化をもたらすことであり，「非対人サービス専門」のような職務を自分自身には設定しないと述べている。医学の事例は明瞭である。〈教育〉とホーム・エコノミクスについては，その職務はパーソナリティーに変化をもたらす職務の一つである。例えばそれは，クライアントの考え方を変化させ，彼・彼女が自分自身と環境に対して理解し，行為する際に用いる概念システムを変化させる。身体的な変化（例えば，身体的健康，明白な行為，外見）が起こると同時に，これらの変化は，〈教育〉やホーム・エコノミクスの専門家が（おそらく）促進した彼・彼女の知覚的な変化の結果としてクライアントに発生する。一方，工学では関連する主要な職務は，環境的条件を変え，あるいは物的生産物を創出することに焦点を合わせることにおいて非対人的である。工学が引き起こした変化は，人々の生活に影響するように思えるが，人々自身に変化をもたらすことが主要な職務ではない。非対人サービス専門のメンバーは，自動車技術者が既存のものより安全で経済的に操作できる自動車を設計するよう本質的に動機づけられる時，社会の構成員に利益をもたらすようなサービスを行っているといえる**かもしれない**。しかし，そのようなサービスは，内容において，クライアントその人に対して為された専門的行為ではなく，非対人的である。

　対人サービス専門と非対人サービス専門の相違は，互いが関係している職務

の性質の相違を認識することにおいて，理解されるべきクライアントと専門家の関係の相違を含んでいる。

　対人サービス専門の場合，その関係は一つの相互依存である。専門家のサービスは，人間としてのクライアントが「行為的存在であり，彼ら自身，および彼らが為す行為について熟考でき」，現実を客観的に注視し，理解し，変容することができるという認識のもとに，クライアントに与えられる。したがって，専門家は，**その変化の代理人**という救世主の役割は演じない。その代わりに，クライアントの問題の解決（例えば，クライアントを変化させる）には，専門家とクライアントが互いに批判的に探求し熟考することが期待される，うちとけた対話によって探求される。その態度は，関与する問題に関わる現実を変えることへ専念することにおいて，相互に尊敬し，信頼し，愛情をもち，そして団結しているというものである。

　非対人サービス専門の場合，その主な職務は人としてのクライアントを変化させることではなく，専門家とクライアントとの関係が，態度において対人的ではない。専門家の職務は，クライアントが問題状況を分析すること，解決法を探すこと，提供された解決法が望ましいということをクライアントに告げ，説得すること（たぶん，それは説得行為における非対人状況を処理するためですらある）などによって，彼・彼女が問題を明確化するための専門的知識をもたらすことを必要とする。専門家は，専門的，知的権威の役割を担っている。クライアントが望む目的を決める一方で，専門家は，彼・彼女と**ともに**解決法を探すのではなく，クライアント**について**考え，技術的に妥当な解決策を提供するのである。

2．専門家がサービスを提供するにあたって，宇宙工学，機械工学に従事する人々は，管理者によって決定された目的を達成する手段を見つけるために，政府や産業界の管理グループにより，要求され，使用される。例えば機械技術者は，zではなくxとyが指定され与えられた目的である場合，zではなく，xとyができる機械を設計することが要求されるであろう。機械技術者は，政府や産業界の管理者により指定された機械の設計を遂行するために，彼の知識を使って彼の専門的サービスを提供する。したがって，与えられる利益は，そのような地位にある人々が公的関心に基づいて行為に対してクレイムをつける場合でさえ，産業界や政府の管理的位置を制する人々が理解する利益である。促進的技術的な変化の過程は，それ故に，調査と開発を通して，管理的意思決定者に与えられた支配力によって制度化される。工学専門が社会的な問題への貢献を託されていないことに関心をもち，託される方向に専門を変える方法を探

求している人々がいる。例えば，第1部で引用されたペルーチが言っているように。このことは，もちろん，与えられた関心の焦点を変更させ，工学専門家を技術でない方向に向ける。しかしながら，技術者はサービスを受ける人々の身体や性格に変化をもたらす職務を彼ら自身のために設定していないので，工学は依然として対人サービス専門ではない。

　一方，医学，社会事業，〈教育〉，ホーム・エコノミクスのような専門家のグループは，サービス提供の結果，それを受ける人々とより大きな社会の利益となるとみなされるところへ，対人サービスを提供する。そうした結果は，サービスを受けた人々と共同して専門内で検討され判断される。さらに，その状況はそれぞれの事例によって異なるので，結果は事例ごとの基準に則り，モラルを守るための判断がなされなければならない。例えば，人間の命が多くの場合，医学技術によって無期限に延長されていることを知っている医者とクライアント，またはクライアントの家族は，延命が単に肉体を身体的機能的に生存させるという以上の意味を失っているケースと，延命が患者に有意義な生活に通じる全面的あるいは部分的な回復の機会を与えるケースでは，異なった判断を下すであろう。そのような専門は，職業のために確立された専門として分類される規準（準専門と非専門を区別すると同様に），すなわち官僚的支配からの解放に適合的である。そのような解放は，専門家が専門的実践を通して貢献する目的の決定に参加することを可能にする。言い換えれば，そのような専門家は，与えられた利益が単なる技術的のものにならないために，クライアントや社会の利益になるような**どのようなこと**をするかとともに，**どのように**するかをクライアントとともに決定する。**どのようなこと**をするかという決定は事実上，行われる**べき**ことは何かの決定である。というのも，何かを行うことが，その他のことを行うよりも，より良いとみなされる場合を除き，何をするかについて問題はないからである。このように，医学，社会事業，〈教育〉，ホーム・エコノミクス（と同様他の専門においても）の専門家は，何がなされるべきかについての価値判断に直面している。そのような判断（しばしば「実践的」とよばれる）はモラル上の判断であり，ここにおいて彼らは自分自身の価値だけでなく，他の人々の価値と生活に関与している。実践的（モラルをもった）判断の形成過程において，専門家としての行為を導くため，特定の事例については，行為目標，あるいは，その位置づけが望ましいかどうかを明確に述べる必要がある。専門家はモラルの中立性神話を正当に維持することはできない。というのも，専門的に行われることとは「サービスを受ける」人々の生活に介入することに他ならないからである。

専門家の行為は他の人々の生活に影響を与えるのだから，どのような行為目標や結果的状態が望まれているかの決定に，人々を参加させることはモラル上の義務である。こうして医学の患者と彼・彼女の家族は，与えられた特定の状況下での専門家の行為目標の決定にあたって意見を求められる。かかわりのある他の事柄についてのモラル上の判断の不完全さ，曲解された理由，能力の無さにより，専門家がより権威的になるか，あるいは彼・彼女自身の倫理的関心に同意しないよう求められる場合もあろう。しかしながら，その**意図するところ**は，とるべき行為における望ましい目標についての合理的な同意を求めることである。要は，専門的行為の性質が，専門家を，何が最上であるかについて単独判断しないようにしているため，専門家はモラル上の判断義務を負うということである。単独判断をすることは，専門的エキスパートとして尊大な立場をとり，技術的な社会的組織を創出することに通じる。サラソンは，知識の一角を占め，そして単に問題解決できるというだけの専門家の思い込みに起因する，現代社会における専門への信頼の喪失と反専門家的態度の増長について述べている。

　近年，医学や〈教育〉のような専門は，志向が技術的になってきたと批判されている。多くの批判は，そのような専門が，不履行により責任を放棄し，そのかわり利害関心を（しばしば，隠され，認識されない場合が多いが）統制したり，慎重な開発に入り込んだりすることにより，モラル判断の責任を放棄すべきではないといった関心に発している。それらの批判は，彼・彼女に影響を与える行為目標や価値決定に参加する市民あるいは個人の権利への関心にも発しており，それは，なぜ彼らの権利を否定するのかという，専門家の尊大さあるいは優越性に対する批判である。

3．専門家のサービスに要求される知識についての種類と組織は，対人サービス専門と非対人サービス専門では異なる。工学，宇宙工学，園芸学における専門家は，物理的，自然的要素や物を用いて仕事をする。例えば，機械の設計は設計における物質と物理的原理（重量，形，速度，動力，など）の知識を必要とするし，さらに，設計のための量的な計算と物理的原理の仕様書の作成を可能にするための数学的理論も必要である。ある病気に抵抗力がある植物の品種開発を求める園芸学者は，植物遺伝学，植物病理学，細胞化学のような学問から得られる知識を利用するだろう。これらの二つの専門から引き出される「純粋」学問は，さまざまな自然科学である。因果関係を説明する知識は既知の事柄に起因する出来事や状況の予測をもたらす。それはまた，それらの原因を始動させること（または根絶させること）によって，与えられた出来事や状況の支配を

可能にする。例えば，機械の運転の安定性は重心の位置とさまざまな部分の相対的重量というような要因によって統制できる。したがって，知識は，手段‐目的関係や**技術的法則**，例えば，**XをするためにYをする**とか，**Aを防ぐためにBをする**，などとよばれるようなもので組織立てられる。科学的知識のそのような利用は，正当に「応用科学」や「科学技術」とよばれている。関連科学から引き出された因果関係を説明する知識は与えられた目的の達成に適用される（あるいは，応用のために転換される）。そのような知識は，ある物質を生産する目的やある目的を達成することのために合理的に利用される知識という点で，技術的（やり方を教える知識）である。

　医学，社会事業，〈教育〉，ホーム・エコノミクスなどのような対人サービス専門のための知識は，異なる視点からみなければならない。明らかに，実践者の介入を可能にする技術についての知識や技能，例えば，医療サービスの提供，教育すること，社会サービスの提供などは必要である。しかしながら，そのような専門的サービスにおいて働きかけられる人々は，機械技術者に働きかけられる金属（あるいは他の物質）とは異なる。第一の相違点は，専門家の対象の性質に対する理解にある。考え，自から行為を起こす人間の能力を理解することは，金属性物質を理解することから区別される。第二の相違点は，専門的に働きかけられる人間と専門的に働きかけられる金属のモラル上の意義にある。これら相違点のそれぞれが，対人サービス専門に要求される知識の性質に言及するために検討されるべきである。

　まず，一人ひとりの人間，あるいは社会集団における人間について理解するということは，どのような意味をもつかを簡単に探索してみよう。対人サービス専門家は，彼ら自身の行為に関与するだけでなく，彼らがサービスを与える人々の行為にも関与する。医者は，患者を治療する際，患者が自ら注意すること，進められた治療を実行すること，あるいは診断への対応について，何を**する**かに関与している。ソーシャル・ワーカーは，クライアントが分別のない自滅的な行為や社会的に有害な行為を，新しい行為モードに変えることに関与している。教育者は，より明確に知識に基づき理由や約束を理解する行為（発言行為も含めて）を引き出す方法を探している。専門家がサービスを受ける人々の行為を理解するためには，専門家が，行為者としてのクライアントの実践や明白な行為は「彼らの頭の中の考え」や彼らが支持する価値や目標と分離し得ないのだと理解することが不可欠である。人々が何をするかということと，彼らが保持する信念，価値，態度，意見は相互に関係している。つまり，彼が何をするかということには，行為者が暗黙にもっている意味があり，彼がある

こと（例えば，親しくなりたい人に関心を示す握手）をするためには，暗黙にある意味や動機（例えば，友情）がある。さらに，これらの保持された信念，価値，態度，意見は，ただ**単**に個人的なものではない（彼らは個人的では**ある**が）。つまり，彼らは，行為者としての人間が友好的であるという文化的で社会的な現実に埋め込まれている。この文化的で社会的な現実は相互主観的なルールと差異によって形成されており，主体としての人は，このルールと差異において，他の主体の意識的な意味や意図を理解しようとする。そのような意味とは，意味自体が社会集団の個々のメンバーの歴史と同様に，特定の社会集団の歴史の一部であるという本質において実際に，単に心理的な状況というのではなく，歴史的なものである。そのような意味を理解することは，人間の身体的な特性の研究や，その主観的意味から離れた，人の身体的行為の研究だけでは成し遂げられない。

　明白な行為に付与された意味や動機を理解することは，ある明白な行為の**原因**を理解するといったタイプの理解以上のものである。明白な行為（例えば，社会的出会いからの退去）を原因の説明という点から理解するために，私たちは，人のそれまでの経験（例えば，他者による破壊的な拒絶やひやかし）からその原因を探す。しかしながら，社会的出会いからの退去は，拒絶やひやかしへの恐れを含むだけでなく，自分自身でものを考えること，プライバシーの要求，仕事に精神的に集中したいという願い等への考慮を必要とする，いろいろな理由や動機により為されるであろう。しかしながら，これらの理由や動機はいずれも文化的で社会的な意味にその根拠がある。何が社会的拒絶や社会的あざけりを構成するかは，いろいろな文化で異なっている。ある東洋文化においては，瞑想のために時間を費やすことへの社会的期待があるために，一人でものを考えることは，その文化固有のものである。ある文化においては，プライバシーは尊重されず，ある文化においては，仕事中の気晴らしを絶つ能力が発達する。これらの行為者が他者から離れようとする理由のいずれもが，行為者による社会的出会いからの退去という行為についての自分自身の意図や目的，自己解釈を説明するものであり，したがってそれらの理由は，目的論的な説明を構成している。明白な退去行為の原因を，それに先行する拒絶やあざけりによるものとして説明することは，退去の意味がさらなる拒絶やあざけりの回避であると**みなす**ことである。そのような想定は誤りだと考えられるのであり，行為を真に理解するためには，行為者がその行為に付与している意味を理解する必要がある（論理的に）。この理解がなければ，観察者（専門家）は，異なる誤った意味を設定するであろう。専門家がエキスパートとして，クライアントの意味

と意図についての確実な知識をもっていると想定するのは，人間についての非社会的で非文化的そして反歴史的概念に基づく傲慢というものである。

　クライアントが行為に付与している意味や動機を理解することは，クライアンの行為の原因や，クライアントがもつ特別な意味や動機の原因を理解する妨げとなるものではない。因果関係の説明は，専門家が，どのような動機が環境的状況や出来事による結果であるかについての予測を可能にする。さらに，ある動機は他のものよりも望ましいかもしれない。例えば，自己選択した倫理的原理に基づいたモラル意識と，権力や名声への利己的な服従に基づいた意識とが区別されるように。そのような場合，因果関係の説明は，専門家が次のようにすることを可能にする。（a）クライアントの望ましい動機の発達の育成を手ほどきすることで環境状況を制御すること。（b）クライアントが，社会的環境の創造に対する責任をもつ自分自身または誰か，例えば，子どものために社会的環境を創造することに責任をもつ両親などの望ましい動機を促進しようとしている場合，クライアントに助言すること。特定の行為における行為者の意味と動機を理解すること（目的論的説明）と，行為や動機の原因を理解すること（因果関係の説明）との違いは，人間を理解することと，何が人に，彼が行為するように行為させ，彼が在るように在らせるかということを理解することとの違いである。前者は，人間のアイデンティティは多くの他者たちに似ているという観念がある一方で，個人としてはすべての他者と違うというクライアントの認識と自己認識を，専門家が理解することを可能にする。専門家がクライアントをステレオタイプ化する危険性は，こうした理解によって軽減される。

　機械技術者が鉄のような金属について理解することは，異なった立場を与える。鉄はかなりの量の物理的圧力によって曲げられて反応するが，それ自身の意識，意味，目的のために行為しているわけではない。技術者は鉄を理解するために，その物理的特性を理解する。鉄が曲がるかどうかの反応を理解するためには，使用状況における鉄の特性の中に原因を探す必要がある。zでなくxとyをなすための機械の設計には，機械技術者の一部にそのような理解を要求する。彼が鉄とのコミュニケーションを求めても，鉄からの理解は得られないだろう。しかしながら，人間の意味と動機についての目的論的理解は彼・彼女とのコミュニケーションを必要とする。

　人間に対する専門家の働きかけと物質や自然の対象物に対する専門家の働きかけの間の第2番目の違いは，それぞれにおけるモラルの意味にあると指摘された。この相違は明確でほとんど苦労を要しない。石や鉄のような物質に感覚はない。すなわち，知覚力も感情もない。鉄や石に働きかけても，それらに

は痛み，恐れ，苦しみ，喜び，満足感のどれももたらさない。一方，人間は感覚をもった生き物である。人間に対する働きかけは，人間に感覚的，知的感情をもたらす。人間は身体的，精神的苦痛と身体的，精神的幸福感を体験する。必要もなく痛みや苦痛を引き起こしたり，人間のアイデンティティ（アイデンティティの開発）の感覚を脅かしたりするような方法で専門的に行為することは，モラルに反すると一般的に考えられている。機械技術者の目的のために金属を使い操作することは受け入れられるが，対人サービスの専門家の目的のために，人を使い操作することはモラル上非難される。

対人サービス専門における知識については，すでに行われてきた分析に示唆される点がある。一つは，ここ数十年間，専門家が接してきた実証科学（自然科学や社会科学）の知識では不十分であるというものである。実証科学は，何が研究されるかについての機械的機能や価値の中立性という前提に基づいているので，そのような機械的見方は，人間に適用する場合，理論的欠陥がある。実証科学からの知識の応用は，何を研究するか，あるいは何を取り扱うかを制御することについての予測を前提とするので，そのような前提は，個人的，社会的行為の場合には理論的欠陥がある（人間は，自分の行為を自分で方向付けたり，再方向付けしたりすることができ，そのために技術的行為と実践的行為の区別に混同が生じる）。人間を操作することはモラルとして不健全である。説明科学と人文科学からの知識があるに違いない。対人サービス専門から修得される知識は，「人間的でグローバルで総合的」であることを希求するという基礎的特性を高めるものでなければならない。

対人サービス専門によって提供されるサービスは，個々のパーソナリティと社会的・文化的コンテクストの中で形成された歴史的自己をもつ人間に提供される。さらに，そうしたサービスを提供する人の社会的現実に対する個人的，主観的方向づけが，提供される専門のサービスに影響を与える。この専門家の個人的，主観的方向づけは，一人ひとりの人間と人間の社会，そして両者の関係について，彼・彼女が考えるグローバルな視野構成に起因している。人から人へのサービスにおいて，こうした概念のグローバルな構成が専門家とクライエントの相互作用に対して機能する。対人サービス専門は，共感や信頼や相互依存によって特徴づけられる人間関係についてのグローバルな視野を開拓しようとする。専門家の知識や技術的技能が，人を助けたいという願望，助けを必要とし，助けを求める人々への共感，解決策をさぐる上での相互援助の重要性への認識を伴わない限り，専門家のサービスは，失敗でないにしても低下するということが認識されるべきである。

対人サービス専門家のサービスは，概念と態度の橋渡しをすることにその基盤をおくことで，グローバルであるだけでなく総合的でもある。それは，彼・彼女の知識，技術的技能，個人的価値，そしてグローバルな視点を，専門家のサービスが組み込まれる社会的・文化的現実とともに統一化する専門家がなす精神的総合化である。この総合化はクライエントを社会的・文化的・歴史的コンテクストと問題解決の探求に組み込んだ，特定の問題状況のアセスメントに位置づけられる。

要　　約

これまでの分析の目的は，専門，あるいは使命志向研究分野，とりわけ対人サービス専門としてのホーム・エコノミクスと〈教育〉の本質を明らかにすることであった。これらの点をホーム・エコノミクスと〈教育〉について次に要約する。

1．両分野とも，訓練された知的努力に基づいた活動（何かをする）に向けられている。しかし，知的努力に対してだけに向かうものではない。

2．その活動は，社会のメンバーがもつ問題の解決に関連している。だから，専門外部からもたらされる（これらの定義は，専門の内部でさらに明確に述べられるはずである）。これらの問題は，一つの学問内で発生し解決されるのではなく，学際的な知識を必要とする。それらは狭い問題でなく，その解決が社会に及ぼす影響と重要性において幅広い問題である。

3．〈教育〉やホーム・エコノミクスを実践する者は，対人サービス専門であるために次のことを行う。

a．クライアントのパーソナリティーの変化をもたらす職務を自分自身に対して設定する。

b．クライアントとの関係において，クライアントとともに解決策を模索し，相互の尊重，相互依存，信頼，愛情の雰囲気の中で専門家とクライアントの双方についての批判的熟考を期待し，こうした相互依存性を反映する方法で職務を遂行する。

c．専門家の行為における重大なモラルの意義と義務を認識する。

d．クライアントと社会のために各専門家の行為を成し遂げるよう目標や目的について価値判断する。

4．強調点は，関係する問題を解決するために既存の知識を組織化することにある。そのような知識は，一連の問題の解決に何か貢献できればどのような学問からも選び出される。新しい知識をみつけることよりも，既存知識の間隙を

埋めるような活動が大切である。こうした活動は，関与する問題を解決するために必要である。
5．ホーム・エコノミクスと〈教育〉に要求される知識は，サービスが提供される目的，それらの目的を達成するために使う手段，および，現在の目標と実践の基礎にある諸価値についての価値判断を高めるものであるべきだ。そのような知識は，モラルに対する理解の深さだけでなく，社会的・文化的・歴史的コンテクストの中の個人としての人間が含意することと，その動機を理解するために役立つ知識でもある。それはまた，関与する問題に関する因果関係説明のための知識も含み，こうした関与が望ましいと判断される目的のための技術や手段の基礎を提供する。
6．対人サービス専門として，ホーム・エコノミクスと〈教育〉は，専門家とクライアントの人的相互関係を含んでいる。提供されるサービスの質には，修得された知識や技能だけでなく，個々の人間，社会，および両者の関係についての専門家による推定も組込まれる。したがって，対人サービスにおける専門家にとって，客観的知識と技能だけでは十分ではない。客観的知識と技能を用いてこれらのグローバルな視野を総合化するとともに，グローバルな個人を育成すること，他者に対して総合的で信頼に満ち相互依存的である主観的態度を育成することが必須である。

第3部　専門と研究分野としてのホーム・エコノミクス

　第2部における前述の分析の意図は，研究分野の中でホーム・エコノミクスと〈教育〉を分類することであり，そこでは，ホーム・エコノミクスについてのある仮説がたてられた。これらの仮説は次のようなものである。(1)ホーム・エコノミクスは学問というよりもむしろ，専門分野である。(2)ホーム・エコノミクスは，専門の中では対人サービス専門である。第3部の最初の部分は，ホーム・エコノミクスの歴史的文献から，これらの二つの仮説を文献考察することに当てられる。
　以下，二つの仮説について専門知識を収集する場合，歴史的に把握された概念を再度引用し，詳しく述べながら対人サービス専門としてのホーム・エコノミクス特有の方向性を検証することにしよう。残念ながら，歴史的文献においては，入念な概念分析は行われていない。歴史的に，レイク・プラシッド会議から今日まで，ホーム・エコノミクスの矛盾した意味と概念についてのもっともらしい説明と，この分野の隠れた合理性が存在してきた。これらの矛

盾を取り扱うことは，本論文の範囲を超えている。ここでの試みは，弁証法的に検討することで，専門的研究分野のための知的な基準や手順を用いることで（うまくいけば）防御できる確実な概念化を選択し，組織することである。これらの概念化は，一般性のレベルとは異なっている。第一には，範囲が最も狭いというのが，ホーム・エコノミクス特有の概念化である。すなわちそれは，目的，疑問，内容から成る。概念化のより一般的な水準は，人間の個人あるいは集団の研究に関連した知的努力をしている他の分野と共有されている。理性的な人々がみれば，より一般的な概念化から特定の分野についての概念化へ移るかどうか，あるいは特定の分野について明確な概念化を行うことが，より一般的な本質についての確実な仮説をつくるということを認識しているかどうかというように，二つの水準間には論理的な関係がある。概念化はホーム・エコノミクスについての諸観念が基礎とする理論的背景なのだから，はじめにより一般的な概念化を示していこう。

専門として歴史的に概念化されたホーム・エコノミクス

ここでの関心は，ホーム・エコノミクスがいくつかの一連の規準によって専門の地位を達成してきたのか，あるいは単なる準専門なのかという観点から，ホーム・エコノミクスを**評価することではない**。目的は，ホーム・エコノミストが自らに課してきた仕事の種類という観点から，分野を歴史的に分類することにある。これは単なる学究的な行為ではなく，この分野の明確で適切な概念化と指針を与えるものであり，したがって，すでに指摘されてきた実践を為すことである。

ノーソウは，データの主要な資源として30年から40年分の『**アメリカ家政学会誌**』を用いた，ホーム・エコノミクスについての社会学的研究の中で，ホーム・エコノミクスは専門であるべきこと，専門としての地位を達成すべきことを明らかにした（第2部で引用されたように）。ラーソンは，ノーソウが扱ったものより前とそれ以後の文献を調べることで，アメリカ合衆国のホーム・エコノミストが時を超えて，常に自分たちの分野を専門サービスの一つであると考えてきたことを歴史的に詳述した。読者は，以下の本論文とともに，これら二つの研究を検討することができる。本論文の主な目的は，ホーム・エコノミクスの歴史的研究ではないので量は制限されている。以下に挙げられているものは，ホーム・エコノミクスの専門志向に関する歴史的文献からの引用である。文献は，強調されている事柄に従って，次のカテゴリーに組織化される。

（1）用語「プロフェッション」の利用，あるいはサービスまたは行為への言及，

(2)ホーム・エコノミクスが関わる問題や疑問の本質への言及，(3)ホーム・エコノミクスの内容を構成する知識の源泉あるいは本質への言及。

「専門」，サービス，行為への言及

「専門」あるいは「専門家」という用語は，ホーム・エコノミクスの歴史的文献を通じ，分野の本質を明確化する際に現れる。ホーム・エコノミクスに関する最初のレイク・プラシッド会議 (1899) では「新しい専門」としてのホーム・エコノミクスへの言及があり，第2回レイク・プラシッド会議では「家庭経済と社会経済の専門学校」への言及があった。1917年の**『家政学会誌』**の論説は，ホーム・エコノミクスにおける「専門の働き手」に言及した。マリー・E・スイーニーは，1921年，会長演説の中で，「ホーム・エコノミクス専門」について語っている。エフィー・I・レットは，1935年，退任声明をするにあたって，次のように書いた。「私たちは，それ（ホーム・エコノミクス）が帰属する課題別グループを明示するために応用的，あるいは専門的という用語を用いるであろう。それらグループが課題を統合する基盤となる哲学の規準は，人間の問題を解決するということにおかれる。一般教育の広く文化的な基盤と，目的や関係を理解する哲学の含意があるために，専門家というのが好まれている。」

カナダのホーム・エコノミクスにおけるエディス・C・ロウルズによれば，カナダのホーム・エコノミストもまた，自分たち自身を専門家グループのメンバーと考え，その分野を専門とみなしてきた。彼女の研究は，ホーム・エコノミクスの学位課程をもつカナダの六つのカレッジ・プログラムの初期の歴史についてのものである。そのうち五つが，そのようなプログラムをもつ最初のカレッジであった。

アメリカ家政学会は，1909年から1953年までのさまざまな声明の中で，専門の目的に関心を寄せてきた。すなわち「家庭における生活状態を向上させること」「個人や家族の福利の達成，家庭の改善，家庭生活にとって重要な価値の維持等に協力すること」などである。「向上させること」と「達成に協力すること」は，行為の方向づけを内在しており，それゆえに専門の目的を内在している。

『ホーム・エコノミクス：新指針　哲学と目標に関する声明』(1959) は，専門としてのホーム・エコノミクスと，専門家としてのホーム・エコノミストに明確に言及している。それは，さらにサービスと行為という点からホーム・エコノミクスを定義している。すなわち，「ホーム・エコノミクスは，第一に家族生活を強化することに関する知識とサービスの分野である…」。

一つの分野としてのホーム・エコノミクスが一つの専門であるということは，マッグラスとジョンソン（1968）によって明白に言及されているだけではなく，ホーム・エコノミクスについての彼らの研究報告書のタイトル「ホーム・エコノミクスの変化する使命」にも含意されている。研究分野の間では，サービスや行為に使命をもつのが専門（純粋な学問とは区別された）であり，この使命をめぐって特定分野の人々の仕事が組織されている。

　より最近では，ホーム・エコノミクスの専門としての方向づけは，「ホーム・エコノミクス：一つの定義」の中でブラウンとポルーチによって，またこの論文に対する応答者による「定義されたホーム・エコノミクス」についての全国や地方のフォーラムで詳述されている。

ホーム・エコノミクスが関わる問題の本質

　ホーム・エコノミクスに関する最初のレイク・プラシッド会議への招待状は，1899年，すでに家事経済の仕事に関わっていた人々へ送られた。その会議では，「ホーム・エコノミクス」という用語が，「家庭の重要な社会学的問題」と関連しているとみなされ，「すべての一般的課題にとって好ましい名称」として選ばれた。1900年のレイク・プラシッド会議では，イザベル・F・ハイムスの演説の中で，「家族…とその問題」に関連したものとして，家事経済に必要と考えられたある代理機関（ルイザ・M・アルコット・クラブ）の仕事に言及された。この同じ会議で，ヘンリエッタ・グッドリッチは，「社会の福利の一部」である「家庭の福利」に関する仕事に向け，専門家を養成する大学院としての「家庭経済と社会経済の専門学校」について述べた。引き続く1901年から1908年のレイク・プラシッド会議を通して，ホーム・エコノミクスの研究の焦点として，家庭や家族が経験する問題に言及された。

　1911年の著述の中で，エレン・H・リチャーズは，ホーム・エコノミクスに「家庭や子どもの福祉を，断崖から滑り落ちることから守るという努力」という仕事を委ねた。家庭の「経済的意味と同様に倫理的な意味」と彼女がよんだものに関連して，家庭に直接関係する社会的な重要問題が強調された。すなわち「人間は自然への支配を…獲得した。しかし，やがて，彼は自分の問題を前にして座りこみ，それについて，自分は何をしようとしているのだろうかと問うだろう」。

　先にエフィー・I・レットについて，ホーム・エコノミクスは他の専門のように「人間の問題を解決することを規準として」を用いることで知識を統合すると，彼女が1935年に述べたことが引用された。これらの人間の問題は，ホーム・エコノミクスの場合，「私たちが捜し求めている目的，すなわち，家庭と

家庭生活の向上」と関連づけられている。「家庭問題」についての専門的な認識と「それらを解決すること」に対する敏捷さは，1948年にキャサリン・アルダーマンによって示された関心事であった。ジャネット・A・リーは，「ホーム・エコノミクスにおける統一の探求」と題した論文の中で，「…私たちは，私たちの統一性が，家庭や家族の問題への私たちの関心に由来することを主張する」と述べた。

さらに文献を加えることが可能だとはいえ，上記の引用が，ホーム・エコノミクスが関わる問題あるいは疑問の本質についての典型的な言及である。それらは家庭や家族の問題，すなわち，専門の外部に起因する問題や疑問を解決するというホーム・エコノミクスの使命志向を反映している。それらは単一の学問においてよりも，むしろ全体として明確にされ，扱われるべき問題である。それらの解決は，学問による知的努力に限定されずに，訓練され，情報に通じた思考をもつ専門家の行為を通して達成される。

専門のための知識の源泉あるいは本質

分野の歴史をよく知っているホーム・エコノミストは，しばしば1902年にレイク・プラシッド会議で定式化された定義（あるいはその部分）を引用する傾向がある。この特別の定義はホーム・エコノミクスの内容，あるいは知識の基礎を取り扱っている。それ自体では，ホーム・エコノミクスの十分な本質を完全には明らかにしていない。しかし，レイク・プラシッド会議の議事録からの他の声明が，専門としてのこの分野の認識に（また，葛藤している認識に）さらなる光を投げかけている。1902年定義は，ある個所で，次のように述べている。

> 完全な定義を形作るにあたり，…ホーム・エコノミクスを哲学的課題，すなわち，関係の研究とみなすことが可能かもしれない。ホーム・エコノミクスは，経済学，社会学，化学，衛生学やその他に依拠しており，本来経験的で，**出来事**や現象にかかわっている。

ホーム・エコノミクスを「哲学的」とよび，その上で，それが経験科学に依拠していることを示すことには，混乱があるようにみえるかもしれない。たとえ，1902年の定義の考案者が唯物論の哲学的パースペクティブに傾倒していたとしても（そして，そうであったという証拠があるが），その声明は混乱している。唯物論の立場は，一つの学問になるという意味においてではなく，実践における統合という意味において，哲学と科学の統合を求める。すなわち哲学は，科学を正し，科学の学説が絶対的あるいは独断的になるのを避けるために用いられる。「一方では，人間の直接的な物的環境，他方で社会的存在としての人間の本質に関わる法則，状態，原則，理想の研究」，そしてこれら二つの要素間

の関係（1902年定義の一部分が示すように）の研究であることにおいて，ホーム・エコノミクスは，一定の経験科学（その中には，当時，カレッジや総合大学で確立されていなかったために経験科学に入らなかったものもある）とともに，確かに哲学を含もうとした。しかしながら，上述の定義声明がいかに複雑で不完全なものであろうと，それは，いくつかの学問分野から知識を引き出すことへの関心を示している。

　ホーム・エコノミクスの専門のための知識が多くの学問からきていることは，長年にわたり，他のホーム・エコノミストによって指摘されてきた。1931年，ヘレン・アトウォーターは，「仕事の異なった系統のホーム・エコノミストにより，さまざまな方法で適用された……異なった基礎的な科学や芸術からの」知識の必要性に言及した。ホーム・エコノミクスの哲学と目標に関する委員会は，**新指針**（1959）の中で，「ホーム・エコノミクスは，自らの研究により，自然科学，生物学，社会科学および芸術から引き出された知識を総合し，この知識を家族と個人の生活を向上させるために用いる」と記している。ジャネット・A・リーは，1963年に，「学問横断的な，また学問の間にある知識の統合」について書いた。「ホーム・エコノミクスの焦点と展望」（1965）の中で，セルマ・F・リピアートとヘレン・I・ブラウンは，ホーム・エコノミクスについて「研究分野としての独自性は，その統合力にある。なぜなら，それは，多くの学問の基本的な原理を利用し，それらを複合物として，個人や家族が毎日の生活で直面する問題を解決するのに適用するからである」と書いた。いく人かの初期の著者たちと違って，彼女たちは科学を適用できない人間の問題側面があることを認識していた。

　学問における知識と専門分野における知識の区別を非常に明確に述べ，専門分野における知識は，「その特有な分野内で生じる人間の問題の解決に，直接的，間接的に関わることにより統合された重要課題」に関わると，1935年に述べたのは，エッフィー・I・レットであった。さらに続けて彼女は言った。「私たちの重要課題を統合するための哲学は，機能的であることを基盤としている。それゆえ，私たちは，習得されるべき内容よりも，むしろ目的という点からみて，私たちは私たちの目標をはっきりと述べなければならない。…私たちは機能しない知識を私たちの分野のために要求することはできない」。

　本節をまとめるにあたり，このホーム・エコノミクス分野内の人々やそれを詳しく研究してきた幾人かの外部の人々によって気づかれたように，ホーム・エコノミクスは，学問としてよりもむしろ専門として歴史的に概念化されてきたことが指摘できる。それは明らかに学問とは区別されて，専門とよばれてき

た。学問とは異なるサービスや行為の分野とみなされてきた。その疑問や問題は，社会の問題あるいは，より具体的には家庭と家族に関する問題として指摘されてきた。そのような内容は，多様な学問分野から引き出されたものであると認識されてきた。また，そのような内容の選択と組織化は，その専門が解決方法を探している問題によって決められてきた。

　以上のような結論を引き出すことは，矛盾する見解が存在しなかった（そして今も存在しない）ということをいっているのではない。これらの矛盾する見解は，明確化され，評価されることを必要としているが，この仕事は本論文の範囲を超えている。

　本節を終える前に，他の二つの点が立証される必要がある。一つは，専門と研究分野のカテゴリーの普遍性水準に関わることであり，もう一つは，知識あるいは内容の統合に関わることである。

　専門としてのホーム・エコノミクスに関して言えば，いく人かの人々はホーム・エコノミクスの中には，例えば，家庭科教育などがその一つであるように，いくつかの専門があるといって反対するかもしれない。しかしながら，専門のカテゴリーは，私たちが，医学の中に副次的な専門があるにもかかわらず，医学というように，より一般的な意味で用いられ得るだろう。研究分野のカテゴリーについてもそれと同じことがあてはまる。一般性の高いレベルで用いられる場合でも，広い研究分野には下位カテゴリーあるいは専門領域があるであろう。ここでの意図は，ホーム・エコノミクスが専門的実践家についてただ一つのカテゴリーをもつとか，内容の統合がただ一つの研究舞台（広い一般的分野のような）をもつことを意味する，といったことに言及しようとするものではない。家庭と家族に関する問題は，それらの問題と解決を探究する実践者が必要とする課題が解決するのに伴い変化する。しかしながら，ホーム・エコノミクスの専門内分業は，準専門が分け持つ共通の一般的（しかし明確な）目的の重要性を排除するものではない。またそれは，それぞれの専門領域における準専門を，それが取り扱う種類の問題を理解し解決するために必要とされるような，さまざまな学問からの知識を統合することから免れさせるものでもない。知識の統合は，人間の問題が一つの根源学問の中にその定義と解決策をもつという非現実的な理念とは相容れない。例えば，栄養の問題は，単に生化学の問題ではない。それらは，それらの根源（学問）と解決策を，社会心理学，経済学，政治学，心理学，文化人類学，哲学，歴史，そして言語コミュニケーションの中にさえ，もっているのである。

対人サービス専門として歴史的に概念化されたホーム・エコノミクス

　予備的な分析(第2部)における2番目の仮説は,〈教育〉と同様にホーム・エコノミクスが,非対人サービス専門や科学技術とは区別される対人サービスであるということである。この点は非常に重要で,それは概念的にも実際的にも明確に区別されなければならない。この二つの事柄の区別に失敗すれば,一般の人々と同様,ホーム・エコノミストの心の中でも,ホーム・エコノミクスとは何かということをあいまいにするという帰結をもたらすだけである。第2部で到達した二つのタイプの専門の区別は,本節では歴史的に文献を検討するための要点として利用される。

ホーム・エコノミストが自らに課した仕事

　対人サービスの専門家は,クライエントの身体と人格における変化に影響を与える仕事を自らに設定している。彼らは,人間の本性を利己的,支配的,競争的,攻撃的,搾取的,操作的なものと考えるよりもむしろ,自分たちの仕事において「人間の利他的‐協力的‐従順的‐奉仕的‐援助的‐情愛的志向」を強調することからみて,人間志向的でグローバルな見解をもっている。ホーム・エコノミクスの歴史において,分野を対人サービスの一つとみている専門のメンバーが存在してきた。

　ヘンリエッタ・グッドリッチによって,1902年,ホーム・エコノミストのための選択がなされた。ホーム・エコノミクスの目的を達成することについて話しながら,彼女は次のように言った。

> 　この目的を達成するために二つの攻撃路線がある。一つは,現在の産業状態と倫理的規準との有機的で倫理的な所産となるような家庭を創造することであり…「それが実行可能であることを示」し,しかも家庭として著しく成功を収めることである。これは目的的方法である。それが,興味をもつ少数の人によって取り組まれ,結果が上首尾であれば,その結果は不活発な人々やまだ無関心な多数の人々のうえにも積み重ねられる。

> 　同じ目的を達成するための他の方法は,人間は自らのためにより高い基準を望むだろうというように,一般的な生活基準を変えることである。彼らが,自ら家庭の理想にとって不可欠なものと単に表面的,伝統的,偶発的なものを区別するように仕向けよう。もし必要なら,彼らは進んで後者を犠牲にし,前者をより十分に表現することを彼らの望みや権利として求めるであろう。

　文献の中では,グッドリッチがどちらの選択肢を支持したかは明らかでない。

しかし，彼女はエマーソンを次のように引用した。「すべての人間にとっての鍵は，その人の考えである…人は，自分自身を支配する新しい考えを自分自身に示すことによってだけ改革できる」。エマーソンからの引用とグッドリッチ自身の言葉の両方に，人々の考え方や感じ方（あるいは性格）を変え，それによってサービスを受ける人々が，自分自身の行為を家庭と家族に関する事柄のほうに向けるようにする，というホーム・エコノミクスの意図が内在している。

　扱われるべき仕事の本質に関する何かが，1899年に分野のために選ばれた名称，すなわちホーム・エコノミクスにも反映されている。この用語を選んだことに表現された期待は，「しばしばより大きな名称のもとで教えられた単なる家事技術と混同される」ことからこの分野を守ることであった。初期のホーム・エコノミストによって使用された用語「経済学」が古典的意味をもっていたことが想起されねばならない。英語の「経済（economy）」は，家経営を意味するラテン語「oeconomia」と，家の経営あるいは秩序を意味するギリシア語「oikonomia」に由来している。「経営する（manage）」は，種々の意味をもっている。一つは，目的に到達するための賢明な方法を統制すること，あるいは，それを用いることである。しかし，別のより広い意味は，一定の事柄を管理することである（そして，統制モードではなく事柄の管理モードがある）。英語の「家（household）」は，一つの屋根の下で家族として住む人たちを指しており，初期のホーム・エコノミストは，一緒に住む家族によって形成される社会的単位または中心を強調するために，「経済学(economics)」に「家庭（home）」という言葉を加えた。前者は，行いについての明確な目的と規範をもった自立的メンバーの組織化あるいは社会秩序に関する意味を伝える。家族の社会的秩序の中には，社会生活へと繋がる精神的プロセスを強調する含意がある。エレン・H・リチャーズは，「人間の心を育てることが家庭において最もよく達成される限り，家庭という用語が私たちのタイトルの最初におかれるであろう」と言った。これらの精神的過程は，生物的維持や生命の再生産に限定されたものとはみられておらず，どのような生活が「良い生活」であるかを決定する過程を含むものであった。トーマス・D・ウッドは，1902年に，「**家庭は，人類の継続と人間社会と文明の発展**にとって大変重要な，貴重な資質を発達させ，伝達できる場所と考えるべきである」といった。1907年，ベンジャミン・アンドリュースにより，次の声明がなされた。

　　　家庭と家族は，基本的に物的なものではない…私は家族生活における精神的なものの大きさをはっきりと指摘したい。すなわちそれは，家族生活に構造を与え，家族の中の個人を統制する習慣，態度，人間関係を含んで

いる。さらにそれは，家族生活の満足感を構成する感情，感謝，個人的価値を含む。

　名称を選ぶ際に思い描かれたホーム・エコノミクスの仕事は，家族生活の社会的‐精神的過程に対する専門的関心を含んでいた。

　ホーム・エコノミストの仕事が対人サービスに関係していることは，後に，ホーム・エコノミクスのカリキュラムについての批評の中で，マーガレット・ジャスティンによって表明された（1929）。すなわち「カリキュラムのすべての部分に関して，『どのようにして，これは，個人が統合された人格となり，現代の身体的，精神的，社会的なストレスに抵抗できるように助けるのか』を問う一つの明確な傾向がある」と。『**ホーム・エコノミクス：新指針**』(1959)には，「家族が日常生活パターンにおける部分と全体の両方を形成するのを助けること」と「効果的な生活にとって好ましい条件を推進する能力と意志をもった，洞察力のある十分な知識をもった市民を発達させること」についての言及がある。

　ホーム・エコノミストはサービスを受ける人々を助けるというグローバルな見解は，アディントン・シモンズからの引用に基づいて立論したアリス・チョウン（1902）が次のように表している。「理性的存在としての人間の尊厳という新しい重大な概念の中に存在するヒューマニズムの本質…それは…幾分か，自己自身の最上の能力によって回復した意識の中で，人間によって考えられ，行われてきたすべてのことに対する統一点を発見する試みであった」。キャロライン・ハントも，ホーム・エコノミクスの課題に関して類似のグローバルなパースペクティブを表明した。

　　　内面的な概念あるいは型式が何を達成するにも必要な先駆者である。そして生活の成功は，行為がその精神的概念と一致する程度によって測定される…。

　　　人間が，自分自身の経験から，矛盾の中で正しい結論を導き出すことができるほど十分に頭脳明晰であるとき，進歩はやってくる…。

　　　ホーム・エコノミクス教育の最後の試金石は自由である…もし私たちが一つの生活を簡素化し，そしてそれ自身を表現するために，その中に，エネルギーを放出するならば，まさにその限りで，私たちは成功したことになる。

　ハントもまた，「知的再調整」ができ，「理性の吟味に耐えることができる価値」を形成でき，個人として「他の個人との協力を通して，社会の状態を変え，その結果，自分自身および他者の自由を増大させることができる」個人であり

うるものとしての人間に信念を表明した。

　リタ・ベインは，1928年に，ホーム・エコノミストが「その中で行われている過程は，効率とは全く異なる理由のためだ」という認識として把握し「家庭概念」について述べた。彼女はさらに次のように続けた。

　　　私たちは家庭を，愛情の絆によってともに結ばれた人々の居住の場所，互いの愛情，子どもへの両親の愛情および家族全員の間の愛情が育まれ，享受される場所，そして未成熟者が保護され，護られる場所…利他主義と他の価値ある特色が生み出され，養われる場所とみなすだろう。

　ホーム・エコノミクスにおける歴史的文献は，ホーム・エコノミストの仕事の詳細には限られた注意しか与えていないが，上記の引用のように，対人サービス志向が，少なくとも含意されている事例は存在する。

提供された関心

　キャロライン・ハントは，エレン・H・リチャーズの伝記の中で，家族と自由社会の利益が産業の威力によって脅かされているという，初期のホーム・エコノミストが感じていた関心を反映している。

　　　家庭の形態は，徐々に，しかし確実に変化しつつあった。しかしながら，それは内部からの知的な導きによるものではなく，外部からの圧力によるものであった。思慮を欠く者は，変化が進行し，変化が導くままであることを許すことに甘んじていた。しかし，思慮のある者は心配していた。

　エレン・H・リチャーズは，「すべての競争者を人間的であり得る水準に置く」法律を確保するために，「社会的，経済的状態を改善する努力」と「社会的精神と良心の教育」について記した。

　エフィー・I・レットによれば，「経済世界において，（ホーム・エコノミクスに携わる）私たちは消費者と同盟関係にある」。キャサリン・アルダーマンによれば，ホーム・エコノミストは「真に，世界中によりよい家庭を作り」「世界の福祉に貢献する」ことに関心をもっていた。『**ホーム・エコノミクス：新指針**』の中に，エレン・H・リチャーズの信条の一部についての言及がある。すなわち，「家庭と社会のより重要で不変的な関心のために精神を自由にしなさい」。近年のアメリカ家政学会組織は，学会の目的に次のような声明を含めた。すなわち，「個人と家族の福利の達成，家庭の改善，および家庭生活における重要な価値の保存。」

　上述したすべての中に，サービスを受ける個人と家族そしてより広い社会の利益に対する関心の証拠がある。科学技術とは異なり，ホーム・エコノミストは，それらの目的に達するために用いられる手段と同様に，求められている目

的のモラル上の正当化を批判的に意識すべきだという示唆がある。それゆえに，所与の目的を生み出す単なる技術的法則（応用科学）より以上のものに対する関心がある。人間的価値にも，また競争的利害に生きる人々の平等思考にも関心がある。

対人サービス専門としてのホーム・エコノミクスの方向づけ

これまで，主として，ホーム・エコノミクスを，訓練された知的努力の領域として確立されたものとして，学術的研究分野の中に分類することに注意が向けられてきた。対人サービス専門としてのホーム・エコノミクスについての歴史的文献においては，専門家の活動（家庭と家族）とその活動の目的（家族および家族と暮らしているか家族出身の個人の福祉あるいは福利）についての特定の焦点が明らかにされた。しかしながら，私たちの探求は私たちの分類に向かって，この点を超えて行かねばならないし，また正当化は完全ではない。というのも，私たちの概念は依然として，私たちがホーム・エコノミクスの意義が実践において何であるかを明らかにするには，あまりにも漠然としている。エフィー・I・レットは1935年に，「申し分なく聞こえる語句も，分析，評価，結論，手順形成がなければ効果がない」と，その用法について述べた。私たちの曖昧さは，私たちの理論的定式化と専門家の実践の両者における知性とモラルの混乱を招くだけだろう。それゆえ，ホーム・エコノミクスが関わっている問題や疑問，それらの問題に関わる分野の目的と使命，そして分野の内容を，より詳細に検討する必要がある。しかしながら，これらの分析に入る前に，分析，評価および引き出されるべき結論を導く前提と理論を明確にすることが適切であるように思われる。いくつかの前提や背景の概念化は，この論文の前節に含意されている。この点でそれらを明確にすることは，この論文の残りの部分で，私たちの論究がより首尾一貫したものになるうえで適切である。

それを意識するか否かに関わらず，私たちは，ホーム・エコノミクスは何かということについての立場を含めて，何らかの事柄についての妥当な立場を得るために，真正であるにちがいないという確かな仮説をたてる。私たちがある立場を合理的に保持しようとするなら，私たちはその前提を信じなければならない。合理的にある立場を提案するか擁護するとき，私たちの前提は私たちの提案あるいは擁護のための理論的根拠の一部となる。もし私たちの前提が真正でないならば，その時，私たちの立場は受け入れられないか，あるいは考慮すべき価値をもたない。

「理論」は種々の意味をもつ。漠然とその用語を使う人にとって，「理論」は

真正なものとして検証されなかったことを意味する。自然科学と実証主義的社会科学においては，理論は，一定の命題が他から演繹的に引き出されるために，互いに論理的に連結された，何らかの内容についての一組の事実からなる命題である。この体系的に組織された知識には，相対的に高い普遍性がある。そのような理論の妥当性は，引き出された命題が現実の事実と一致するかどうかに依存している。理論は，事実の解釈や新しい仮説の定式化のための概念枠組みとして役に立つ蓄積された知識である。この解釈において理論は，人間生活における現実的社会的機能をもっていない。すなわち，その唯一の機能は，それが生まれた孤立した研究領域の中にある。しかしながら，この科学的活動のタイプは，(これが，そこから独立していない) 歴史的人間活動のほんの一部であるに過ぎない。「理論」についての第三の意味は，理論が，比較的高いレベルの普遍性 (しかし演繹的に組織されたものではない) についての知識構成だという考えと一致する。それはまた，理論は，感覚経験の解釈および仮定された関係の形成に貢献するという考えと一致する。そしてこの意味において，「理論」は行為の基礎として，換言すれば，行為を基礎づける根拠において用いられる。それゆえ，理論化は科学者だけの仕事ではない。概念の体系をもち，自分がその一部分である社会的自然的世界との相互作用の中で形成されたすべての人は，彼が見聞することの解釈を導くために，また見聞することを導くためにすら，この概念のパターンを (時には意識せずに) 用いる。これらの理解と解釈は，彼の行為の根拠とあらゆる行為の結果の評価の中に選択的に入りこむ。それゆえ，理論はあらゆる行為の中に内在している。(実証されない単なる意見や考えとは区別されるような) 根拠と合理的熟慮に基づく知識をもって，行為に内在する理論を明確に把握することは哲学的熟考を必要とする。

　前提と背景をなす概念化に言及するために，ここで用いられるのは，理論の三番目の意味である。これらは，ホーム・エコノミクスにおける実践あるいは行為に関する次節の論述についての理論的根拠を形成する概念パターンとして，ここに提示される。この論述は，それがホーム・エコノミクスとホーム・エコノミクス教育の概念化が演繹的に推定される元となる幾組かの究極的で絶対的な信念となるようにと意図されたものではない。理論的な原理として，それは，それ自体としては重要でないが，この時点でホーム・エコノミクスを明らかにするという課題を意識的に導く助けとなる。それは，家族，現代的社会的要因そして知識についての現代的視点を解釈する本著者の能力によると同様，歴史的にも条件づけられている。

7. 私たちの知的生態学
―ホーム・エコノミクスについての考察―

（第81回 AHEA 年次大会（テキサス州サンアントニオ）記念講演，『家政学会誌』
1990年秋，所収，p.41-47）

キンゼイ・B．グリーン

グリーン博士はオレゴン州立大学（コーヴァリス）家政学部長。1975年から1984年まで AHEA と AHEA 基金の役員。この講演はニュートラ・スィート社が費用負担した。

　知性とは，人間だけがもっている特質である。知的な人間はじっくりと調べ，考え，疑問をもち，学説を立て，批判し，想像する（Hofstadter, 1969）。生態学は有機体と環境の関係についての学問である。さまざまなタイプの生態学―知的生態学，経済的生態学，社会的生態学，地理的生態学，生物的生態学，人口学的生態学―が存在する。それらすべてが相関関係にある。この論文の焦点は専門のための知的生態学にある。それゆえに本論文ではホーム・エコノミクスがどのような内容で，周囲といかなる関係を保っているかを考察している。その位置づけや方法ではなく，ホーム・エコノミクスとは何か，なぜホーム・エコノミクスなのか，それがこの研究の重要な関心事である。

本質的コア：主題
　本文の主題は四つの項目に分かれる。それらは相関的で，かつ同等な関係にある。
1．ホーム・エコノミクスの本質的コアは**家族機能**である。家族と個人，そして家族とコミュニティとの相互関係は家族機能の環境を形成している。
2．ホーム・エコノミクスは一つの専門であり，専門についてのすべての規準に従っている。
3．ホーム・エコノミクスは批判科学である。
4．専門，研究分野，批判科学としてのホーム・エコノミクスの使命は，家族が互いに依存しつつ機能するように能力強化し，個々人が家族機能を果たすようにすることにある。

7-1　変わらぬ家族機能

　ホーム・エコノミクスの展開の中で，家族は中心に位置してきた。それは1842年のキャサリン・ビーチャーの著書とほぼ同時に早く出現した（Beecher, 1842）。家族は一人歩きを始めたばかりの学問のコアとして，レイク・プラシッド会議でずっと強調され続けた。

　　　家族は，生物学的にも社会学的にもすでによく知られており，最も重要な人間の制度である（Wood, 1902）。

　　　レイク・プラシッド会議における論議の中心は，コミュニティの中心的制度，すなわち家族である（Henderson, 1902）。

　　　ハント女史はホーム・エコノミクス分野の内容について，家族集団が，社会資源，自然的富，人間エネルギーを用いることと定義づけている（Lake Placid Conference, 1904）。

　ただ一つの例外，『一般教養とホーム・エコノミクス』（Lee, 1963）を除いて，ホーム・エコノミクスについて過去80年間に書かれた著作は，家族をその研究と実践の概念枠組みだと断言している。例えば『ホーム・エコノミクス：新指針』（1959）から抜粋した次の文章をご覧いただきたい。

　　　ホーム・エコノミクスは，まず第一に家族の生活を豊かにする役割を担った知識とサービスの分野である。

　初めから分野は次のことを優先事項の中心においてきた。すなわち，それは，家族とはその一人ひとりが成長し，生産的で，報われ，満ち足りた生活を営むための基本的学習を行う環境だということである。分野のリーダーたちの近年の使命声明は，このように家族に中心をおくことを再び主張している。

　　　私たちはこの焦点が，現時点で考え得る他のどの説より，適切であるばかりでなく，良いと信じている（McGrath and Johnson, 1968）。

　　　ホーム・エコノミクスの論点は，あらゆる形態の家族である…。ホーム・エコノミクスは家族を，一人ひとりのための養育と保護，再生の主な源であると考える…。この視点から，ホーム・エコノミクスは，人間とそれを取り巻く環境とのバランスに，最大限の効果をもたらすために，家族を媒体として機能する…。ホーム・エコノミクスのコアとなるものは，家族のエコシステムである（Home Economics: New Directions II, 1975）。

　　　ホーム・エコノミクスの使命は，家族が個別の単位として，また一般的には社会制度として次のことを導くような行動システムを確立し維持できるようにすることである。(1)個人の自己形成における成熟，(2)社会的目

標とそれらを達成する手段の批判と形成に協力的に参加するよう啓発されること（Brown and Paolucci, 1979）。

　家族への関わりは昔からずっとホーム・エコノミクスのコアであり，これからもその中心であり続ける（Hawthorne, 1984）。

　ホーム・エコノミクスの過去のプログラムは直接家族とつながっていた。一方，現在のプログラムは，家族機能に直接関わっているか，そこから派生しているかのどちらかである（Bailey and Firebaugh 1986）。

この分野の知的な枠組み，すなわち専門の実質は次の基準と一致しなければならない。
・ホーム・エコノミクスの歴史的，哲学的発展との一致
・内的一貫性をもった思想の論理的前進
・他の研究や専門に対する独自性
・知識そのものの発展や実践のための組織的構造としての有益性
・しっかりとした研究をもとにした健全な論理
・実践への適用性，すなわち社会的，経済的，政治的，人口学的環境において変化を引き起こす能力

　その使命は変わらない。変わるのは特定の論点，問題，資源，そして過程である。

　本論文の主旨は次のようなものである。ホーム・エコノミクスの使命は，家族が互いに依存して機能することができるようにし，個人がどこにいても起こる日々の役割を果たすことができるようにすることである。この概念枠組みが，私たちの知的生態学を構成している。この枠組みは前述した判断の規準と一致し，この分野の歴史的，哲学的進化に忠実である。

　この使命を遂行するための特別なカリキュラムと実践は，学習者のニーズと進歩のレベルに応じて展開され，政治的，経済的，人口学的，社会的環境の実体に応じて展開する。構成や内容の詳しさの程度にかかわらず，次のような概念が関係している。
・構成人数の決定
・家族資源の管理，特に時間と金と空間
・扶養家族の保護
・生涯を通じた役割の変化
・社会システムとしての家族
・経済システムとしての家族
・家族エコシステム

- 地域資源の使用
- 地域への貢献
- 互いの影響力，すなわち家族とその一人ひとりの進歩
- 住まいの確保と手入れ
- 衣服の確保と手入れ
- 栄養のある食事
- 持続可能な社会
- 家族の機能に関わる商品やサービスのデザイン，創造，提供
- 相互依存の管理
- 最適な健康と福利
- 危機と問題の予防
- 機会，アクセス，保護の平等

　代わりになる概念枠組みの試みがある。すなわち，家庭科学，家事経済，人間生態学，家族役割に関する女性教育，消費者科学，人間発達，家族生活，家庭経営，家庭の生産と消費，人間環境科学等がそれである。ブラウンは，レイク・プラシッド会議の討論におけるリチャーズのカリスマ的影響力が，家庭機能の管理と効率の良さへの過度の関心の原因となったと記している（Brown, 1985）。ヴィンセントとバデウィグは二人とも，産業革命と同時に生じた家庭外の労働力となった女性の運動を強調することに立ち返っている（Vincent, 1908; Budewig, 1964）。

　私たちはカレッジや総合大学のプログラムを説明するのにちょうど良い名称のために「激しく揺れ動いている」。この動揺は，私たちの研究が質的な全体をもちつつ，正確に専門を伝え，成長と変化を認める組織的枠組みを探していることの前兆である。いろいろ試みられたが，家族役割の枠組みだけが時間が経っても変わらずに残り，指定されたすべての規準を満たしている。筆者は，マッグラスとジョンソンがこの枠組みを強調して評価していることに同意している。「私たちはこの焦点を適切であるだけでなく，現時点で考え得るどんなものより好ましいと確信している。」（McGrath and Johnson, 1968）

　過去のホーム・エコノミストたちは，非常に自由に家族を定義してきた。家族の役割，責任，機能は，その構造と形態を超えて常に優先されてきたということを記しておくのは大切なことである。こうした傾向は1975年，『ホーム・エコノミクス：新指針Ⅱ』の出版によって定式化された。その中で家族は次のように定義づけられている。

　　…資源を共有し，決定に対する責任を共有し，価値と目標を共有する，ま

た時を超えて互いに献身し合うような，二人あるいはそれ以上の人々。家族とは「わかりきった」精神的風土である。家族を最も特徴づけるのは，血縁，法的結びつき，養子縁組，あるいは結婚ではなく共有と献身のこのネットワークである。

結論として，家族が機能を果たすよう能力強化することは次のような枠組みを作ることである。すなわち，内包と排除の双方の決定のための境界を明らかにし，研究分野のための健全で効果的な概念的基礎の批判規準に最も適合し，専門と批判科学の他の特質に最も矛盾のない枠組みがそれである。

7-2 専門としてのホーム・エコノミクス

学問，職業，職域，仕事，研究分野，本職とは区別される専門についての評価規準には，コンセンサスがある（Brown and Paolucci, 1979; Flexner, 1915; Cogan, 1953）。評価基準およびそれらにホーム・エコノミクスが適合する範囲は，表のとおりである。

ホーム・エコノミクスが使命により方向づけられることは明らかである。すなわちそれは，公益のために社会に有効なサービスを提供する。家族の問題と向上心に応えるためには社会科学，人文科学，自然科学の分野から知識を引き出

表Ⅳ-1　専門としてのホーム・エコノミクス

評価規準	適合程度
使命による方向づけ	高位
内面の規律	高位
論理的であり実践的である	高位
研究に基づく	中位
代弁者としての学会	中位
自己統制	低位

す学際的アプローチが必要である。リーとドレッセルは，ホーム・エコノミクスを組織化するために多くの選択肢を概説した。その中で一番効果的なものは，家族の中にしっかりと根を張った下位の専門領域をもつ統一された分野となることである。学際的な研究の論理的，実践的アプローチは家族を能力強化するという使命に従うことを義務とする。この分野は高い知識の研究をすることで成長し，特に社会科学に基礎を置く研究が増すことで成長する。

ホーム・エコノミクスは1909年にアメリカ家政学会が設立されて以来，専門家たちの組織を持ってきた。学会が代弁者として意見を表明し指導し，あるいは追随し，あるいは行動するかどうかは課題や状況によって変化する。

ホーム・エコノミクスは自己統制の規準にうまく適応できていない。ほんのわずかな割合の機関が学士認定のプログラムに関与しているだけである。大学院プログラムを評価する正式な機構はない。個々の認可プログラムは，あまり

年数が経っていないので，社会や消費者にその価値を示すことができない。専門としての倫理規定はまだない。それゆえに専門的な自己統制の標準的な様式は調整されておらず，説得力に欠け，大部分が無視されている。

本物の専門になる過程は徐々に進化している。ホーム・エコノミクスが進化し成熟してゆくにつれ，専門として評価基準を徐々に満たしてゆくだろう。

7-3 批判科学としてのホーム・エコノミクス

ホーム・エコノミクスは，経験科学，経済学，社会学，そして（過去数十年はあまり必要がなかったが）健康，衛生，衛生施設等から発生し，そして・あるいはそれらを構成部分とするものとして，さまざまに表現されてきた（Brown, 1985; Budewig, 1964）。初期のレイク・プラシッド会議の参加者たちの間では，家族と家庭に関し，経済，政治やモラルといった社会的側面を強調するか，または科学と管理を強調するかで意見が分かれた。タルボットとアンドリュースは美的側面と「心理的」側面についてもっと考えを深めようと議論した（Talbot and Andrews in Lake Placid Conference, 1900, 1902, 1903）。

　…家庭を完璧な機械だというのは，明らかに家庭を部分的にしか見ていないということだ。家庭と家族は，基本的に物質的なものではなく，一人ひとりが参加する個性的かつ精神的な生活である。…私が述べたいのは，家族生活という素晴らしい芸術についてである（Andrews, 1907）。

ブラウンはホーム・エコノミクスを，その目的，仮説，そして問題において，分析・経験科学あるいは解釈科学というより，むしろ批判科学であると雄弁に主張している。彼女は批判科学の特質を，もう一歩踏み込み，実践性，社会的にモラルある方向づけ，批判的思考，学際的な論理的行動，社会的実践の評価，そして目的としての解放を内在化しているものとして描いている。科学者の役割は，政治的でモラルある行動役割と不可分なのである（Brown, 1984）。

解放とは，思考や行動の不合理から個人や集団を解き放つこと，また人々を社会的強制から解き放つことを鍵としている。キャロライン・ハントはこの点について特にはっきりとこう述べている。

　　人間が内面的な世界に呼応する外面的な世界を創る能力，あるいはエドワード・カーペンター流に簡潔に言えば，「自己表現」（エッセイ『生活の芸術（Art of Life）』参照）は自由に発するところが大きい。すなわち，1. 健康，または身体的に不完全で弱いことからの自由，2. 能率の良さ，または不必要な障害からの自由，3. 機会，または選択の自由。

…ホーム・エコノミクスの教授方法の究極の試練は，自由である。もし，私たちが，永続する無用な慣習によって，あるいは一つの世代から次の世代へと価値観を持続させることによって，個人の生活を不必要に複雑にしているなら，今までずっと失敗してきたことになる。もし生活を簡素化し，表現するためにエネルギーを放出しているなら，それは成功を意味する(Hunt, 1901)。

　アリス・チョウンのエッセイ『社会変化の家族への影響』が第4回レイク・プラシッド会議に現れた。その中でこの点についてさらに次のように指摘している。

　…今日，労働者たちはより高い可能性を実現できるよう，労働条件改善の努力をしている。以前より短い労働時間と時給をめぐって闘い，標準的な生活を維持できるようになった。それは20世紀の闘争の目に見える一つの証である。…歴史は，まずある階級を解放し，それから不利益な状態から最高の生活へと解放する物語なのである（Chown, 1901)。

　この指摘は今でも適切である。今日の解放の目標は，貧しい家庭，劣悪な状態の子どもたち，身体の弱い老人，断続的にストレスを受ける看護者，ジェンダーや人種差別の犠牲者，そして移民家族に関係している。解放と機会の創造はホーム・エコノミクスの決定的な目標である。このように，ホーム・エコノミクスの内容と実践は批判科学の性質に合致する。

7-4 生態学から精選された概念の適用

　ホーム・エコノミクスの知的生態学としての進化をよりよく理解するために，専門であり批判科学であるホーム・エコノミクスに，生態学の分野から確実な概念を適用することは有益である。それらの概念はエコシステム，敵対する環境，危険にさらされた種，そして均衡を含んでいる。

7-4-1　ホーム・エコノミクスのエコシステム

　一般的に受容されている生態学の定義には，環境，「囲まれた単位」，その相互作用が含まれる。初めに生態学を学んだ者たちは，エコシステムを「無生物と生物から成る相互作用のシステムを表すもの」とよんだ（Tansley, 1935)。

　ホーム・エコノミクスの本質は，家族とそのエコシステムの間の関係と一致する。しかし，本論文では，その分野に関する最小単位としての家族のエコシステムというよりも専門のエコシステムを探求している。

ボウルディングは社会的，経済的エコシステムを次のように表している。

　　人間社会は生態学的システム，あるいは「エコシステム」とみなすことができる。それは，魚や蛙，植物や微生物ではなく，労働者と雇用者，ガス会社と電力会社，郡と州と国，教会と山小屋，車と冷蔵庫，小麦と鉄鋼やウラニウム，そしてあらゆる種類の社会生活，組織，世帯，仕事と商品の数えきれないほどの「種類」でいっぱいの大きな池のようなものである（Boulding, 1958）。

ホーム・エコノミクスには類似物がある。住居の研究には「私たちと共に森に住むのは誰」というサブタイトルが付けられるかもしれない。ホーム・エコノミクスのエコシステムは大きな海のようなものである。それは，鮭やコククジラ，海草や石，タツノオトシゴや藻ではなく，家族，消費者，生産者，教師や学生，国家予算，農業や経済学，生活改良普及，職業教育やコミュニティ・カレッジ，校長やカウンセラー，州の政策，法人組織の合併やメディア，研究計画，実験室，教室，協会，フォーラム，ランド・グラント大学，といったものでいっぱいの大海原である。

ホーム・エコノミクスのエコシステムは，より大きな経済的，人口学的，政治的，教育的，社会的システムとして説明されるであろう。これらのマクロ・システムの現実は，ホーム・エコノミクスに大きな影響を与えているけれども，次に述べるような傾向がこの分野が十分に発展するのに最も重要だということがわかる。すなわち，サービス経済の進化，政策決定の分散化，高齢者人口の増加，家庭や職場での科学技術利用の増大，介護の役割を負う家族の責任の増大，一般の人々のよりよい健康への関心の増大等である。

不運なことに，ホーム・エコノミクスの発展は，内容の媒介変数の論理や完璧さより，むしろ環境から影響を受けてきた。時折，私たちは「ふさわしい長所」を評価せず，政治的，財政的功利性に適応するために本質を変えてきた。このように，政治的，社会的，経済的生態学は，ホーム・エコノミクスの発展において知的生態学より影響力が強い，と結論づけられるだろう。

エコシステムの枠組みの中で通常研究される三つの関連する概念は，人口，環境，そして組織である（Duncan, 1959; Evans, 1956; Thomas, 1925; Duncan and Schnore, 1959; McKenzie, 1913）。その結果，ホーム・エコノミストによる人口統計学，私たちが実践を闘わせる場，そして行動のために自らを組織する方法が顕著な要因となる。

ホーム・エコノミクスとエコシステムの関係は協力し合い，競い合い，補い合い，奪い合い，もたれ合い，あるいは互いに無関心でさえありうる（Stephan,

1970)。私たちが何年もの間抱いてきた団結を重んじ，平和を愛し，対立しないことに強く取り憑かれてきたので，協力し補い合うことを大切にし，競争を非難し，奪い合いやもたれ合いを無視することを強いられてきた。特に農業や職業教育との関係はこの二者択一の連続体であったという点に基づいて評価されるべきである。

同様に，平和と同意を願う気持ちが，平静とは，緊張感がなく，昔の状態に戻り，危機を素早く終結させ，じっとしていることであるというような誤った定義づけの原因となった。それはしばしば行動においてダイナミックで騒がしいことや，慎重で積極的であることを要求されるときにもそうであった。

エコシステムは，有機的統一的組織の土台と限界を規定する (Hawley, 1950; Stephan, 1968)。ホーム・エコノミクスの土台と限界も全く同様であろう。それらは，昔からの農業と職業教育への財源的依存，ランド・グラント大学システムによる統合，女性の人口増加，クライアントや全体の配置あるいはプロセスよりも課題による専門領域の発達，あらゆる制度の中で一番無力とみなされる家族に関する使命，大学院プログラムの増加と学部プログラムの減少，学会や協会としての組織の初期の形態，連邦・国家・地方・協会・個人の貢献者との協力関係によって分配された基金等々の認知とコンテクストに依存しているのである。

コミュニティの生態学的な概念は，特にホーム・エコノミクスに属している。ホーム・エコノミストのコミュニティ意識，知識へのホリスティックで統合的なアプローチに置かれた価値，そして専門領域間の相互依存は，専門によって生成されるエネルギーの源である。

ホーム・エコノミクスと，これがその中で機能しているマクロ的システムとの関係に注意することは，生き残るために重要なことである。ジョン・デューイは彼の古典的な著作『学校と社会』の中でこの点について的確に述べている。すなわち「重要なことは，人（教養ある大人）は，日々の仕事の中に，そこにあるものすべてが大きく，人類にとって重要だと発見できるような教育を受けるべきだ，ということである。」(Dewey, 1990) 私たちは孤独の中では何も成し遂げられない。互いに頼り合っていること，そして，私たちが生き機能している全体的な環境を認識しなければならない。社会的な構造，民主的な社会，そして有機的全体に貢献するために，それぞれの義務を受け入れねばならない (Hawley, 1950; Stephan, 1970; Bubolz, Eicher and Sontag, 1979; Hook and Paolucci, 1970; Talbot, 1902; Brown, 1985; Bronfenbrenner, Moen and Garbarino, 1988)。

7-4-2 危機にさらされた種

　ホーム・エコノミクスの中で，ニシアメリカフクロウ，スネイル・ダーター（スズキ目パーチ科の小魚），コンドル，ワイルドサーモンにあたるのは何だろうか。私たちの中で，絶滅の危機にあるのはどの種だろうか。少なくとも次に挙げるものがそれにあたる。すなわち，主婦の生活改良普及学習グループ，学士プログラムと大学院プログラムの専門的コア，一般ホーム・エコノミクスとホーム・エコノミクス教育の学士，財源のない研究，すべてのレベルでの学際的カリキュラム，小学校での家庭科授業，小規模で宗教系の一般教養大学におけるホーム・エコノミクスの授業，コミュニティ・カレッジの授業等。

　インテリア・ルアンの秘書は，赤毛リスについて質問した。「どんな亜種も保護されるべきでしょうか。」それは，ホーム・エコノミクスの分野では，今まで解決してこなかった問題である。豊富な物の分配と，少ないものの分配について，意識的で目的をもった決断が下されるべきである。開発対保護というジレンマは，それが昔からの大森林で起こるのと同様に，ホーム・エコノミクスでも激烈である。種の運命は，怠慢と無視のうちに放置されてはならない。

7-4-3 敵対する環境

　どんな組織にも敵は存在する。何がホーム・エコノミクスにとって敵対する環境を作り，最大限の能力で仕事を成し遂げるのを妨げるのか。

本質を無視した，プロセスへの過度の関わり　私たちの最近の文献は，市場調査，アイデンティティ，促進，新入生募集，積極性，予算案，管理，「未来予測」，前進，「起業」，統合といったことに興味を抱いている。私たちは，どこでその分野の内容の発展を援助しているのか。

自らの興味への奨励　事実，あらゆるホーム・エコノミクスの土俵では，資金の欠損や不足が，厳しさ，責任とともに急速に増している。それはホーム・エコノミストのコミュニティに対する無関心を助長し，生き残る目的を放埒にさせる原因となっている。

初仕事現象　私たちは，経験のない無邪気な新入生が学士プログラムへやってくることや，彼らの最初の雇い主が専門カリキュラムの発展を「支配する」のを認めてきた。最近の市場のもつこの過度の魅力は，専門の知的な完璧さを先取りしている。

使命やコアとなる本質の否定　専門として，批判科学としてのホーム・エコノミクス発展の持続性，本質的コア概念，家族へのホリスティック・アプロー

チのための内容の統合，そして使命が確認されてきた。一時的な利益や管理上の便宜のために，この分野の使命や本質的コアを否定することは，専門の生き残りにとって深刻な脅威の原因となる。大学プログラムにおけるこうした哲学の蔓延もまた，一般教養の重要性を否定し，高等教育を悪化させ，専門への準備を職業学校や職業準備モデルの方に組織的に移行させることとなる。

7-5 知的生態学の追求

　最も道理にかなった知識人は，アイディアを楽しみ，アイディアに個人的意義を見いだし，アイディアを行動に移すに十分な強い信念へと転換させる (Symposium, 1981-82)。専門の知的生態学を進めるためにどんな行動が求められるだろうか。
・大学院教育にいっそう注意を払う。それには，カリキュラム改正，研究計画の統合，財政的援助の増大，長所の核の創出が必要である
・学部教育に関する，自律性対規定性問題の調和
・ホーム・エコノミクス教育プログラム要素—初等教育，中等教育，成人向け継続教育，高卒後教育，高等教育，大学院教育レベル等—の調整と相互援助
・良い師弟関係を築くための機会をつくること
・例えば健康科学のように，充実した環境で広い見通しをもって協力すること
・教育システムのすべてのレベルにおける，一般教養の構成要素としてのホーム・エコノミクスの拡充
・あらゆるホーム・エコノミクスのプログラムにおいて，家族とその環境についてのグローバル・パースペクティブを採用すること
・家族機能を果たすために，家族と個人を励ますような公共政策を率先して行うことを積極的に約束すること

　知的生態学の卓越した部分，すなわち，使命，人口，コミュニティ，環境の大きな部分を制御できるのだから，私たちは自らの運命もコントロールできる。その特権を放棄しないようにしようではないか。

8．ホーム・エコノミクスのためのエンパワーメント・オリエンテーション

（ホーム・エコノミックス・フォーラム　1993春）

エレノア・ヴェーンズ（ブリティッシュ・コロンビア大学家族・栄養科学部準教授）

> ホーム・エコノミクスは，三つの異なるオリエンテーション（方向づけ）にそって機能しているようにみえる。この論文は，それらのパラダイムを示し，それらが分野の使命と一致しているために最適であることを提示する。専門は，その意味と視野について共通理解をうち立てることを問われている。

　知的でプラグマティック，かつ倫理的な行動によって表現されるホーム・エコノミクスは，三つの異なるオリエンテーションまたはパラダイムにそって機能しているようにみえる。すなわち，技術的，無選択，エンパワーメントの三つである（Vaines, 1990）。この論文は，これらのオリエンテーションとそれらが独自の基礎を提供していることを概観することで，(a)専門の発展を導き，ホーム・エコノミクス分野の性質を説明するパラダイムの選択を議論し，(b)エンパワーメント・オリエンテーションがこの分野の使命と最も適合的であることを主張する（Brown & Paolucci, 1979）。

　ホーム・エコノミクスの根底にあるパラダイムは，特に1950年代以降，さまざまな方法で吟味されてきた。しかしながら，分野のオリエンテーションについて合理的な合意が専門によって正式に追求されたことはなかった（Lee & Dressel, 1963; MacGrath & Johnson, 1968; Schlater, 1970; Brown & Paolucci, 1979; Brown, 1985, 1989）。結果的に，分野の意味と視野についてホーム・エコノミストと一般の人々の間に混乱が残ってしまった。

8-1　ホーム・エコノミクスのためにオリエンテーションを選択すること

　ブボルツは最近の理論の性質についての概観で，「現存のある学問を学識的でユニークなものとして正当化する知的な支柱」（Bubolz, 1991, p.4）としての理論の重要性を示した。トムソン（Thompson, 1988）は私的領域というコンテクス

トにおいて，ホーム・エコノミクスがエンパワーメントを行うためにヘスティアン理論を提案した。ブボルツとソンタグ（Bubolz & Sontag, 1988）は，ホーム・エコノミクスは統合的な分野として，最もよく説明されることを是認した。ヴィンセンティ（Vincenti, 1990）は，高等教育におけるホーム・エコノミクスのための統合的カリキュラムを提案して，これらの見解を強化した。これらの理論は，とりわけ，ホーム・エコノミクスのオリエンテーションについての私たちの考え方を発展させることとなったのである。

ホーム・エコノミクスの意味を明確に表している使命声明は，分野が21世紀へと動いていくにつれ，いっそう重要となる。政治的な見地から，世界資源に対する競争や持続可能な利用という将来の問題を，使命声明は食料生産，衣服，輸送，住居，健康，家族生活というコンテクストにおいて反映すべきである。広報活動の見地から，使命声明は分野の専門的なサービスがいかなるものであり，問題を抱えた世界に対して，どのような貢献ができるのか，はっきりと伝えるべきである。もし私たちが現行の地域社会の支持や権威を受け入れるべきだとすれば，私たちのメッセージが明晰であることは極めて重要である。専門的な見地から，使命声明はホーム・エコノミクスの分野の意味を不明瞭にしている混乱を取り除き，まとまりある大学社会の発展に貢献すべきである。

ある分野の統一性は，(a)明快な理論的根拠を表明し，(b)その行動を定義づけ，(c)徹底して筋の通った方法によって情報を伝えるようなオリエンテーションについての合意を必要とする。このことは，ホーム・エコノミクス分野がモラルをもった展望に裏付けられる集団として，独自の使命を果たすために必要である。

8-2　ホーム・エコノミクスのための技術的オリエンテーション

技術的オリエンテーションは，さまざまな方法で言及されている。技術的な合理性（Schon, 1983），自己中心性（Vaines, 1990），そして技術・道具的（Brown & Paolucci, 1979）というのが，世界における実在であるためのこうした独特の方法を明確にするラベルである（Heidegger, 1962）。このオリエンテーションはホーム・エコノミクスにおいて，世界は相互作用する有機体と事物が部分として組み合わされた機械だ，という視点をもった研究者たち（Brown, 1985; Hultgren & Coomer, 1989; Thompson, 1991）により広く研究された。

このような世界観をもって生活している人々は，自分たちや他人のことを，社会の産物であり，巨大な機械の歯車の歯とみなしている。社会が規則を決め

ており，成功とは，首尾よくいくために同じように奮闘している他人との調和や競争を通じて得られるものであり，失敗は，その規則に従って生活する能力がないことだとみなされる。

　文化の基本的な表現形式は，その言語とその制度的政治的な構造の中に見いだされる (Bellah, Madsen, Sullivan, Swidler & Tipton, 1985)。技術的に方向付けられた社会では，これらの構造は他人に権力を振るい，能率的で有効な人や資源の配分を制御するために必要な権力の手段となる (Bellah et al., 1985; Bernstein, 1976; Capra, 1983; Eisler, 1987)。このコンテクストにおいては，すべての意思決定のうち第1の，そして最も重要な考慮は経済成長の最大化に向けられる。技術的オリエンテーションと関連した言語や制度的政治的構造は，組織としては典型的に階層的になり，分析としては直線的な原因-結果論になる。このシステムでは勝者と敗者が両極に分裂し，競争不可能なものは失業という形で社会の他の構成員から分離される。こうしたパースペクティブによれば，教育は経済的な原動力を最適化するものでなければならない。

　人は物を消費する。彼らを規定するのは物である。さらにいえば，現状を維持し推進するには何が最も良いのかを知っている権威者によって，変革はもたらされる。経済的な原動力を最適化するために，目標，一般的には物質的な目標が設定され，そこまでの距離が測られる。

　こうして女性，子ども，家族や日常生活など，技術的オリエンテーションの表面下にあるものは，その第二義的な価値のために，平凡で忘れられがちとなる (Eisler, 1987, xviii)。価値あるものは情報である。分析・経験科学が知の唯一の方法として，また代わる代わる社会の問題が語られる唯一の基礎として支持される (Schon, 1983; Twain, 1983)。重要な問題は価値自由であり，何なのか，どうするのかが第一義的になる (Brown & Paolucci, 1979; Vaines, 1992)。清潔な食品，空気，水の定義は何か。どのようにすれば，それらは供給されるのか。

　多くの専門が技術的-合理的パラダイムを基本におき (Olsen, 1989; Morgaine, 1992)，その他の多くもそう装った。ある専門についての経験的観念はしばしば現実を描くことに完全に失敗している。しかしながら，科学の時代の展開のなかにあっては，ホーム・エコノミクスの実践において技術的オリエンテーションが強調されたことに驚くことはない。

　専門家たちは，自らを情報を受け手に与えるエキスパートだと思い込んでいる。専門家の実践についてのこうした見方によれば，専門家もそのサービスの受け手も，予想された目標の達成に向けて巧みに操縦される対象物となる。

　技術的オリエンテーションを生き延びさせることの長期的結果は，ショーン

(Schon, 1983)が信頼の危機として描いた。この実践へのアプローチは，専門家の気をくじき，満足しない受け手を創り出す傾向がある。暗示的にも明示的にも，日常生活の問題は専門家によっては決して解決されず，問題に対するばらばらな解決策は，もともとあった問題よりさらに多くの大問題を生む傾向がある（Schon, 1983）。

技術的オリエンテーションへの批判では，他にも不完全な点が指摘されている（Capra, 1983; Peat, 1991）。経験科学は，しばしば経験的に定式化された変数に限って研究を行うので，現象の制御は何らかの幻想だということになる。生活システムの複雑な相互作用は，ときに隠され見過ごされる。小さな事実が研究されるとき，また多くの変数や既知・未知の可変的諸関係が包摂されないとき，食物連鎖の全体像は見過ごされる。例えば，世界中の食料生産についての研究には，地球規模の空気の流れや海洋の流れ，水の供給，人口，地質などと同様に社会的政治的システムとの関連づけが必要なのである。

個人や家族が直面している社会的な問題の種類は，今や技術的オリエンテーションが含む経験に基づいた定式化や他の現在知られている方法論を超えたものである。システムの経験的定式化に基づいた実験データは，短期的な行動のスナップ写真を提供するに過ぎない。さらに，経験的定式化がシステム行動を予知する能力は，もし変数が時間とともに変化し，重要度により可変的で非直線的であるならば無効となる。すべての複雑でダイナミックなシステムの真実の諸特質が，地震やオゾンの枯渇，天気，製造工程の出来映えなどを予知する能力に関係する多くの技術的な学問を混乱させてきている。50年に及ぶ猛烈なオートメーション化にも関わらず，製造工程の多くの面は，施設を完全に稼働させようとするなら，いまだに人間の直感と分析を必要としている。

本来，競争的で排他的な世界に生きる私たち自身について，このような思考方法を採用し続けることは，モラルという点から言い訳が立たない。ブラウンとポルーチ（Brown & Paolucci, 1979）によって念入りに考えられたホーム・エコノミクスの使命についても同様の矛盾が見られる。分析・経験科学が唯一の方法というより，むしろ多くの分析方法の一つとして提示されるとき，それは個人と家族および彼らの他の生活システムとの関係についての重要な支持的データを生み出す。

もしホーム・エコノミクスが，確実で一貫したオリエンテーションと無関係なまま21世紀に入るなら，分野は不本意な場所で終焉を迎えることになるだろう。このことは，もしホーム・エコノミクスが第二のオリエンテーション，すなわち選択しないという立場を選択した場合，それによって現れる結果が証

明することになるに違いない。

8-3 ホーム・エコノミクスのための無選択オリエンテーション

ベラー他（Bellah et al., 1985）およびシャーフ（Sharf, 1987）によれば，人類に開かれたもう一つの選択は何もしないことである。何も行動しないことも，一つの選択の形式なのである。ホーム・エコノミクスは環境としての家族や，近接環境の中の家族に関連した協同という価値を基盤とする使命声明をもっている（Brown & Paolucci, 1979）。しかしながら現在まで分野は，この使命声明の深い意味を厳密に調べようとはしないできた。

理論を発展させ分野のオリエンテーションを伝えることは，協力的な研究者としての活動を必要とする。ほんのわずかの専門家すら，理論を研究し使命声明の深さを厳密に調べようとしていない。専門としてサービスする意義を見出すには，ホーム・エコノミクス集団のメンバー間の広範な対話と同様に，歴史的，現代的な重要文献を解釈し取り入れることが必要となる。

ホーム・エコノミクスは，その性質に関わる多くの課題と闘ってきた。しかし，理論的選択に関与することは求められずにきた。何人かの専門家がホーム・エコノミクス分野についての個々人の解釈に従い，実践したことを示す証拠はある。ブラウンはホーム・エコノミクスのためのオリエンテーションを選択するために，選択しないことがもつジレンマについて述べている（Brown, 1984, 1985）。この選択は，実践者の行動と使命声明の表明とのあいだの顕著な矛盾を通じ深刻な結果をもたらした。

すべての人々が受け入れられ，能力を与えられ，地位向上させる社会的責任を負うようなオリエンテーションは，ホーム・エコノミクスの深い意味を反映する（Brown, 1985）。次は，こうしたオリエンテーションについての叙述である。

8-4 ホーム・エコノミクスのためのエンパワーメント・オリエンテーション

ホーム・エコノミクスの機能を示す三つ目のオリエンテーションは，エンパワーメントである。それはまた，環境本位（Vaines, 1990），内省的実践（Schon, 1983；Vaines, 1992），そしてエンパワーメント（Williams, 1988）といった別々のラベルをもつ。このオリエンテーションは，ホーム・エコノミクス研究者によって限定的に探求されてきた（Brown & Paolucci, 1979; Brown, 1984）。アイス

ラー (Eisler, 1987) は,男と女が一緒に住むようになった先史時代のルーツを調べた。フレール (Freire, 1970, 1973) とベラー他 (Bellah et al., 1991) は,エンパワーメント・パラダイムについての現代的な理解を発展させた。

このオリエンテーションは,世界を相互に関係づけられた生活システムのネットワークとして映し出す (Ableson, 1991)。それゆえ,人々は自らを活気のあるコミュニティにおける自己形成的な人格として思い描く (Brown & Paolucci, 1979, p.23)。このような信念システムは,人々がすべての公益のためにともに働くように導く (Brown & Paolucci, 1979; Bellah et al., 1991)。というのも,参加することが,人々が自分自身よりも大きな何ものかの部分になることを意味するからである。それゆえ,社会は日常生活についてのモラルをもった視点の形成に活力をもって動員される人々のコミュニティーとなる (Palmer, 1990)。

エンパワーメント・オリエンテーションにおいて権限は共有される。重要なコミュニティの関心事のために人々をともに奮闘させることから,リーダーシップは本来包括的なものである。エンパワーメントという用語は,これらの信念を映し出す。例えば,意思決定における規準として,効果的という言葉が持続可能という用語に置き換えられる。地球という惑星の将来は,今や新しい世代によって使い尽くされようとしているので,子どもたちは私たちの子どもたちになる。そしてもし,生活システムの存続を確かなものにしようとすれば,協力しなければならないのは彼らなのである。

このパースペクティブによれば,変化はコミュニティの中で私たち自身を変形させるプロセスである (Fay, 1977)。知覚や理解の多くの方法は,すべての生活システムの利益に敬意を払うような内省的なやり方で行動するために絶対必要である。ショーン (Schon, 1983) とモーゲイン (Morgaine, 1992) は彼ら独自のオリエンテーションの研究を行い,世界において実在するような方法を独自に形成する専門の例を提供した。どの専門も,どうあるべきかを表明するために,歴史的な基礎や現状への批判の上に形成される必要がある。エンパワーメント・オリエンテーションにおいて,専門家たちはコミュニティの行動的な参加者や協力者として動員されるであろう (Schon, 1983; Vaines, 1992)。

エンパワーメント・オリエンテーションを活用することの長期的に重要な結果は,専門家と彼らがサービスする人々の双方が希望に裏付けられるようになるということである。日常生活の問題がシステム全体の諸側面として捉えられるようになり,それらは現在進行しているプロセスとして現れる。このオリエンテーションによれば,例えば食物連鎖を複雑で錯雑とした網の目として見ることができるようになる。人々は消費者に代わって使用者となる。食物とこれ

に関するシステムは生命維持のための安全な生産を要求し，廃棄物は利用され配分され，水は貯蔵され注意深く分配される。土地は資源として研究され，長期的な生命維持手段として維持され，社会的政治的な決定は次の世代のために地球を維持し改良することと一致する。問題へのこうしたアプローチは，エンパワーメント・オリエンテーションの複雑さを体現している。全体的な相互依存を含めた多くの変数が，それらの関係パターンとしての網の目を理解するために必要となる。生活のデリケートな網の目に対する無知が，深刻な帰結を伴うことなく人々は自然を制御できるという幻想を創出する（Fay, 1977）。

　生活システムは，壊れやすいが耐性があり，謎に満ちているが知ることができ，死へのプロセスにあってさえ健康的に見える。そのようなパラドックスは，日常的問題のためのオリエンテーションとして，ショーン（Schon, 1983）が述べた事柄の根底にある。この日常的問題は，複雑さ，不確実さ，不安定さ，ユニークさ，そして価値の間の衝突を扱う重要課題を統合するこれらの諸特質は日常生活の統合的部分である社会的政治的問題に本来備わっているのである。

　科学の時代は，新しいパラダイムによって置き換えられるべき状況にある（Capra, 1983）。今，私たちの目前にある問題は新しいパラダイムを選ぶか，それとも技術，競争，成長，そして世界の資源の（持続可能よりもむしろ）最大利用を目指した構造を続けるのかということである。エンパワーメント・オリエンテーションが求めるのは，未来に向けたモラルある展望に裏付けられた，我が家としての地球という隠喩に表される生活システムと結びついた道を選ぶことである。

8-5　立場：ホーム・エコノミクスはエンパワーメント・オリエンテーションを採用すべきである

　ホーム・エコノミクスの現在のオリエンテーションを明らかにし，詳細に説明することは，専門の将来についての討論に先だって重要である。オリエンテーションの選択はホーム・エコノミクス分野の専門としての性格とモラルをもった視点に関する，幅広い熟慮とコンセンサスを形成するプロセスの結果としてなされるべきである（Coombs, 1988a, 1988b）。使命声明は分野の要求を記述するべきであるし，研究領域であり専門であるホーム・エコノミクスの境界を規定すべきである。分野の使命，研究領域，専門としての表明についての同意がメンバーを権能化し，想像力に富んだ方法による実践を可能にする。ブラウンは，的確にも次のように述べた。

ホーム・エコノミクスはその歴史を通じて，知識を得るためだけに知識に関与する研究分野ではなく，社会の成員へのサービスにおいて…（そして）また家庭の人々の日常生活に関して，知識を思慮深く用いさせる行動に関与する研究分野であり続けてきた…専門家の集団が社会の成員の利益となるサービスを提供するために知識を用いるとき，その集団は政治的倫理的役割に身をおくことになる…さらに私は，…家族が生活する歴史的・社会的状態に影響を受けるホーム・エコノミストの信念を受け入れている。これは次のことを意味する。すなわち，ホーム・エコノミストの活動が，社会を支配している何らかの特別で強い利益よりも，むしろサービスされる人々の共通の利益に貢献しないならば，私たちは自らを否定するばかりではなく，無意識にも非民主的社会を助長するパートナーとなってしまう（1985a, p.6-7）。

　オリエンテーション理論の地図は，はっきりと見晴らしがきき鳥瞰できる領分を明確にし得る。それはまた，相対的に広い範囲の出来事を解釈する機能を果たし，また多様な現存の関心に適用し得る（Bubolz, 1991, p.2）。表4-1は，ホーム・エコノミクスの知的でプラグマティックかつ倫理的な行動が三つの競合する地図を成すことを要約したものである。これらの地図は，分野の性質をいっそう明確にする声明の開発に向けて改良された基盤作りを目指している。

　要約すると，ホーム・エコノミクスには重要関心事に適用するための首尾一貫していて矛盾のない，また伝達可能なオリエンテーション理論についてのコンセンサスが必要である。この論文の主題は，ホーム・エコノミックスの説明を強力化することが，(a)分野の発展を導き，(b)その社会向けサービスを正当化し，そして(c)その世界における存在を明確に述べるホーム・エコノミストの能力を強化するということにある。

表Ⅳ-2 専門のオリエンテーション：三つの立場

	エンパワーメント（パワーをもつ）	技術的（パワー過剰）	無選択（パワー不足）
定義・説明	底辺を上げる変化―パワーは公益のために積極的に一緒に働く人々にある。これらの手段を通して，協力して明日を形成できるよう人々は強化される。すべての「権威」に対して，信じること，学ぶこと，経験すること，そしてすべての生活システムに対し社会的責任をもって行うことに関し，何であったのか，何であるのか，何であるべきかという視点から挑戦する。	トップ・ダウンの変化―権力の地位にあるものが，自分たちの利益のために直接間接に政策や政治を強制する。それゆえ権力者は，限られた資源の配分を制御し，影響を及ぼそうとして，力を行使する。権力は階層的で深く埋め込まれている。	権力は受け入れられ，吟味されない―人々は自らをあまりにも無力で，社会秩序を変える力がないと考えているため，見えにくく，明らかに「与えられた」ものが挑戦を志向することはない。
世界観	世界は，我が家である。	世界は，利用されるべき場所である。	世界は，目に見えず受動的である。
政治	コミュニティーというコンテクストにおいて直接・間接の行動を通して共に作用する公的領域と私的領域。少なくとも政府レベルは，公益を達成するためにパワーを共有する方法である。	政治は，国家や社会の正しい秩序を達成するために，公共生活に中央集権化された意思決定を強制することにより，工学的である。	政治は，受け入れられ，吟味されない。
制度	人々が公益のため奉仕するよう，人々によって創られた社会構造。	強制された社会構造が現状を維持する。	制度は，個人が適応しなければならない社会構造である。
言語	言語は，解放された生活世界を生きる手段として確かめられ，またそういう手段であることを反映する。	言語は，機械的で巧みに操作される傾向を帯び，このようにして現象の価値をほのめかす。	言語は，受け入れられ，吟味されない。
日常生活	日常生活は，人々が積極的に参加する自覚的な生活経験である。価値―すべての生活システムのための持続可能な環境であり，思いやりと世話することが倫理の基礎である。	権力をもたないものは，思考方法を通してコントロールされる。それゆえ，日常生活（家庭内，女性）は取るに足らない些細な存在となる。権力領域が支配する。	日常生活は所与のものである―それは，疑われることなく，あるいは尊重される繰り返し仕事である。
探求される最終目標	公益またはモラルをもった展望は，すべての生活システムに関して人間的であり，また全員の利益のためにともに調和して生きることの意義を反映させるために，積極的にともに参加することによって共有され，規定される。希望を生み出す位置。	「善」は物質主義的な言葉で定義され，内面的，私的，公的，生物的領域とは分離されている。希望をもてない状態を生み出す位置。	目標は，「幸せ」で満足した生活。生活システム費用としてまかなう個人的目標を生み出す位置。

9. 人間エコシステム・モデル

(『家政学会誌』, 1979, 所収 pp.28-31)

M・M・ブボルツ（ミシガン州立大学人間生態学部家族・児童科学科教授）
J・B・アイヒャー（ミネソタ大学家政学部被服学科長，教授〔社会学者〕）
M・S・ソンタグ（ミシガン州立大学人間生態学部準教授）

　以下で述べる枠組みは，ミシガン州郡部農村の安定性と変化，および生活の質に関する研究を計画する中で展開されたものである。本研究はミシガン州農業試験場から助成金を受けた。論文の下準備は筆頭著者であるブボルツがロックフェラー財団の助成による研究や，さらに，1974年11月にイタリアのベラジオで開催された会議で発展させた。
　人間は別々の独立した生体ではなく，相互依存的な被造物であるということがますます認識されるようになっている。人間は他の人々や生物だけでなく，私たちが生活している環境全体に依存している。個人や集団をまわりの物理的，生物的，社会的な条件や出来事と結びつけて考えるホリスティクな視点は，人間生態学として広く知られている原理を与えてくれる。心理学，社会学，地理学，健康科学，ホーム・エコノミクスなど多くの学問や応用分野で，人間生態学のパースペクティブを用い始めるようになっている。
　この論文では，人間生態学のモデルを一つの学問のパースペクティブをもって始まるものというより，その複雑性と多様性において研究される全体的な事象―例えば家族のように―という視点をもって始まるものとして，その要点を述べることにする（Auerswald,1968）。このモデルは自然科学，社会科学，人文科学の概念を用いる。人間生態学のモデルは人間の行動や活動を分析するうえで，狭義の社会システム・モデルよりも，もっと広い枠組みを提供してくれる。社会システム・モデルでは，自然システムと社会システムとの相互関係をあまり評価しない。また，この論文は，異なる学問領域の概念の統一を助ける共通用語の可能性も提示している。
　私たちのモデルは，(1)人間行動の調査・研究の枠組みを提示し，(2)学部・大学内の管理組織のための基礎とホーム・エコノミクス諸領域を概観し，それらを統合するための基礎を提供し，(3)ホーム・エコノミクスの各学問と全体の研究のための焦点を提供すると確信する。

9-1　人間生態学モデル

　人間生態学モデルは，生体をその環境と相互作用するものとしてみる，一般に知られた生態学のモデルに倣う。生体とその環境，そして両者の相互作用をエコシステムという。

　人間生態学モデルは，生物学に応用されるにつれて生態学から発展し，また歴史的には，社会学の範疇であった人間生態学から発展した。しかしながら，筆者はこのモデルを厳密に生物学や社会学の視点から用いてはいない。

　このモデルは環境に関連する生体の空間に大きな関心をよせ，さらに，人間関係や人間の環境への適応と形成に影響を及ぼす文化や価値を考慮にいれている（Hawley,1968）。私たちのモデルは，生態学の大きな焦点は社会組織や地域だとする本来の関心を超えたものである（Stephan,1970）。

　私たちの視点では，人間エコシステムには全体的な環境と相互作用しながら生きる人間が含まれている。人間エコシステムには，生物的，物理的，社会的過程を通して，エネルギー，物質，情報の循環，変換，保存が含まれている。人間エコシステムは三つの中心的，中核，系統的な概念—人間を取り囲む単位と環境およびそれら両者の間や内部での相互作用—をもっている。

　図Ⅳ-1は，人間エコシステムのモデルを示す。この概念は，ミシガン州立大学人間生態学部の教授や学生の研究による。モデル自体はモリソンのモデルから改作された。

9-2　人間を取り囲む単位

　図4-1の中心には，人間を取り囲む単位（HEU）があり，それは（1）単独の個人（生物物理的，心理的，社会的な次元をもつ）であり，または（2）共通の資源，目標，価値，関心を共有し，何らかの意味の共通の特徴があり，一体感をもった（家族のような）個々人の集団である。

　近隣，村，市，州も，人間を取り囲む単位である。結局，すべてが時空の中に場所を定められる。

9-3　環　　境

　生体にとって「環境」とは，物理的，生物的，社会的，経済的，政治的，美的，構造的な環境の総計である。私たちのモデルでは，概念上は異なっている

9．人間エコシステム・モデル　203

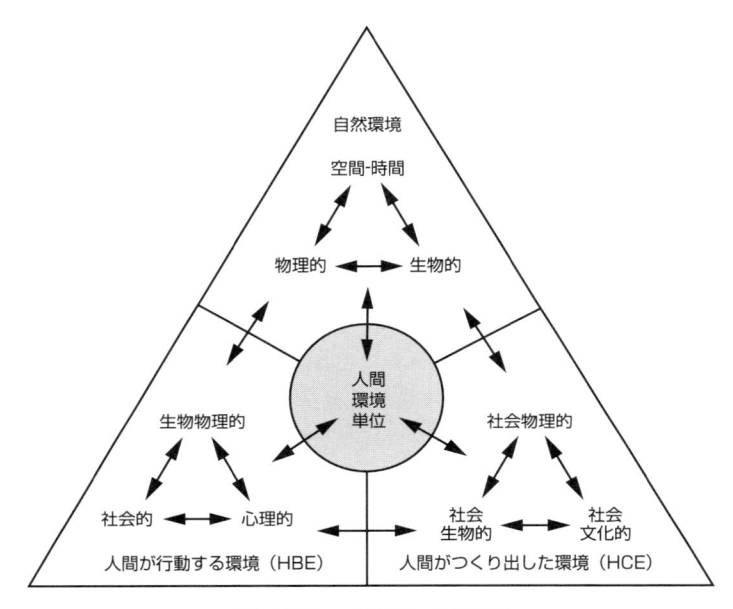

図 Ⅳ-1　人間エコシステム

が，相互関連的な自然環境と人間がつくり出した環境そして人間が行動する環境という三つを含めている（図Ⅳ-1参照）。図Ⅳ-1は三つの環境を別々なものとして示しているが，構成要素をもっと明確に示すなら，現実にはそれらの環境は互いの中に重なり埋めこまれている（図Ⅳ-2参照）。これらの環境は生存に不可欠な資源を提供する。

自然環境（NE）　これは時間的，空間的，物理的，生物的な要素から構成される。私たちは空間を，事象が起こり，物質とエネルギーが存在する無限の三次元と定義づける。時間とは，事象が起こり，過去，現在，未来のように互いに継続的な関連性をもった，絶え間のない存続である。

　時間とその測定は空間内の地球の自転に基づくので，私たちは空間と時間を自然環境の単一の構成要素としている。自然環境の物理的な要素には，大気圏，気候，土壌，水，鉱物，地形の特質などが含まれる。生物的な要素には，植物，動物，微生物が含まれる。

　自然環境の時空的，物理的，生物的要素は相互に関連している。例えば，土壌は物理的要素と生物的な生体を含む。土壌の特質によって，ある気候帯に種々の野生生物が成育する。同様に，気候の違いによって違った種類の動物が育つ。自然環境は，すべての生命が依存するエネルギーと物質を提供するとい

う点で，人間生活を支えている。人間生態学的視点からさまざまな現象を考えるときには，自然環境を考慮に入れなければならない。

人間がつくり出した環境（HCE）　これは，人間が変化させ，創り出した環境と定義できる。この中には，人間により形態変化した自然環境の物理的，生物的な要素や他の社会的，文化的な要素が含まれる。

社会物理的要素には，自然的・物理的環境の形態変化ばかりでなく，道路，炭鉱，耕作された土地，汚染された空気や水，建物，彫刻，被服，食器類，機械，その他多くの有形の物も含まれる。社会生物的要素とは，人間の手による変更で，人間を含む動物，微生物，植物が含まれる。飼育による新しい血統の動物，改良された新しい植物，植林された森，培養された作物，遺伝子組み換えなどはその例である。HCE を構成する社会文化的な要素には科学技術，言語，法律，価値観，美の基準などの文化パターンが含まれる。それらはコミュニケーション，秩序，人間活動を調整するための基礎となる。重要な社会的機能を遂行する社会制度は，HCE を構成する社会文化的要素の一部である。

被服は HCE を構成する三つの要素の相互の関連性を示す。家畜や栽培された植物は，道具を使う人間によって服地に変えられ，その使用は，気候，地理の自然条件ばかりでなく，社会の規範，習慣によっても影響される。

人間が行動する環境（HBE）

これは，人間と人間の生物物理的，心理的，社会的行動の環境である。人間は社会行動的な環境の一部であり，また，人間は互いにさまざまな環境を構成しているので，人間を取り囲む単位の外にいると考えられる。

HBE を構成する生物物理的要素には，人間の存在—身体の運動や姿勢—が含まれる。心理的な構成要素には，人間の思想や感情が含まれており，人々の価値，態度，情緒が一体となっている。社会的な構成要素には，相互作用する人々や集団，短期‐長期の関係が含まれる。身体的存在と人間の相互作用，着用している被服，自分の被服についての妥当性，快適性，美意識といった考えは，人間がつくり出すことにより変形された人間が行動する環境の例である。

人間が行動する環境は，愛，関係，コミュニケーション，知識，自己実現のための生物的，物理的欲求や社会的，心理的欲求を満たすために極めて重要である。これらは，生き残るという以上に存在するのに不可欠である。

この環境を構成するあらゆる要素は，個人や集団が意識しようとしまいと客観的に存在する。環境は個人や集団の意識の程度や仕方によって主観的な実在でもある。

9-4 相互作用

エコシステムを組織する3番目の概念は，相互作用—つまり，システムの要素間の相互の影響力の関係—である。エコシステム内の相互作用は，エコシステムの部分が他の部分に影響を与えたり，働きかけたりするとき，また，その見返りに，影響されたり働きかけられたりしたときに起こる。

私たちのモデルでは，相互作用は環境の内部で要素の間で起こることを示す。相互作用は，人間を取り囲む単位の中で，また人間を取り囲む単位とそれぞれの環境の間でも起こる。人間は，欲求，欲望を満たすために環境のあらゆる要素に依存する。人間は環境に影響を与え，ひいては，環境が人間に影響を与えることになる。人間エコシステムの中で，人と環境との相互作用は最も重要である。

現実世界では，人間と人間の三つの環境間の相互作用は同時に起こる。しかし，分析のために，人間を取り囲む単位とその環境のどこか一部との間の相互作用に注目する。次に述べることは，人間を取り囲む単位（HEU）—三つの相互に関連した環境をもつ個人—の相互作用の例である。

ミシガン州に住む男性が，1978年の冬（HEU），洋服ダンスから被服（HCE）を，そのときの天候（NE）や，社会の慣習に習いふさわしいもの（HCE）を選んだ。その人は，社会的な相互作用（HBE）と，物理的，社会的な活動の型をあらかじめ推測して選んだ。同僚や友人との相互作用（HBE）は，彼の被服（HCE）や自意識，オフィスの温度（HCE）の影響を受ける。次いで，オフィスの温度は外の気温（NE）の影響を受ける。

9-5 近接環境

生態学モデルは，大きなエコシステムも小さなエコシステムも概念化する。私たちのモデルは，専門の焦点が家族にあるホーム・エコノミクスに特に役立つ。近接環境には，家庭や，より大きい遠く離れた環境のつながりの中にある地域社会が含まれる。近接環境とは，人間にとって，物理的，心理的，社会的に最も身近な環境の部分でもある。近接環境の中で，個人や家族は比較的小さなエコシステムを構成する。

図Ⅳ-2は，身近な，人間が行動する環境，人間がつくり出した環境，自然環境の実例を示す。この図では，人間が行動する環境（HBE）はHCEの中に，次いでNEの中に入っている。矢印はそれぞれの環境と人間を取り囲む単位の

間や内部で起こる。図においては，HEU が個人で，家族，友人，同僚，学校友だちは，身近な HBE の例である。

　被服は最も密接で接近した，人間がつくり出した環境と考えられる。道具や家具を含む個人や家族の居住空間は，身近な，人間がつくり出した環境を構成する。近隣のグランド，植林，建物，近所の通り，地域社会は，すべて身近な人間がつくり出した環境や自然環境の一部である。身近な環境には，人々や場所のように具体的な事物ばかりでなく，抽象的なものもある。例えば被服には，場面，年齢，性別，社会経済的な階層によって多くの規範がある。住居や屋敷の外観は，地位，スタイル，清潔，美意識に基づいて美的な判断をする。家族や他の集団には，関係や，被服，道具，食物，空間，備品の使用を制御するため，それぞれのルールがある。同様に，近隣の人々は，屋敷の手入れ，維持，雪かき，ゴミ処理，訪問，借入，その他「隣人として」の習慣がある。このような習慣や活動はすべて，個人や集団が相互作用している環境の一部である。

　図Ⅳ-2 は遠隔環境を例示していない。それは，明白な距離や分析の目的に基づき，人間を取り囲む単位に限定され拡大された環境と関連させた機能に

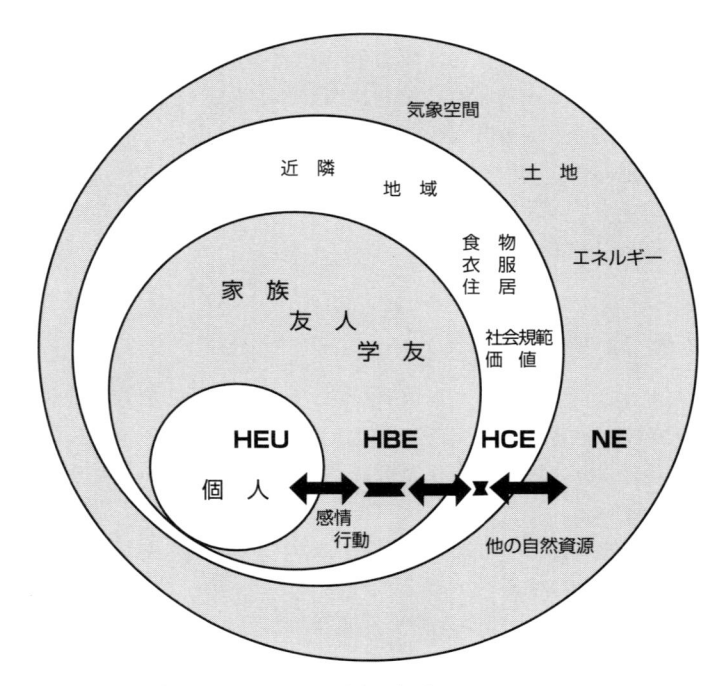

図Ⅳ-2　人間エコシステムの例—身近な HBE，HCE そして NE

よって定義づけられるかもしれない。遠隔環境と，近接環境と，人間を取り囲む単位との間には相互作用がある。例えば，州と連邦政府（遠隔環境）は，個人や家族（人間を取り囲む単位）はもちろん地域社会（近接環境）にも影響を及ぼす。供給や燃料の分配について，連邦レベルでなされる決定は，結局，個人や家族，被服の選択，室内温度，人間の行動，相互作用に影響を及ぼす。このように遠隔環境は「家庭にとって近い」環境となる。さらに，個人や家族の燃料や被服の使用についての決定は，政府の供給や政策に影響を及ぼす。

9-6　ホーム・エコノミクスへの応用

　この論文で述べた生態学的枠組みは，ホーム・エコノミクスや人間生態学の中で，人文科学，自然科学，社会科学の概念を関連づけることが可能であることを提起している。人間生態学モデルは発展の準備段階にあり，さらに練り上げていく必要がある。ここに提起するモデルは概念化のための一つの枠組み，やらなければならない理論構築に役立つ手段を提案している。

　この論文で筆者らは，人間エコシステムの基本的な構成要素の概略を述べ，定義づけた。ダイナミックなエコシステム・モデルを構築し，これを研究や分析に広げていくためには，概念を追加する必要がある。その中には，システムの持続性，釣り合い，恒常性，境界，境界面，正と負のフィードバック，エントロピーが含まれる。

　システム概念は，ホーム・エコノミクス，人間生態学，さらに関連分野において最近の研究に用いられている。ディーコンとファイヤーボーは，生活経営に関連させて，システムの概念を紹介した（Deacon & Firebaugh, 1975）。カンターとリアーは，家族過程の理論にシステム枠組みを提供した（Kantor & Lehr, 1975）。モリソンは，住居とエネルギーの研究に役立つシステム枠組みを提案した（Morrison, 1977）。ポルーチ，ホール，アクシンらは，エコロジー的なアプローチと結びつけたシステム概念を使い，家族組織と意思決定に重点をおき家族エコシステムを研究した（Paolucci, Hall, Axinn et al., 1977）。スパングラーとムックは，人間生態学的なモデルと，システム概念を食事管理の実習マニュアルに用いた（Spangler & Mook, 1978）。

　人間生態学的な理論を構築するためには，人間エコシステム内の相互作用を制御し明確化するルールを表明し続けることが肝要である。

10．ホーム・エコノミクス運動─新しい統合パラダイム

(『家政学雑誌』1991年秋, p.42-49)

エディス・E・バルドウィン（オレゴン州立大学コバリス家庭科教育助教授）

　ホーム・エコノミクスは最初から家族問題解決に向け理論と実践を統合するために，さまざまな学問から引き出された知識を一つに統合する分野として認められてきた。この可能性をもつ一方で，この分野を批判的に捉えると，その可能性の大部分が未解決のままであることは明らかなようにみえる。いったいなぜ，理想主義者や精力家をメンバーとするホーム・エコノミクス分野が，100年もの間，ホーム・エコノミクス自らが設けた課題を解決しないままになっているのか。ホーム・エコノミクスが，家族を力強く，また効果的な社会制度として強化し，高めるような社会条件を促進することができなかったのはなぜか。

　明らかに，これらの質問に対する単純な答は見つからない。しかし私は本論文において，ホーム・エコノミクスを社会運動として再構築することで，問題に光が当たるようにしたい。今日一般に，ホーム・エコノミクスは社会運動と見られてない。しかし初期リーダーたちの中には，まさに社会変化や家族生活改善に向け，ホーム・エコノミクスが大きな可能性をもっていると思う者がみられた。

　第一に，『ホーム・エコノミクスについてのレイク・プラシッド会議議事録』は，参加者のなかに，自分たちが社会運動を生成しつつあると信じる者がいかにいたかを示すために書かれた。当時，社会運動の達成に貢献するというホーム・エコノミクスの特質への認識があったにもかかわらず，それらは十分に明確にされず発展させられもしなかった。だから行動に一貫性があるはずもなかった。第二に，現代の問題の根源は初期にあり，以来，ホーム・エコノミクスでは実証主義科学が強調され続けてきたことがわかる。第三に，成功した新しい社会運動の特徴は焦点を明確にできたことにある。そして最後に，社会運動としてのホーム・エコノミクスのための統合パラダイムが出現した。

10-1　初期ホーム・エコノミクス運動

『ホーム・エコノミクスについてのレイク・プラシッド会議議事録』には，初めての会合に出席したのは，わずか11名であったと記録されている。しかし，メルヴィル・デューイが後に述べているように，それは決して不利なことではなかった。結局，「すべての偉大な運動というものは，2，3人の真面目な人々によってスタートするものだ」（Proceedings of the Lake Placid Conference on Home Economics〔以下，LPC と略記—訳者〕Second Annual Meeting, 1900）。

毎年の会合が10年続いた後，エレン・リチャーズ（彼女は1回を除いてすべて議長を務めた）は回想した。「運動は『無知の不便さ』を理解するに至った。それがあったからこそ，『それを取り除くために』インディアンの使徒であるジョン・エリオットは1690年，学校を設立した」（LPC. Tenth Annual Meeting, 1908）。この場合の『無知』とは，19世紀の産業化や経済の力が引き起こした無秩序の中の，家庭生活を建て直し強化するための科学的認識の欠如を示している。

リチャーズにとってホーム・エコノミクス運動は，「破壊的な傾向と闘う勇気をもたらすような知識によって，家族や子どもの福祉が崖から滑り落ちるのを防ぐ努力」であった（Richards, 1911）。因習が母親に家庭の外で科学的知識を獲得することを禁じていたので，「すべての人々の生活に関わる」基本的仕事は，小学校が引き受けなければならなかった。それは子どもの環境，つまり衣食住のための子どもの能力の発達を目標にすべきだった（LPC. Second Annual Meeting, 1900）。ホーム・エコノミクスとは「四つ目のR」，つまり正しい生活のルールを教えることであった。科学的，経済的，そして経営的能率が重要であった。

しかし，デューイはその運動はただ単に衣食住といった事柄に限らず，全般的福祉や家庭環境問題にも及ぶべきだと論じている（LPC. Tenth Annual Meeting, 1908）。ヘンリエッタ・グッドリッチはさらに早い時期に，「人格形成のための市民の訓練」における家族の重大さを説き，一般的教育計画におけるホーム・エコノミクスの必要性について述べた（LPC. Second Annual Meeting, 1900）。

キャロライン・ハントを含む他の人々は，ホーム・エコノミクスについてよりホリスティクな概念をもっていた。彼女は，子どもの身体的発達，審美的な評価，味覚を培うこと，社会関係や責任を家族メンバーに教育することにより，家族を支援すべきだと主張している（LPC. Seventh Annual Meeting, 1905）。彼女は，「ホーム・エコノミクス教育が最後に吟味すべきことは自由」なのだから，ホーム・エコノミストは生活を単に複雑化する無益なしきたりや時代遅れの価

値観を捨てなければならないと信じていた。

　その運動は確かに家庭生活改善を目指していたが，一貫した理論や明確な目標の欠如が参加者に影響を及ぼした。グッドリッチは次のように述べている。

　　　私は，私たちが現在行っているこのような仕事のすべてが，本質的な統一性，有機的な相互依存性をもつことにますます感銘を受けている…。しかし，私たちは，私たちができる仕事に関し同意できるいくつかの一般的概念を定式化すべきである。このことは避け難い。「私たちは皆団結すべきである。そうでなければ皆ばらばらにはりつけにされるだろう」（LPC. Third Annual Meeting, 1901）。

　ホーム・エコノミクスの定義についての試案が第4回会議で出されたが，行動を導くために，それを一貫した理論へ発展させる試みはみられなかった。ハンナ・クラークは次のように述べている。

　　　世帯経済の相対的な価値を理解し，それを適切な視点で観察するために，家族とは何なのか，すなわち個々のメンバーや社会の発達における家族の意義についての学説をもつ必要がある（LPC. Fourth Annual Meeting, 1902）。

　包括的な学説の欠如ゆえに生じる混乱の様子は，後にアンナ・ヴァン・メーターが次のように伝えている。すなわち「運動それ自体が限界にきて，すべての基礎を社会学におこうとする者がいる一方，経済学が唯一の完全な基礎だと主張する者がいることがわかる」（LPC. Ninth Annual Meeting, 1907）。

　実際に授業している教師たちは，明快な目的をもっていなかった。初等，中等学校のホーム・エコノミクス教育に関する特別委員会報告書によれば，学校長，一般教師，親たちはホーム・エコノミクスを推進していたが，「科目担当教師の間の共通理解は全くなかった」（LPC. Third Annual Meeting, 1901, Report of Special Committee）。運動への抵抗に打ち勝つためには意識改革と行動が必要だった。というのは，その仕事について学校の理解は深まったにもかかわらず，ホーム・エコノミクスの価値には懐疑があった。また，ホーム・エコノミクスを，一時的流行，そうでなければ詰め込み過ぎのカリキュラムの中の違った科目と位置づける傾向があった。報告書は，教師たちがホーム・エコノミクスの性質や目的について明確な概念をもち，その価値に関する知的な討論を促進するよう勧告している。

　リチャーズは，会議の参加者たちが「諸々の社会的条件の中で，確かな改善方向を詳細に計画」しなければならないことを強調した。そして，現代社会における家族の本質的役割について，「高学歴者や知識階級の人々」の注意を促した（LPC. Sixth Annual Meeting, 1904）。というのは，彼らが家族の福祉に興味を

もっていないように見えたからである。彼女は早くも次のように断言していた。

> 私たちは，社会改善のための社会運動の単なる物好き…としてではなく，社会改善のための運動には，表面に現れるものよりも深い意味があり，また表面に出てこないが，抵抗し難く，どこかに連れて行かれそうな大きな底流があると感じているような，そうした男女から成る仲間同志としてやってきた。（LPC. Fourth Annual Meeting, 1902）。

その底流を「変える」ことはできないにしても，ホーム・エコノミストたちは，そのことを意識し有利に活用することができた。

第10回の会議で，リチャーズは進歩について満足気に語っている。「そう，ある意味で私たちの仕事はほぼ成功し，10年間大いに励まされた」（LPC. Tenth Annual Meeting, 1908）。教育は前進方向をたどった。ホーム・エコノミクスは，カレッジ，総合大学，小学校に導入された。科学的研究は一層深刻な問題に取り組み始めた。その運動は国中に足場を得て，ネットワークを確立する意義が議論された。デューイは堅固だった。

> 私たちは，国中から理解されるまで前進していく。私たちは，小委員会をつくり積極的な活動を通じて，大きな組織を発展させるべきである。広範な宣伝と関心を確実なものとするために，すべての地域の男女の支持を得るべきである…。新しい AHEA メンバーには季刊誌か，月刊誌を通じ接触を保つべきだろう」（LPC. Tenth Annual Meeting, 1908）。

デューイは，家族生活に有害な社会的条件を克服するために，結果として「賢明な立法」をもたらす「世論」の教育を胸に秘めていた。

10年間の『議事録』は，パイオニアたちが家族や社会改善のヴィジョンによって結束したことを示していた。このことは，社会運動として概念化されるのに勢いを与えた。運動に確実な基礎を与える政策に対する自覚も生まれた。例えば，理論発展の必要性，意識改革，抵抗の克服，運動ネットワークの形成について意見が述べられた。しかし，これらの考え方は，重大な問題を概念化したり，行動を導いたりする包括的なパラダイムや一貫した理論的枠組みには発展しなかった。

確かに初期ホーム・エコノミストたちは，引き受けた仕事の大きさから考えれば，大きく進歩した。しかし，運動は予想したほどには成功に至らなかった。現代の批判は，早い年代に根づいたホーム・エコノミクス分野の問題が，実証科学の仮説を固守したために大きくなったことに向けられている。

10-2 現代の批判

　ブラウン（Brown, 1984）は初期のレイク・プラシッド会議参加者たちが，個人の発達とより民主主義的な社会を促進するような家庭生活を創造する教育の必要性を発見したと主張している。ホーム・エコノミクスは（倫理を含む）哲学，歴史，文学，社会科学，自然科学を用いた学際性をもつべきであった。しかし，後の会議を支配した見解は，家庭をビジネスライクに能率化するために，専門技術や「事物の経営」を強調した。改良された物的経済的条件が，モラルや知的，美的条件を改良すると，無邪気にも考えられていた。

　結果として，経験・分析科学と科学技術の強調が，初期の関与実態とは矛盾する重要課題と専門的実践を導き出すことになった。さらに，ホーム・エコノミクスはこれらの支配的な見解と矛盾とによって，未だになお，有害な影響を受けている。今日，この分野は内部矛盾に苦しみ，私たちはホーム・エコノミストとして「自らの熱望することに不忠実である」（Brown, 1984）。

　ヒューペンベッカーは述べている。ホーム・エコノミクスは家族が焦点だと主張しているにも関わらず，「今日のホーム・エコノミクスの卒業生の多くは，家族福利のための社会的責任よりも，職業に合った専門領域にそって，専門家の役割をもつ準備をしているように思われる」（Huepenbecker, 1986）。また，複雑な社会問題が個別専門領域では包括され得なくなっているのだが，それが大変深く根付いているため，問題解決のための協力を促進するのは容易ではない。

　ホーンもまた，ホーム・エコノミクスにおいては，雇用現場に出る準備のために，家族や進歩的運動を焦点とすることが拒絶されていると見ている。彼女は，職業的活動範囲の拡大と家事的活動範囲の減少とともに，個人の職業生活が家族や社会の福利以上に重要になっていると論じている。ホーンは二つの代替案を考えている。すなわち「私たちは，個々別々の技術レベルの専門領域の中へ消え去ることができるし，そうでなければ，人の経験を豊かにさせ得るような真に統合された学問になり，社会の公益に関与する専門になることができる」（Horn, 1988）。

　イーストは指摘している。初期のリーダーたちの中には，ホーム・エコノミクスを家族の福利に関する知識を統合する一つの哲学と見なす者もいた。この有機的全体性は絶えずリーダーたちに肯定され続けていた。それにも関わらず，ホーム・エコノミクスはホリスティクな分野としては一般的に受容されてこなかったし，共通の目的に同意し，これを明言してもこなかった（East, 1980）。グリーンもまた，ホーム・エコノミクスの内容の統合を通じた，使命や中心概

念，家族へのホリスティク・アプローチの本質についての歴史的な肯定を書き留めている。しかしながら，彼女は次のように述べている。「一時的な利益や管理上の便宜のために，この分野の使命や本質的コアを否定することは，専門の生き残りにとっては深刻な脅威の原因となる」（Green, 1990）。

ホーソーンは，ホーム・エコノミクスが学際的で統合された学問だと再び主張することを論じた。また，それに学部が責任を負い，彼らの専門領域を全体のプログラムへの貢献という視点にたって理解するよう勧めた。彼女は，教員たちが共通の哲学と目標を共有する明確なアイデンティティについての感覚を発達させることと，これを一般の人々に伝えることが緊急に必要だと考えた（Hawthorne, 1983）。

ヴィッカーズは，公共政策の策定に関わるときに，ホーム・エコノミストたちの間に見られる「なぜ私なの」「誰，私に」という態度を厳しく批判する（Vickers, 1985）。彼女は，市民参加は民主主義に不可欠であり，ホーム・エコノミクスの使命の遂行には，家族の利益のための政治的活動が要求されると指摘した。ヴィッカーズは，アメリカ家政学会の大部分のメンバーが政治的活動を嫌うことを嘆き悲しんでいる。今まで必要な行動を取りそこなっていることは，政治的に問題である。なぜならば，それは社会の現状を補強することになるからである。

ブラウンは，ホーム・エコノミクスの問題点は，実証主義（経験・分析科学の排他的正当性を主張する知識の理論）を無批判に採用したことにあると指摘している。ひび割れた実証主義の仮説を理論家たちは認めるが，それは，例えば次のように，ホーム・エコノミクスを害し続けている（Brown, 1984）。

1．実証主義は，信条や概念を単なる因果関係で説明しようとして，合理的な議論を通じた研究を排除する。そうなると私たちは，専門家として使命の中核をなす概念に同意するための合理的な議論に関わらないことになる。

2．実証主義は，「事実」としての知識の蓄積を強調するので，理論構築のための断片的・部分的アプローチを促進する。こうして，ホーム・エコノミクスの内容は分割され，専門領域の発達が促進されてきた。そして経験・分析科学はホーム・エコノミクス分野と家族や社会の複雑な問題を処理できないにもかかわらず，ホーム・エコノミクスの研究は依然として実証主義の方法論によって支配されている。

3．経験・分析科学は，因果関係の「中立的」観察に焦点をおいているので，世界を「あるがまま」に観察する。それは，社会関係についてどうあるべきかを提示することができない。こうして，現在の秩序を正当化している。

4．実証科学的方法が人間行動の研究に用いられると，人間は単なる事実や対象物とみなされる。つまり，この方法は人間関係の豊かさや複雑さを認識することに欠けるため，家族問題の小手先のごまかしや官僚的「解決」を促進する。
5．実証主義は，事実と価値を切り離し，価値が妥当性をもつはずがないと主張するので，「純粋」知識を追究し，モラルの問題を払いのける。こうして私たちは，専門的活動が含意するモラルを無視する。つまり，家族問題に埋め込まれているモラルの問題に取り組まない。また，私たちは公共のための調査や社会規範の妥当性に関わる義務を認識することに失敗している。
6．実証主義における理論と実践の分離は，政治的活動家から理論的な知識人を，また市民から学者らしい専門家を切り離すことになる。これは，家族のための公共政策の策定に一般の人々が参加するのを妨害することである。

　実証主義はホーム・エコノミクスにふさわしい基礎ではない。しかしながら，私たちは，代用の学説を調べる前に新しいパラダイムを概念化すべきである。「新しい」社会運動の特徴が有益な出発点を提供する。

10-3 「新しい」社会運動の特徴

　社会運動は，現存の社会制度を変化へと向かわせる集団的活動の一つである。オッフェが指摘しているように，「新しい」社会運動は，生活の条件に関わる巧みな操作や制御および官僚制に対抗して，人間の自律性やアイデンティティを促進する価値に関わる（Offe, 1985）。活動には，対内的な活動（非公式，平等主義者）が含まれる。それによって個人は集団を形成するようになる。また，対外的活動によって政治的敵対者に集団で対抗することになる。新しい社会運動は，文化的な貧困や自由をなくすことに抵抗し，意識改革と政治的表現を通して社会の変革を求める。活動する者は，さまざまな政治的，社会階層的，職業的背景をもつ。まさに，人的サービス専門というのが的確な表現であろう。フェイは，そのような運動における主な要素は，理論と実践の弁証法であると論じている（Fay, 1987）。彼は最近の女性運動の様相を例示して，成功に向け貢献した三つの点を強調している。

　第一に，性を基盤とする不平等の排除を目指す運動は，批判的社会理論によって導かれている。競合する理論がフェミニストたちによって提唱されているものの，フェイは，大部分の理論が共通点をもっていると主張する。彼はフェミニスト理論はまだ発展し続けているが，それが一般的には統一性を示し当を得たものになっており，理論，根拠，そして実践の間の弁証法的関係を示

していると指摘している。理論あるいは一群の理論もまた弁証法的であり，歴史と現在の双方の社会状況にわたる分析を包含している。理論の主要な目的は一定階層の人々（この場合，女性）を啓発することである。女性たちは，自ら確実な実践を続けようと協力することにより悩み始める。だから，これらの実践は結局解決される。虚偽意識と社会の危機という点から女性の経験を説明し，理論化することが活動への道を開く。

　第二には，意識改革を図っているグループが重要な役割を果たしている。女性運動では，国中の何千もの小集団が，女性たちに思考，経験，および感情をやり取りする機会と，彼女たち自身と彼女たちの世界についての新しい考え方を開発する機会を与えた。これらの集団を通して，多様な出身をもつ女性たちが，統合を経験し，気づかないうちにいかに協働し，自分たち自身が勢いづいたかを理解した。また自らの新しい洞察にしたがって行動する力が獲得されたのである。

　第三には，抵抗と教育のあり方との関係である。フェイは指摘する。女性運動は長い間，この問題を克服してはいないが，初めは，運動に反対していた女性たちが，別の見方で自分自身と社会をながめるようになった。ここで，重要な点は，運動を導く理論や批判が，女性たちの経験を表現できる普通の言葉へと言い換えられていることである。思慮深い啓発が，意識に大きな変化をもたらしたのであり，だから女性運動は社会生活に深く影響を及ぼしているのだ。成功に向け社会運動が貢献する諸特質は，それが例えば批判的社会理論の基礎をもち，意識改革や集団のアイデンティティの発達を促し，抵抗に対し教育が方向づけを行うなどの点にある。それらは，以下に概略を示す主要なパラダイムの特質である。

10-4　ホーム・エコノミクスのための新しい統合パラダイム

　ホーム・エコノミクスは，一つの運動として，使命志向分野として，そして一つの専門として概念づけられてきた。このような概念には反対の必要がない。しかし，基本的な価値は家族の福利にある。ホーム・エコノミクスを対人サービス専門として概念化することに関し，例えば，ブラウンは次のように指摘する。すなわち，知識は専門の外で起こる（家庭や家族に関する）重大な社会問題の解決のために，学問から引き出される。また，専門的サービスは専門家とクライアントの間のコミュニケーション的対話を含む（Brown, 1980）。

　ホーム・エコノミクスはまた，国家（官僚制）や市場（コンシューマリズム）

がますます分解させるようにして，家族の生活に侵入してくるのに対抗できるような新しい社会運動としても概念化されるべきである。重要問題に光を投げかけ，行動に指針を与えるパラダイムや首尾一貫した理論枠組みを以下で概説する。それは，三つの統合的で相互関連的な構成要素に焦点を合わせている。つまり，包括的な理論的基礎，意識改革グループのネットワーク，そして不合理な抵抗を克服する対話的戦略がそれである。

10-4-1　理論的基礎

批判理論がパラダイムの基礎として選ばれるであろう。この理由は端的には，以下のとおりである（Warren, 1988）。

1．批判理論は，実証主義のような閉じた思考システムとは対立する自己反省的で自己批判的な理論である。それは価値自由な知識や「中立的」研究の仮説を拒否し，実証科学の排他的妥当性の主張を否定する。ハーバーマスは人間の関心に基づいて科学を三つのカテゴリーに分類している。すなわちそれらは，労働を通じて物質的必要性に応えるための技術的関心に由来する経験・分析科学，コミュニケーション的理解と社会的統合に関心の基礎を置く歴史的解釈科学，そして権力行使から帰結する，歪められたコミュニケーションの解消のための解放者的関心に根ざした批判科学である（Habermas, 1971）。包括的な知識理論を受容する批判理論により，家族の複雑な問題に合理的に取り組むことができる。

2．観察者の対外的パースペクティブとともに，そのメンバーに向けた対内的パースペクティブに基づき，社会を歴史的でホリスティクに眺めることで，批判理論は社会構造や社会過程と人間関係の複雑さに光を投げかける。社会は人間の創造物だと認識されているが，人間によって変化させられる対象物でもある。

3．批判理論は，相互主観的に共有された信条と概念が社会の不可欠な要素であると考える。信条と概念は一定のシステムを通じ歪められ得るが，人間には新たな根拠を考えることで，批判的に自己反省し合理的に修正する能力がある。このような修正はホーム・エコノミクスが，その使命の中心とする概念の意味を明確にし，またその実践が，家族が力強く発達できるような公正で民主的な社会を促進することを確実にするためにも，不可欠である。

4．表面の内側に入り込むことにより，批判理論は，社会状態の根源や，それらが人間生活に与える影響を扱う。すなわち，解雇に起因する社会的な機能障害や戦略的（技術的）行為が起こすコミュニケーション活動の歪み，科学やテ

クノロジーを強調する西洋文化の不均衡な発達がもたらす人間生活のモラルや美的側面の損失，そして専門領域の発達と「エキスパートの孤立」，その結果起こる「意識の断片化」と，社会とその問題についてのホリスティクな概念の獲得が困難になることなどが挙げられる。批判理論は「その場合にはどうするべきか」に関わり，合理的な変化のための基盤を提供する。それは，知識の探求に新しい感受性を注ぎ込み，人間の状態に対する新しい洞察力を与え，そして理論と実践を結びつける。

批判理論を考え発展させた1979年の使命声明は，ホーム・エコノミクスが複雑な家族問題を扱うという挑戦を表明している。次の提案はその一貫した合理性により指示される。

> ホーム・エコノミクスの使命は，家族が個別の単位として，また一般的には社会制度として，次のことを導くような行動システムを確立し維持できるようにすることである。(1)個人の自己形成における成熟，(2)社会的目標とそれらを達成する手段の批判と形成に協力的に参加するよう啓発されること（Brown and Paolucci, 1979）。

この使命声明は，技術的，コミュニケーション的，開放的行動能力の必要性を主張するホリスティクな知識・行動概念に基づいている。声明はまた，経験・分析科学だけではなく，解釈科学や批判科学の方法を用いた研究と理論の必要性を強調している。

批判理論の受容はホーム・エコノミクスを傷つけることとして，実証主義を固守することで，その受容が抑制されているが，ここで示したパラダイムは批判理論に基づいており，1979年の使命声明を組み込んだものである。この一貫した理論的な基礎は，運動のネットワーク全体を通して行動に確固とした方向性を与えるだろう。

10-4-2　統合的な運動ネットワーク

ホーム・エコノミクスのネットワークは，中核となる個人や集団を，広範な参加者と結びつけるだろう。ネットワークの本質的特徴は，共有された集団のアイデンティティの発展，すなわちホーム・エコノミクス運動のメンバーとして認め，また認められることである。

理論，根拠，実践の弁証法が運動を活性化させるだろう。大学教員は，理論的発達に関わり，そうすることでホーム・エコノミクス分野の極めて重要な問題の概念化に関わる。学生たちは，ホーム・エコノミクスの理論と使命から導かれた統合的な研究の中核を受け入れるであろう。専門領域は，使命や理論的

基礎から生まれる共有された一連の仮説を通して中核と結びつくであろう。

　公立学校の教師やホーム・エコノミクスの生活改良普及活動に携わる人々は，カレッジや総合大学を卒業しており，強い目的や方向についての意識をもつであろう。学生や親の集団とともに働くホーム・エコノミストの役割は，意識改革と教育にあると言えよう。焦点は，現代社会の家族の重要性，社会文化的および政治経済的コンテクストに置かれた家族問題の特質，そして家族を能力強化するという意味と目的に置かれるであろう。

　ホーム・エコノミストたちの，専門学会や地方の集団は，家族問題についての会員と一般の人々の意識を高めるであろう。不適切な福祉政策や官僚的介入，家族生活に対する大企業の破壊的な影響への対応において，もし必要ならば，集団的抗議が組織されるであろう。参加者たちは，対話に参加し，マスメディアを利用し，世論や家族政策策定に影響を与えるだろう。ネットワークの至るところに，参加者の統合と，理論と実践の統合が生じるであろう。

10-4-3　抵抗の克服

　運動に対する内部抵抗　ホーム・エコノミストたちの誤った信念から，運動の中心となる理念への抵抗（例えば，家族のニーズ，家族問題の原因，ホーム・エコノミストの役割についての曲解など）が起こるかも知れない。社会的存在についての幻想は，社会の批評を考えて家族やホーム・エコノミストたちの経験を解釈することにより，払拭されるだろう。一定のシステムにより歪められた信念が，家族とホーム・エコノミクス分野の利益を徐々に害していったやり方を，対話が明らかにするだろう。また，ホーム・エコノミストの活動がどのようにして権力集団の利益を促進し，家族や社会を損なうことになったかも明らかにされるであろう。

　集団的活動の可能性は，熱心な討論を行う参加者の能力に依拠している。それがあるような学会をいわれなく妨害することや論争解決のための議論参加を拒否することは，集団的学習の障害となる（Eder, 1985）。議論を通して，参加者は歪みが分かり，社会を，責任ある集団的行動を通して変えることができる人間の創造物として理解することになるだろう。

　運動への外部からの抵抗　運動が社会の権力集団の利益を脅かすときは，抵抗が予期される。抵抗には，社会関係の複雑を十分にとらえ，理解しながら対応すべきだ。規制，制御，介入といった官僚的なやり方では，競合する主張を解決することはできない。また，人々が問題を理解し，それに向かってモラルある方向づけを行い，公益のために集団的意思決定をするには，人々の対話

を促進することが不可欠である。

10-5 結　論

　家族の重要性を認め，強力な産業的経済的利益が家族や地域を分解することを警戒した初期ホーム・エコノミストたちは，破壊的な力に抗するために社会運動を開始した。彼女らは，大きな進歩を遂げたが，行動に対する一貫した理論的基礎の欠如が，主要な問題がまだ解決されていないことを物語っていた。ホーム・エコノミクスが社会運動だというとらえ方は徐々に衰えた。私たちが，初期の問題を理論的，実践的に扱い損なったため，それらの問題は永続し，家族や社会の差し迫った問題の救済に必要な活動に関わるとき，それらがまさに私たちの分野の存在を脅かす。

　家族の福利とホーム・エコノミクス分野の徐々に衰えさせる力に対抗する社会運動として，ホーム・エコノミクスが概念化されることを，ここにおいても提案する。主要な課題を明らかに概念化し，一貫した防御的な活動方向を示せるようなパラダイム，あるいは理論的枠組みの概略は与えられた。このパラダイムは，(a)実証主義を時代遅れの理論として拒絶し，(b)理論と実践を統合する批判的な社会理論を基礎に，(c)統合的で啓蒙的な運動ネットワークの必要性を打ち出し，(d)抵抗の問題への教育的アプローチを強調する。

　ホーム・エコノミクスは，反省的，合理的に変化する必要がある。そして，アリス・チョウンの言葉は1902年と同様に今日にもふさわしい。

　　　歴史上すべての危機は，何かより高い概念を具体的に表現しようとする
　　　人々の努力からきている。すべての偉大な思想運動はその進取精神から，
　　　人間の可能性について新たな認識をもたらす（LPC. Fourth Annual Meeting,
　　　1902）。

　ホーム・エコノミクスは，より高い目的概念を具体的に表現し，家族と個人が十分に発達する正しい人間社会を創造する新たな可能性を認識することに成功するであろう。

11. 高等教育におけるホーム・エコノミクス——便宜的な集団か,あるいは目的をもつ集団か

(『ホーム・エコノミクス・リサーチ・ジャーナル』1990年12月, Vol. 19, No. 2, pp.184-193)

ヴァージニア・B・ヴィンセンティ(マサチューセッツ大学家政学部)

　　　　　本論文は高等教育におけるホーム・エコノミクスのカリキュラムに焦点を合わせ,実践的で繰り返し起こる一連の問題をめぐって組織された統合的で学際的なカリキュラムが,分野の有効性を強化するということを論じる。ここでは,高等教育における一つの現象としての学際性についての議論から始める。それが,カレッジや大学におけるホーム・エコノミクスの統合的,学際的なカリキュラムを開発するための理論的背景となるし,カリキュラムにおける実践的で繰り返し起こる問題の枠組みを説明することにもなる。それはまた,統合されていないホーム・エコノミクスの行方を模索し,対話的な研究モードを用いることによって,統合を容易にするための考え方を提供している。

　ホーム・エコノミクスは,最初は学際的な領域として設立された。ただ「学際的」という用語はその時には使われていなかった。分野は今世紀の変わり目に,私たちの社会の顕著な文化的・経済的変化が,家庭における家族生活に与える影響についての関心から発達した。この関心はさまざまなタイプの研究機関の化学者,心理学者,社会学者,教育者にも同時に起こっている。しかしながら,ブラウンが指摘したように(Brown, 1985),レイク・プラシッド会議参加者のすべてが,この学際的アプローチに賛同したわけではなかった。しかし,ホーム・エコノミクスは学際的な分野として存在し続けている。全体として,私たちは家庭にとどまらず,より大きな環境における個人と家族に焦点を合わせ,自然科学,芸術,人文科学から知識を引き出した。科学中心主義,男性中心主義の社会において,ホーム・エコノミクスが,最初は女性の学際的な専門分野として発展するのは容易ではなかった(Vincenti, 1987)。正当性を獲得するための苦闘は,学界自体の変化がそうであったように,ホーム・エコノミクスも,創立の本来的理由に焦点を合わせるよりも,むしろ外部の関連学問の方を向いた専門領域の発達という傾向となって現れたようにみえる。

　この論文は高等教育の一つの現象となっている学際性に対して,いくつかの

パースペクティブを示そうとするものである。すなわち，カレッジや大学におけるホーム・エコノミクスと学際性との関係を検討し，分野のための統合的で学際的なカリキュラムを開発するためのアプローチを提供する。さらに統合性を欠いたホーム・エコノミクスの行方を検討するとともに，統合を促進するための考え方を提供する。

11-1　ホーム・エコノミクスの学際的コンテクスト

　19世紀初頭，アメリカ合衆国の大学の目的は，「社会を高揚し統一する影響力をもつ『教養人』」を作り出すことにあった。そのため，学生が「さまざまな領域の教養を統合し…しかし，より重要なことは（彼らが）個人的にも，社会的にも良い人生のための生き方の意味を見いだす」手助けをするためにモラル哲学が必要とされた（Bellah, Madsen, Sullivan, Swidler, & Tipton, 1985）。後に，ジョン・デューイや他の教育者（初期のホーム・エコノミクスのリーダーも含まれる），さらに新しく設立されたランド・グラント大学も，高等教育レベルにおける正式な学習内容に，良い人生のための生き方を統合するという考えを強くもっていた。

　しかしながら，加速度的に増加する知識のために多くの専門領域がつくり出されて，そのような統合化は重視されなくなった。19世紀の後半までには高等教育のこのようなモデルは，「教養人」が「科学者」になって，研究を主とする大学のモデルに置き換えられた。20世紀前半の数十年までに，高等教育は専門領域と学部体制によって囲い込まれてしまった。教育が人間を一定のタイプに発達させるという考え方は重要でなくなり，一方，ある特定の種類の仕事をするために養成することがより重要になった。

　合衆国でこうしたことが発生する一方，イングランドとスコットランドではともに，学際性を通した統合が受容されていた。イングランドでは全人的な教育が強調され，スコットランドでは，カリキュラムの中で哲学が重要な位置を占めていた（Knowles, 1977）。多くの国で，専門領域プログラムに学生を登録させ続けていたが，今世紀中旬には，大学の教員も学生も，より広く，より統一されたカリキュラムの必要性にますます気づき始めていた。1950年代から1960年代にかけて，多くの学際的プログラムが発達した。しかし1960年代の終わりごろには，このようなプログラムへの関心は，ヨーロッパではまだ強く残っていたが，合衆国では衰えてしまった（Knowles, 1977）。

　学問に対する学際的アプローチが，この国ではなぜそんなに注目されなかに

ついては，いくつかの関連する理由があるように思われる。第一の理由は，他の理由の基本にもあることだが，合衆国では処方箋的方法論をもつ科学的な研究，つまり変数を制御するために知識を要素に分解してしまい，現象をそれらがもつコンテクストから切り離したうえで一般化するような科学的な研究を，あまりに重要視することである。

　第二の理由は，教員の養成を焦点としている。ドイツの教授モデルに影響されて，多くの合衆国の大学教員は，自分自身を「学生が成功するか否かには責任はなく，唯一教える内容の質にのみ責任をもてばいい」エキスパートだと考えている（Boyer, 1987）。中等教育と高等教育のほとんどの教員は，教育準備期間中から自分自身をほとんど排他的に専門領域教科の教員としての役割を果たすことを学んでいる。専門家になるための教育は，彼らに，いかに内容を統合するかを教えないのが常である。さらに，ほとんどの大学教員は学部教育終了後，各自の大学院学位にあわせて興味の範囲を狭める。こうして関心を狭めることは，教員が複数の学問の知識を自分の教育と研究に統合する可能性を減退させ，学際的な教育は，学問間の関連性を明瞭にできる能力をもった教員に専ら依存することになる（Knowles, 1977）。

　学際的な教育が合衆国であまり重要視されないもう一つの理由は，高等教育機関そのものにある。第二次大戦後，政府の補助金が大学を，いっそう研究志向へと促したため，教員の教育への関与が減退した（Boyer, 1987）。よい授業は価値があるが，学問的な追求のほうがより見返りが大きい。資金獲得のための学科間の競争がカリキュラムを分断し，教員を互いに孤立させた。その結果，あまりにも多くの最新の研究機関が狭い学科的関心に分断されてしまい，より豊かな感覚で教えることに障害が生じた。学生も教員も，たまたま同じ飛行機に乗り合わせた乗客のように，便宜的な集団のメンバー（Boyer, 1987）であり，他の分野で何が起こっているかに関心も知識ももたず，別々に研究している。ボイヤーが説明したように（Boyer, 1987），論文を出さなければならないという圧力は，ある程度はどのようなタイプの研究機関にもあるが，それは特に，総合大学と自らを「過渡的」とみなす博士号授与機関ではっきりしている。なぜなら，その機関はそこの教員が行う研究から，財政的な利益と地位を得るからである。そのような研究機関では，教員の研究に期待を膨らませ，また学部学生を多く入学させようとする一方で，「教育と研究の優先順位をめぐるキャンパス内の緊張」を生み出している（Boyer, 1987）。これは特に，学部学生のコースを担当しているが，まだ教授在任資格のない教員への圧力となる。これらすべての理由から，学際的でない教育が行われていることに驚くことはない。

専門領域過度の発達は，社会的な分断をも含んでいる。マーゲノウによると「社会のメカニズムのそれぞれの輪は猛烈な効率性とスピードで回っているが，それぞれを結ぶギアがない。そういう状態で私たちの社会は進んでいる」(Margenau, 1972)。その結果，個別的，競争的に働き，技術的アプローチを用いているスペシャリストには，アルコール中毒，薬物中毒，飢え，ホームレス，財政危機，家庭内暴力，未成年の妊娠という今の社会が直面している複雑な問題を解決できそうにない。こうした現象は，コンテクスト内の要素や厄介な文化パターンを内包する持続的で根深い問題というより，むしろ病的兆候として問題それ自体を考察することが有効であろう。私たちは科学的合理主義と競争的効率性をあまりに強く信じているので，問題を解決するのに，統合的で学際的なアプローチとは対照的な，技術的で一面的な対処療法的速効的なアプローチを用いる傾向がある。しかし現代社会が直面している問題の多くは技術的なものではなく，モラルの問題か，あるいはモラルを包含している。それらの解決のためには状況を分析し，問題を明確にし，人と文化の価値や意味を理解し批判し，多くの専門領域から適切な情報を求め，対立する価値観を比較考察し，モラルをもった合理的で公正な意思決定をし，その後に適切な行動をとる能力が必要とされる。大学院生には，彼らの行動を導く責任ある人生哲学や世界観へと，技術的な情報，価値，基準を統合する能力が必要である。

　技術的・経験的パラダイムが優勢であるにもかかわらず，今日の問題の複雑性と，専門領域をまたがる協力の必要性への認識は増大している。例えば，『学際的な分析と研究』(Chubin, Porter, Rossini, & Connolly, 1986)，『現実のモデル　思考と行動の形成』(Richardson, 1984)，『創造性と発明の窓』(Richardson, 1988)等はすべてこの6年以内に出版され，問題解決のための国際的で学際的なアプローチに焦点を合わせた本である。この傾向が，人文科学系の大学や教養大学に限らず，工学的な分野や研究機関でも同時に起こっているのは興味深い。例えばマサチューセッツ州ウースターのウースター・ポリテクニック・インスティテュートは，知識の一面的見方の欠点を認識し，「科学技術的ヒューマニスト」を養成するための学部学生向け工学プログラムを完全に修正した。新しい学際的なカリキュラムは使命と価値によって統合されている。そのカタログの内容は次のとおりである。

　　　価値を含まない事実を学ぶことはもはや受け入れられない。科学者や
　　技術者は，現代科学技術の成果と，私たちが生きるこの世界で自分たちが
　　意思決定した結果を評価できなければならない。一方で社会学者や人文学
　　者は科学技術の基本的な力の理解をいっそう深めなくてはならない。私た

ちは今，科学技術とそれがもつ社会的な意味の両方を理解できる人，つまり，自分たちの機械を理解し，また人々の広がりのなかの自分の位置を自覚している人物を必要としている。専門領域の発達は学際的知見の広がりによって適度に抑制されなければならない。なぜなら私たちの科学技術世界の問題を解決するためには，広い視野の知見が必要とされるからである（WPI Catalogue, 1984-85, cited in Boyer, 1987）。

　ペンシルヴェニア州立大学の地球化学者であるラスタム・ロイも学際性について論じている。彼は，特定の学問領域はそのまま残るだろうと言いながらも，諸分野が，食糧，エネルギー，物質，健康，情報，移動手段，住宅，そして環境といった社会についての永遠の人間的関心に基づく自らの使命をもつ傾向を正当だと考えている（Huepenbecker, 1986）。この二つの資料・文献とも，統合された学際的な問題志向のアプローチを主張している。70年代初期からの，専門領域の職業指向教育の劇的な増大にもかかわらず，こうした専門化の狭隘さや伝統的な学問を基盤にした学科に対する反発から，多くの学際的なプログラムが開発されつつある（Boyer, 1987; Knowles, 1977）。ボイヤーの報告によると，大学の教員採用や企業の新人募集で，技術的に訓練されているよりも，読解力や洞察力があって，やる気ももった幅広い教育を受けた卒業生を求めるケースが増えている（Boyer, 1987）。

　高等教育カリキュラムのいっそうの統合を求める学者や，より広く教育された卒業生を求める雇主がいるだけではない。学生もまた同様に，そのような要求を表明している。学生は自分たちが「職業の需要に引っ張られる」ことを認めてはいる。しかし彼らはまた，「知識がより緊密に結び合った見方」を切望するような「パースペクティブへと自分の人生を押し出す必要」も深く感じており，「仕事を得，昇進することが十分に人生の目的を達成するかどうか」に疑いを抱いている（Boyer, 1987）。最近の学生に行動主義が増えているのは，直接的な自分だけの関心を超えること，使命感をもつこと，あるいは人生に意味をもたらす必要を感じているからである。ボイヤーによると，大学教員は，知識を学生の生活や世界に関連づけるよう検討を試みるべきであり，学生が個人的な関心を超えて，より統合された知識の見方をもち，より本物の人生観を得られるように支援すべきである（Boyer, 1987）。このために学界は，カリキュラムに関心をもち，専門領域間に橋をかけ，学際的な教育を学生に与えるのにいっそう適した教員を養成し，鼓舞し，また彼らに報いる方法を発見できるリーダーを求めている。

　要するに，問題解決のための学際的なアプローチは，幅広く支持されている

ように見える。私たちは十分に長く，科学革命とともに生き，この科学革命から多くのものを得たばかりではない。そのアプローチの狭さが多くの問題点を創出していることもまた認識している。現代社会において理解には深さと広さの両方が必要とされることは，ますます明白である。

11-2 学際的な領域としてのホーム・エコノミクス

　学際性を通じた統合化のこうした一般的な叙述を通じ，あるいは高等教育カリキュラムが統合化されていないために，疑問が生じる。すなわち一分野としてのホーム・エコノミクスは，その専門諸領域が深さの探求を通してますますそれぞれ孤立化に向かう傾向を再考すべきなのではないか。ホーム・エコノミクスがますます専門分化する一方で，個々の高等教育のカリキュラムの統合的側面や認可基準が，無視され故意に弱められつつある。ホーム・エコノミクスの学際化の可能性を無視することについては，ここ数十年の文献が証明している。ヘンダーソン（1954），マッグラス（1968），フックとポルーチ（1970），ホーンとニコルズ（1982），グリーン（1984），ブラウン（1985），マッカラーズ（1987），ホーン（1988），レイとウェブ - ルポ（1988）といった著者たちは，ホーム・エコノミクスが統合的なものの見方と役割を失いつつあるという懸念を表明した多くの専門家のうちの数名である。彼らはまた，このために，ホーム・エコノミストが個人や家族の生活改善に効果をあげていないとも結論づけている。

　共通の使命，共通の関心や問題，さまざまな学問を一つにする共通のイデオロギーや哲学といった，統合を求める力によって学際性は生じる（Knowles, 1977）。一つまたはそれ以上のこうした統合するものがなかったとすれば，ホーム・エコノミクスは最初の場面で設立されなかったであろう。その学際的性格ゆえにホーム・エコノミクスは，深刻な社会的問題の解決に貢献する可能性を，著しく未発達のまま保持してきた。しかし，ホーム・エコノミクスの有効性やホーム・エコノミクスが一つの学問として，また専門として存在し続けてきたことが，専門分化によって脅かされている。専門としての成功は，この問題を解決するか否かにかかっている。

　分野のこうした「反統合」傾向は終わった事実なのではなく，私たちは選択することができる。今までどおりに基礎学問の狭い線にそって，より深く追求しながら，存在し続けることも可能である。あるいは，学問の壁を超えた共通の概念を明らかにし，現存する専門領域のすべてを含んだ分野統合を再構築するために闘うことができる。あるいはまた，使命，問題や関心，そして・また

は私たちを統一し導く哲学について同意することができる。私たちの仕事を共同の成果とするために，専門領域間で歩み寄ることもできる。後者二つの選択肢が，分野内の立場の違いの基盤にある，暗黙の価値や目標についての理解の改良という闘いを必要とすることは疑いない。それらはまた，個人として，専門領域として私たちを導いてはいるが，しかし，他の専門領域の仲間たちのパースペクティブに対しては私たちを盲目にしている，さまざまなパラダイムの理解を要求している。支配的パラダイムのまさに内側では，ベラー等（1985）の指摘のように，今日の「科学者」としての大学教員の仕事が知的仮説を基礎とするものとなっており，また言語が領域別に非常に専門化しているため，一般の人々の中の教育を受けた誰かというよりも，むしろ同じ専門領域の仲間内でだけ，話しがよく通じ合うようになっている。私たちは，「パラダイム中心主義」に苦しめられている。私たちは，自分たち以外の人々がもつパラダイムについては，その存在を認知できず，また，それを支持する人々を十分に尊敬することも，彼らから十分に学んだりすることもできないようである。このことは，ホーム・エコノミストにのみあてはまる批判ではない。この問題は高等教育全体に蔓延しているようにみえる。

11-3　さまざまなパラダイムを横断する学際性

　知識や真理の特質の研究を主眼とする哲学としての認識論が，高等教育機関の教員の教育に欠けている。そのような背景を欠いた多くが，支配的な学説やパラダイムを採用することについては理解可能である。こうした人々は実証主義者といわれる。彼らは，すべての知識，理論そして学説が，純理論的経験科学で開発された方法が生む良識的データから引き出されていると主張する。彼らは，そのような方法が何かを知るための唯一の正当な方法であると確信している。

　私たちの分野が，知識についてのこうした一次元的視点を超える方法は，ブラウンが相当長い間提唱している分野の哲学的な基礎を考察することである。それには，ユルゲン・ハーバーマスが展開させた知識の理論が含まれる。それは多くの分野で認識されつつある。実際，シューバート（1986）によれば，ハーバーマスは，認識論とその文化的意味を扱う哲学者の中で，「最も広く引用される一人」である。彼は実証主義を拒絶するが，関心が相応に技術的である場合，科学的理論はしかるべく演繹的に引き出される概念や因果関係の一般原理を基盤とするか，または感覚を通して観察される予測可能な関係を基盤

とするという前提は受け入れる。しかしながら，関心が文化，解釈，意味に関連するときは，純理論的経験科学から引き出される理論は不適切であり，歴史的な解釈科学から引き出された理論がより適切であると彼は論じている。カリキュラム，専門，カレッジや総合大学（それらはすべて社会文化的構造である）についての理論は，どちらかと言えば，このカテゴリーの中から発展したものである。その目的は，純理論的経験的パラダイムのように事象を予測し制御することにではなく，むしろ行動規範についての相互主観的な理解と合理的な合意を創り出すことにある。第三のカテゴリーには，社会についての批判理論が含まれる。その目的は，社会構造，制度そして文化と個々人の生活における実践に明確に表れる無批判に受容された信念，概念，規範から，支配される者と支配する者の双方を解放することにより，支配と服従についての疑われることのない関係を変換することにある（Brown, 1985）。

　ハーバーマスの知識理論は，パラダイムを横断する学際的な研究のための適切で基礎的な理解を示している。そのような洞察力なしでは，異なったパラダイムをもった学問間に存在する，言語的で哲学的な障壁に橋を架けることが不可能でないとしても極めて困難なことがわかるであろう。同様に，さまざまな学問の代表同士の協力を必要とする問題も，解決されないばかりか触れられることさえもないということになる。

11-4　実践的・問題力リキュラム

　ハーバーマスの理論に依拠すれば，高等教育におけるホーム・エコノミクスのカリキュラムのモデルは，解決を見いだすために種々の学問とパラダイムの知識を必要とし，またそれらを探究する実践的で繰り返し起こる問題をめぐって組織され得る。この枠組みは，専門としてのホーム・エコノミクスについての次の二つの主要な仮説に基づいている。すなわち，(1)分野の一般的独自性と特に私たち自身の高等教育プログラムは，分野の内容ではなく，むしろ解決すべき問題－それは私たちの使命に直結した問題であるが－を中心に知識を明確に系統化し整理することから得られるのであり，そして (2)ホーム・エコノミクスが，学生やクライアントが実際の問題にモラルをもって防衛可能な判断を下すのを援助することに関与するのであれば，カリキュラムの内容は，そのような判断に必要とされるタイプの知識とともに，学生の思考過程も反映すべきである（Hultgren & Wilkosz, 1986）。ブラウン（Brown, 1977）およびブラウンとポルーチ（Brown & Paolucci, 1979）は，分野内の専門領域は，それらが取り扱う

統合的で実践的諸問題の差異に応じて決定されるべきであり，学生や教員を分離させるような伝統的な主題別区分によるべきではないと論じている。繰り返し起こる問題を組織化の枠組みとして用いることにより，学問コースは排除されることはないだろうが，問題に重点を置くことは，学問とその適用内容の統合を必要とするだろう。このカリキュラムが，関連づけられていない知識の無関連な集合であると理解されることはないだろう。時を超えて分野は，その研究の基礎と専門的実践において，ある洗練された水準にまで発展することができるだろう。危機に応じて変化する問題の仕組み上で焦点を絶えず移動させるようでは，専門的実践は不可能であろう（Brown, 1977）。

　一般の問題とは対照的に，実践的で繰り返し起こる問題は次の特徴を示す。
1．ありふれた問題であって，世代から次の世代へと繰り返して起きる。
2．必ず答えなければならない疑問を提起している。
3．決定を下すべき根拠がはっきりしていない。
4．そうした問題の解決においては，事態の現況が常に考慮されねばならない。
5．個々の解決は特定の時とコンテクストに応じた固有な方法でなされる。
6．疑問は競合する目標と価値の中からの選択を要求するだろう。
7．選択された解決がもたらす成果は，決して正確には予測できない。
8．疑問に答えるための根拠が，もし適切な行動を取れば望ましい事態に帰結するであろうと，私たちが考えるよう導く（ブラウンの理論がハルトグレンとウィルコッツにより適用された。Hultgren & Wilkosz, 1986, p.142）。

　このような問題を提示された学生は，種々の分野についての自分の知識を統合し，他の学生や多数の専門領域を代表する情報源的人物と協力して作業することを学ばなければならない。実践的問題志向型カリキュラムは，知的であり情緒的でもある過程，知識と価値，確立された知識と現れ始めた知識（自分自身，他の特定の人物，状況について），そして思考と行動に関する内容を含むだろう。この内容は，生活状況の分析，社会問題の解決，別の選択肢となりうる行動の創出と批判，および価値判断を軸として編成されることになるだろう。こうした活動は，私たちの社会のような複雑で多様な社会において，競合する利害を包含する問題に対する前行動的な対応を構成する（Hultgren & Wilkosz, 1986）。このようなカリキュラムは，学生が知識を利用し，置かれた状況を理解し，抑圧的な条件と人間的な結果と倫理的問題を認識し，自分の価値観と交流し合う他者の価値観を考慮し，責任ある行動をとることを学習するのに役立つはずである。このような複雑な問題に対して，学際的なパースペクティブによらずに，個別の学問へと編成された内容に重点をおき続けるならば，今日の

世界において学生が不利な立場に置かれることになるだろう。

11-5　統合の欠如がもたらす結果

　使命と一連の問題または関心，そして哲学への共通した関わり合いを欠いたまま，ホーム・エコノミクス高等教育単位と専門は分裂あるいは分解に向かっているように思われる。もしも就職市場の動向が高等教育プログラムの確立または削除を決定し，また，もしも研究の資金源が教員の研究の興味と，それに応じたコース内容に強く影響するならば，分野としての私たちの存在を，合理的にモラルにそって正当化することは困難である。レイとウェブ-ルポによれば，教員たちの目が機能と高度に発達した専門領域の人々に向けられたままだと，ホーム・エコノミクス・プログラムは悪化する（Ley & Webb-Lupo, 1988）。なぜなら，その結果として生じる柔軟性の欠如が，教員が複数の学問を横断して思考し仕事をする能力や，プログラムが発展するように資源を分かち合う能力を阻害するからである。いくつかのプログラムはあまりにも特殊で職業的であるために，学生が自分の生涯を，あるいは自分の仕事さえも見通すことを許さない。そして私たちの専門領域は時として，強力なプログラムへと移行するにはあまりにも多様で，あまりにも関連性を欠いている。

　統合されたアプローチなしに，プログラムが社会の現代的流れと危機に対応すれば，専門領域カリキュラムごとの発展が生じ，その結果，私たちの仕事に相互対立が発生する場合もでてくる。例えば，小売業プログラムが最新の流行を消費者に販売する方法を教えているかと思うと，その一方で，ホーム・エコノミクス教育，消費者経済学そして経営学のプログラムが，消費者が自分の意思決定の制御能力を高めるため，小売業の戦略を理解する手助けとなるような卒業生を養成している。またホテルやレストラン用のプログラムが，栄養や経済的価値への配慮がないまま，顧客に得だと売り込むことを卒業生に教えているかと思うと，栄養・消費者教育コースでは全く異なる判断規準を強調している。混乱と矛盾と競合は（学部の内部で，そして専門全体で）非生産的で非協力的そしてストレスの多い相互作用を生み出す可能性がある。不確かさと混乱は，その影響を受ける教員間の生産性と有効性，そして満足感を減退させる。このことは，それだけで学部の存立を危うくし，さらには，より広範な専門をさえ脅威にさらすであろう。活発な討議は健全であり，思考を明確化させる。しかし異なる意見の人々に対する関心や配慮そして理解についての共通基盤を欠けば，差異を乗り越える動機づけはほとんど皆無となる。

さらに，カリキュラムが無計画な方向に発展するのを許すならば，学部は共通の目的をもつ研究者集団ではなくて，多様な領域別専門家の単なる寄せ集めから成る，明確な存在理由をもたない便宜的集団になってしまう。便宜的集団においては，内部矛盾が，私たちが何者であって何を主張するかを明確にする妨げとなるため，内的・外的混乱が持続することになる。その結果，ホーム・エコノミクスの学部は不十分な資金をめぐる組織抗争で極めて傷つきやすく過敏になる。もしも一般の人々と公的政策立案者が，私たちのことを資金源が変わる度に方向を変える利己的な日和見主義者とみなすならば，個々の学部と専門全体への信用が制限され苦しむことになる。現在の傾向が続くとすれば，もはや私たちは，家庭生活の向上やあるいは家族の真の代弁者のような価値ある使命に，専門家として携わっているとは見なされなくなるであろう。実際，私たちは目的においてあまりに多様で一時的となっているために，一つの方向に多くのエネルギーを使うことができなくなっている。

　ホーム・エコノミストは，社会状況の合理的批判に基づいた関与を通じて行動するより，むしろ現状を支持していると，ブラウンは主張した。すなわち「私たちは，地味な政治的でモラルに関わる運動を未だかつて始めたり擁護したことがない。あるいは，その運動のための政治闘争に参加しようとしたことがない。私たちは社会的に安全であることを望み，船を揺すろうとはしない」(Brown, 1983)。私たちは運動が社会的に受け入れられた後に乗船する。ラルストンは，私たちが社会だけでなく私たちの専門の内部においても，フェミニズムとレイシズムに対し主流の立場にあったと指摘した (Ralston, 1988)。こうした低リスクのスタンスは，分野の統合的な使命よりも，個別専門領域によって自分を特質づけようとする人や，基盤学問とより緊密に結び付いていたい人の願望のいくらかの根拠になっている。私たちの社会において，使命はより低く位置づけられている。しかし，ホーム・エコノミクスの教員がホーム・エコノミクス高等教育単位の「反統合」を支持することで，自分たちの個別専門領域を基盤学問に関係づけようとする場合においても，そうした個別専門性は長期的にはうまくいかない傾向があると，ホーンは主張する (Horn, 1988)。基盤学問は，それ固有の伝統的専門領域のスペシャリティと同等に支持するほどには，新参のスペシャリティーを必ずしも評価していない。

　最後に，もしも各ホーム・エコノミクス高等教育単位が，まとまりのある専門の哲学や構造に関係なく，独力でカリキュラムを決定しようとすれば，その準備を自分で行わない限り，同じ意図をもった他の教員を見つけ出すのは困難であろう (Brown, 1985)。そうした準備は学界では受け入れられない。事実，こ

れは幾つかの学部が直面している問題である。

　私たちの現在の路線を継続していくことには多くの否定的な結果が存在する。しかし，高等教育を覆う諸力は極めて強いから，統合的なパースペクティブを再度燃え立たせる必要性に同意することさえ容易ではない。まして，真に学際的分野として機能し始めることは，さらに容易ではないであろう。

11-6　統合の促進

　どうすればホーム・エコノミクス分野内部で統合を促進することができるかということは，極めて複雑な問題であり，この分野の多くのスペシャリストが会員ではないから，アメリカ家政学会（AHEA）会員だけでは成功裏に解決できない。おそらく，AHEAが家政学部科長連合の支持を得て，計画を開始するか，もしくは組織することは可能であろう。すべての専門領域の専門家が，ある程度の相互理解を得ることができるようになるには，さまざまな専門領域の基礎となり，そして・または知ること・存在すること・仕事をすることについて他にとるべき道を示し得る別のパラダイムか知識理論を理解する必要があるように思われる。そうした理解を欠けば私たちの能力は損なわれ，協同的な努力の中ではパラダイムが相補的であり得るということを専門として正しく評価できなくなる。それは，競争や一次元的思考に蝕まれた事業において，パラダイムが矛盾し合うことがあり得るのと同様である。ウイリアムズが提案しているように，スペシャリストを含めた分野の専門家たちは，「経験的・分析的アプローチの狭い範囲を超えて，家族の多様性を理解し…抑圧構造と政策に変化をもたらすように個人の発達と協力的な努力を導く行動システム…（を理解するのに）より適合的な研究」（Williams, 1988）について知識をもち，またそうした研究に従事する必要がある。

　このような協同が行われるために，私たちは互いをもっと明確に理解し，コミュニケーションができ解釈的で歴史的な知識に基づいた解釈的行動システムを用いる必要がある。このモードは，理解をコミュニケーションを通じて達成するということに関係する。意図するところは，技術的アプローチを用いるのではなくて，個々の専門家が関わっている問題に伏在する価値と意味を問い明らかにすることにある。例えば，「統合」と「専門領域」の概念は，コンテクストや個人的な経験に応じて異なる意味をもつ。共有された意味に到達するためには，対話と弁証法的推論が必要とされ，そうすることで，それぞれの意味とそれを把握した方法が発見できる（歴史的理解）。このような対話は，相互の

尊重と，理解されたいというだけではなく，他者の観点を真に理解したいという願いの上に築かれる。そうした会話はまた，ディベートのように論点と反論点を提出するという意味ではなく，ある形式の議論を含んだ弁証法として行われるべきだ。弁証法的過程では，参加者の間の質疑応答により，意味が単に発見されるだけではなく創造される。この達成には，関連するどのような（ラジカルでさえある）考えでも表明できる開かれた対話を推進する必要がある。考えが過去のリーダーへの批判を意味する場合ですら，もし，開かれ敬われる考え方に対し特定のパースペクティブだけが許容されるとすれば，私たちにある差異は解消されない。

したがって解釈的行動が，共有された意味の構築において，内省と積極的な関与を促進し，またエキスパートや私たちの専門の有力メンバーまたは大学学部による条件付定義を受け入れることに対置する。そうしたアプローチが，みなが他者のパースペクティブから学ぶ研究者・専門家集団として，私たちが自らの専門と高等教育カリキュラムを討議する助けとなる。この見解の基底にあるのは，価値と価値判断は専門的実践の一つの統合的部分であるのだから，もし私たちがさまざまな立場やその立場をとるに至った経緯を真に理解することができるならば，問題解決を促進するに違いないという前提である。

このような協同の努力への参加者は，専門の使命と関心そして哲学，高等教育プログラムにおいて私たちが養成したいと願う専門家の種類，そしてこの分野が望む仕事の種類について，なんらかの理解に達する必要がある。この問題は，私たちが望むような世界と，このビジョンの実現のためにホーム・エコノミクス専門家が支援する方法について，仮説をたて決定を要求できるような卒業生を養成するといった職業関連問題を超えたものである。私たちがどのような人間であるのか，またこうした問題をどのように処理するのかによって，分野の将来を託された学生に対し，私たちが明確なモデルとして役立つかどうかが決まるのである。

（1989年3月31日受理，1989年11月27日受諾）

12. ホーム・エコノミクス―キャリア志向の専門領域連合

(『ニュース ミネソタ大学家政学部』15号, 1986年)

キース・マクファーランド

　ホーム・エコノミクスという専門は大きな転換期にある。現在の研究と討論の成果が新しいメンバーや関係のあり方を特色づけ，将来に影響を与えるであろう。学問の境界線は，新しい研究関係が出現することで薄れていく。学生は，彼らの特定の関心に応える大学プログラムを探し出すことができるであろう。時代への新たな圧力の中で，大学に進学する高校生は数学，化学，語学に向かう一方，ホーム・エコノミクスの高度な研究を敬遠するようになり，高校のホーム・エコノミクスは利用価値を減退させ，入学者も減少させる。大学は伝統的パターンの内部構造を脱し，新しい組織体系へ動いている。かつて教養的概念を受け入れていた人々の関心を，スペシャリストの専門集団が捉えつつある。さまざまな影響が，AHEAの将来，認可や免許，そして大学や職場におけるホーム・エコノミクス専門家の役割に及び，それらのあり方を変化させていくであろう。

　これらの変化に関する討論を促進するために，テネシー大学ノックスビル家政学部（現在は，人間生態学部）の学部長ナンシー・ベルク博士と私は，1985年のAHEAの年次大会で論点を示すよう依頼された。論点，すなわち，ホーム・エコノミクスは共通の焦点をもつ統合された専門なのか，それともキャリア志向的専門領域なのか。ベルク学部長は前者の立場，私は後者の立場をとった。この論文では，ミネソタ大学家政学部内での最近の討論の成果を踏まえ，現在計画中の努力に影響を与える要因を取り上げる。したがって興味を感じてもらえるかもしれない。皆さんの意見は，いつでも大いに歓迎する。

　6月中旬，私は，ACPTC（被服学部教授連合）のある役員と昼食をとりながら雑談していた。その役員は，役員全員がAHEAのメンバーだと言った。次の会議は効率的にも，AHEAの前の3日間に予定されており，メンバーは一つの大会からもう一つの大会へと移動できる。「しかし，組織は別である」と私は気付いた。さらに，ホーム・エコノミクスが共通の焦点をもつ統合された専門というよりも，むしろキャリア志向の専門領域連合であると主張するのに何と都合がよいことか，と。論点は複雑である。問題に対する各人の立場は，職種

(教員か科学技術者か)，サービスの受け手（一般の人々か研究者の同僚か），または当人が関係する大学の規模（5学部のうちの一つか100のうちの一つか）によって強く影響されるだろう。

　ホーム・エコノミクスが実際には，共通の焦点をもつ統合された専門としてよりも，連合という仕方で一緒に働く専門領域集団として成り立っているという概念を支持するような，六つの一般論がすぐに心に浮かんだ。

1．将来そして在学中の学生は，特定範囲に限定された関心をもつ。
2．新任者を求める雇主は主として，相対的に特化された性質の仕事に応えるように養成された卒業生を探す。
3．専門家は，活動分野によって自分たちをグループ化する傾向がある。
4．教員集団や学部には，現在の学界環境の中で生き残れるレベルに達するために，専門領域の発達が求められている。
5．学部メンバーが，必要かつ効果的な専門の関係を作ることは，専門領域の発達により可能になる。
6．一般の人々は特化された問題をもっており，それへの対応に際しては，高レベルの専門知識が必要とされる。

　特に注目される要素それぞれが，個々人を別々のグループへと移動させようとする。グループ間に関係性はあるかもしれないが，その一方で，大げさな拡大解釈でもしない限り，それが「共通の焦点」という用語の使用を正当化できるほど強力だとはいえないであろう。そして，振子はスペシャリストのグループ化の方に大きく振れている。専門は，これらのグループを「作業連合」として配置することはできるが，それらに「一つのアイデンティティ」を示すよう強制することはできない。連合的アプローチは受け入れられても，それ以外は拒否されるであろう。今後の問題についてホーム・エコノミストがどう対応するかが，専門の将来と生き残り如何に対し大きな示唆となるであろう。

　上記の一般論は重要性において特別の順序はない。各々考察してみよう。
1．学生は特定の専門領域に関心がある。インテリア・デザインでの経験豊富な教員アドバイザーや，FIDER（インテリア・デザイン教育研究基金）役員経験者，そして認可プログラムの担当者はこう述べている。

　　　このプログラムをとった学生の大多数が，専門的インテリア・デザイナーになりたいと希望する。彼らは自分たちを特定領域のホーム・エコノミストと考えていない。

　　さらに，
　　　プログラムが有益な時間を犠牲にさせたり，インテリア・デザイン教

育に関係のないホーム・エコノミクス・コースの主要科目で単位を与えたりすることなく，インテリア専攻に必要とされるキャリアと教育的経験を付与する強力なカリキュラムをつくることができる。(これは，FIDER と AHEA 双方の認可のための必要事項に応えようとするプログラムにとり大問題である。)

それは何とくだらない考えだろうか。しかし言葉はすでに発せられた。それらが私たちを失望させるとか，私たち自身の感情と衝突するからといって，それらを無視することはできない。そして，もし私たちの回答が，明確に自己規定された専門からグループを切り取ることであるなら，これも後で検討すべき重大事である。別の分野（栄養学）のアドバイザーは，以下のように述べた。

> …わが校の学生が，大学や学部より私たちのプログラムに引きつけられるという傾向からみて，最大のプログラムが目に見えるということが学生の最大の関心を引きつけることなのである。

学生は行動をもって一票を投じる。より優雅な言葉を用いれば市場行動を示す。彼らの動きは，専門特化された自分の関心への答えを探している。私が関係している大学では，二つの教養的カリキュラム（ホーム・エコノミクス教育とホーム・エコノミクス）が，1960年に授与された学士号の約60％を占めた。しかし1984年には9％に満たず，91％が専門領域プログラムで終了している。この間，大学入学者数は126％増加した。学生のうちのかなり多くが平均よりも年長であり，多くが豊かな生活経験をもち，ほとんどが強いキャリア志向の専門的目標をもっている。

2．雇主は，専門特化した仕事ができるキャリア志向の技能をもつ卒業生を求めている。ビジネスや産業の高度競争社会では，専門特化された知識が参入の鍵になる。そうした専門知識のレベルを確保するために，学生は専門領域プログラムとその分野のあり方に自分を合わせていく。住居プログラムのアドバイザーは次のように述べている。

> …専門領域プログラムは，ミネソタ住宅建築女性協会や全国住宅建築・改築士協会ミネソタ支部のような住宅建築専門グループとネットワークを作れるようにする。我校の卒業生もこの両方のグループで活躍している。これらの組織は，学生に役割モデルと将来の雇主を提供する。

3．専門の人々は，それぞれの独自性を自分の分野によって表現する。ADA，IFT，ファッション・グループ，ヒーブ関係，ACPTC，アメリカ服装学会，住居学教育者協会，NCFR の会合で，「ホーム・エコノミクス」の話はめったにしない。エネルギーや時間を研究しているホーム・エコノミクスの大学院生

サークルでさえ同じことである。

4．学部メンバーや学部が近年の大学環境の中で生き残れるようなレベルに到達するには，専門領域の発達が求められる。

　この聴衆のなかに，1960年代末に芽を出し1970年代に満開となった大学界の大きな変化に敏感でない学部メンバーはいない。現在では，有意義な研究成果や社会サービス活動の努力を取り込んだ教授内容を超えた包括的表現が求められるというのが普通である。

　非生産的な学部メンバー（研究の生産性と出版物そして・または創造的表現という見地から）は，以前にはテニュア制度の中でなら「安全」だと思い込んでいたかもしれないが，しかし，そのシステムの中にいては，すでに全くどうにも行き場がなくなるだろう。そして，終身在職権や昇進を希望する人は，移動の規準の構成要素が何であるかをよく知っている。これらの規準に添うことを行うというのは，急成長した知識体系に精通することを意味する。すべてに精通することが可能だった時代もある。しかし今日では，そうした状況にいる者はほとんどいない。そして，学部メンバーは彼ら各々の領域における知識の最先端で研究しようと努め，彼らの時間とエネルギーはグループ内の活動に費やされている。分野を横断するコミュニケーションの減少を嘆き悲しむ人もいるだろう。報償システムの厳しい現実，プロジェクトの資金集め，そして親しい同僚の支援，刺激，補強の必要性が，大学教員を動かす。少なくとも主要な研究機関の大学教員は，「共通の焦点をもつ統合された組織体」よりもむしろ「専門領域の連合」へと動いていく。そして，今日，私たちは観念世界で知りたいことではなく，ハードな現実世界で研究していることについて話している。近い将来，これらの面に大幅な変化は生じないであろう。

　近代の大学におけるゼネラリストの地位が，「アメリカ研究」と他の国の「地域研究」プログラムの歴史に示唆されている。それらは，容赦ない本質をもつ競争的需要に直面して色あせたプログラムと同様に，色あせた高い望みとともに頂上を目指した。

5．領域別専門化は，学部メンバーが有用で効果的な専門の人間関係へと移行していくことを可能にする。しばしば聞かれる「ホーム・エコノミクスは家族に関する知識の全要素を一緒にさせる唯一の専門である」というような表現には困惑させられる。1985年の夏，『家政学雑誌』に掲載されたリッチイ，ロヴィングッドそしてスウェットによる報告「ホーム・エコノミクスの研究，進歩と落し穴」によれば，1981，82年に6,246の論文がホーム・エコノミクスに相当する領域で発表された。ホーム・エコノミクスの研究者は708論文，総数

の11.3％に対し責任を負った。「ホーム・エコノミスト」が「自分の」分野の関心に対し，目に見えるかたちの重要な貢献者であるべきことが明らかだとすれば，新しいエネルギーが見いだされるはずであり，新しいアプローチが促進されるはずである。研究が報告されているホーム・エコノミクス以外の学問や領域の広がりは，ホーム・エコノミクスが，実際には何らかの強みをもてば，この関心市場において隅に追いやられはしないことを示唆している。また広い範囲の相互関係が今求められていることも示唆されている（それらが現在盛況なのは次の環境である。すなわち，医学，公衆衛生，社会福祉，社会心理学と栄養，経営，心理学，化学工学と被服，公務，ソーシャルワーク，教育と家族社会科学，工学，建築学，行政と住居）。

関連分野の活躍している研究者と生産的な関係を推進するために，ホーム・エコノミクスの研究者は自分自身の課題分野で疑いようのない力量を示さなければならない。そして今日，これは何よりもまず，特定範囲に限定した研究を行うことを意味している。

6．最後に，一般の人々は特化された問題を提示しており，それに応えるには高いレベルの専門知識が求められるということがある。立法機関や政府機関の行動は，資金供給の意向が，今日の重大事のなかでも，より一般的な事柄にではなく特別事項に向けられていることを示唆している。

フランシス・M・マグラビは，1979年のデンバー大会での要請論文「『ブラウンとポルーチのホーム・エコノミクス：一つの定義』へのコメント」で，この問題の二面性に触れた。彼女の観察は注目に値する。家族や消費者の問題に効果的な方法で応えようとする私たちの覚悟について彼女はこう記している。

　　…私は，ホーム・エコノミクスが，私たちの社会における家族や消費者の緊急の問題について，活動のほとんど最先端にいると信じている。あまりに近くにいるからこそ，日常的に招待の声を聞き，私たちの知識や能力がこれらの問題の解決のためにいっそう効率的に使われるべきだという要求にさえ接する。私は，今までのところ，それらの問題や私たちができる貢献について，当然そうあるべきだという方法で考えているとは見ていない。そのことが私を不安にさせる。私たちが準備していない他の多くの方法を用い，特に知識の普及と厳正さを重視して貢献する必要があると，私は信じている。（Magrabi,1979）

そして，研究努力への資金提供に関して，彼女はこう述べた。

　　…私は，専門全体を背負うことになるような広範な基礎をもった支援を提供することに，ワシントンはほとんど関心がないと思っている。私の観察

によれば，本質的な関心は，特定の実践的問題のため焦点をより狭く絞った努力により，適切な時間内でそれらの問題を解決するための意味ある前進が約束されているかどうかに向けられている。

USDAとワシントンの姿勢についての彼女の見方は，規則性のないほとんどの研究に対する援助資金にもあてはまるであろう。

スペシャリストは，私たちの目的にとって非常に度量が狭く，それゆえ近視眼的で，大きな構図を見ようとしないと言われてきた。家族関係・行動の学生をよく知り，感受性の強いライターであり，そして大学賞を受けた教員であるポール・ローゼンブラットは，最近のメモで下記のようなコメントをした（著者に向けて，1985年3月）。

> 大きな目的，精神的な結びつき，そして家族・地域・国家・世界システムにおける自分の位置についての感覚がなくても，誰もが大きな問題に直面することなく人生の役割を果たしていけると私は思っている。しかし，スペシャリストの訓練も，ゼネラリストの訓練と同じように大きな問題を扱う一つの道であると思う。何らかの知的な追求が，オープンに，探求心に富む心で，知識の限界が分かったうえで行われるなら，最大の結果を得ることになろう。私は，視聴覚教育や20世紀スペイン文学のスペシャリスト，大問題と格闘してきた人物ならではの博識とパースペクティブをもったマウス遺伝学者といった人々に出会ったことがある。また，自分の学問分野の気まぐれや流行に巻き込まれたゼネラリストにも会った。彼らの主な関心事は学部や学問政治に集中しているらしく，広範な質問をする学生たちをひどくやっつけていた。

今日の学術環境におけるスペシャリストの志向，養成，そして行動は，彼らの交際の性質に影響する。栄養学の教授は，家族社会学者やデザインの色彩スペシャリストと日々接触しない。一方，彼女または彼は食品化学者，生化学者，微生物学者，食品工学者であることを日常的基盤にして研究している。彼ら自身のサークルの中では，栄養学者が統合者としての役を果たすことができる。より大きな構図では，彼らはスペシャリストである。複雑な内容領域をマスターしなければならない彼らに課せられた要求が強いる研究上の相互作用の範囲は，今日の議論において重要な部分である。

大学学部の専門領域に立脚した行動の継続的展開により，ホーム・エコノミクスは細分化や管理上の解体といった傷を受けやすくなる。これに関しては，大学人は，個人の専門的要求と同様に制度的な要求を満たすためにすべきことをしようとするものだ，ということだけがいえる。より大きな単位が規定し

た目標や目的の達成に向けて，スペシャリスト・グループどうしが研究するということは実際，一つの挑戦なのである。管理者，学部長，そして教員集団プランナーは細分化に対抗するために働かなければならない。しかし何よりもまず，過当競争社会においてホーム・エコノミクスの学部メンバーを十分競争的にさせるような研究集団関係と条件が考慮されねばならない。この結論への確証なしに，ホーム・エコノミクス単位の構造を守る理由はほとんどない。また実際に，なすべきこともない。問題は，これが二者択一であると信じるところまで人を導き得るかどうかである。討議の要約の中で，若者発達研究センターのジェローム・ベーカーはこう記している。

　　より一般的なレベルでは，…私が考えるところ…人が納得できるように二者択一の見方を支持するのは難しい。私たちはもちろん，既述したすべての理由からスペシャリストを必要としている。しかし，私たちには統合者もまた必要である。なぜなら，現実の世界はしばしば狭い学問的な境界のなかでは動いていないし，ある分野のスペシャリストの研究はしばしば別の分野からの見識を基礎に前進し得るからである。また他の理由もある。私が思うに，一方に賛成し，他方に反対するという議論を敢えて行おうとするのは，真の問題，すなわち，私たちは知識と実践等々をいかにして最もよく前進させ得るかという問題に応えるためである。

彼は続けた。

　　もちろん私にとり，また察するにAHEAの聴衆にとっても，より緊急な関心事は，ホーム・エコノミクスという専門のコンテクストにおける専門領域の統合という問題である。その議論はいくぶん難しくなっており，専門領域が強調されればされるほど，ますます防衛的になると私には思える。伝統的な見方では，…ホーム・エコノミクスは十分に統一された専門である―これ以上，何があるのか。「専門分化」というパースペクティブによれば，ホーム・エコノミクスは，第一に他の専門に対する忠誠を保ちつつも，ホーム・エコノミクスの本領において分かち合った関心をめぐって集合する連携した専門家の協会ということになる。

　　そこで，こうしたコンテクストにおける専門分化は，ホーム・エコノミクスという傘の下に，連携する分野のスペシャリストを包括することを示しており，彼ら自身の言葉では彼らがホーム・エコノミクス・ファミリーになることを示している…それは，これらの連携する分野内の専門領域に属すプログラムや学生に，ホーム・エコノミクスとしての正当性を与えることを意味している。

真の議論は，それゆえ専門分化自体についてなされるのではない。こうしたコンテクストの中の支流ホーム・エコノミストは，誰も専門分化に反対しないと思う。問題は伝統的なホーム・エコノミクスの境界を超える専門分化がホーム・エコノミクスの活動にとり正当か否かにある。いっそう深めるなら，専門それ自体の定義が問題である…私たちは十分に発達したモデルを示すに至っていない新しい種類の専門について語るべきだろう。

　M・ジャニス・ホーガンは最近の論文「ホーム・エコノミクスの統合」で，二つの焦点について述べている。

　　多くの大学のプログラムが提供するユニークで有意義な領域的専門化を継続し，一方で統合支持者の知識と技能を用い，他方では，未開発の領域相互関係形成能力を引き出すような，強力な統合的焦点を発展させることを私は提言する。

　彼女は続ける。

　　これは，専門分化に反対する議論ではない。そうではなくて専門分化と共にあるような統合的な知識と技能に向けた主張である。栄養学，インテリア・デザイン，児童発達，家族関係，ファッション流通，そして他のプログラムを専攻する学生は，彼らの異なる志向を共有し新しい技能を開発することによって，統合されたホーム・エコノミクス・プログラムに入学した学生たちと一緒に効果的に研究することができる。

　私はこの声明を良いと思う。そして，ベーカーが主張したように，もし専門が「これらの連携する分野内の専門領域に属すプログラムや学生に，ホーム・エコノミクスとしての正当性」を与えるならば，私たちはこの声明を道案内としてうまく利用することができるだろう。規模の大きい大学では，小売流通，インテリア・デザイン，食事療法，そして栄養学等における領域別専門プログラムへの入学者数が，ホーム・エコノミクスとホーム・エコノミクス教育の統合的プログラムの入学者数を超えつつある。もし傘が，二つのグループを包むに十分なほどに広ければ，そこに相互に支えあう研究関係の発展が展望される。もし，一つのアイデンティティに固執すれば，「ホーム・エコノミクス」自体が自らの過去の影でしかなくなるだろうし，今日の討論を意味のないものにするだろう。実際，「ホーム・エコノミクス」自体は，私たち全員が知るように過去四半世紀の専門領域の発展によって，自らの過去の影ではなくなった。真に，新しい統合装置は，1960・70年代の研究努力を伴った教育上の団結から生まれた。ベーカーの言葉にある「十分に発達したモデルを示すに至っていない新しい種類の専門」を確立することに，私たちは合意できるであろうか。

13．ビジョンの創造-次世紀に向かう専門

運営会議報告（1991年10月16～18日）

於：ジョージア州パイン・マウンテン，キャラウェイ・ガーデンズ

企画委員会
　バーバラ・S・ストウ博士，議長（カンザス州立大学人間生態学部長）
　ボニー・ブラウン博士（ヴァージニア州立工科大学協同生活改良普及事業副部長）
　キティ・コフィ博士（カーソン-ニューマン・カレッジ〔テネシー州〕家政学科長）
　ドロシー・コンテー博士（フォート・ヴァレー州立カレッジ〔ジョージア州〕家政学科長）
　ペニー・ダムロ修士（ダムロ・アンド・アソシエイツ社〔ミネソタ州イーガン〕）
　ジャッキー・ディジョング博士（テネシー大学〔ノックスビル〕人間生態学部長）
　ボビー・フラハティ修士（評議員，全米学術審議会カンザス州立大学）
　ペギー・メツァロス博士（ケンタッキー大学人間環境科学部長）
　ロバータ・ミニッシュ博士，報告書作成者（ヴァージニア州立工科大学副学部長）

会議進行
　ペニー・ダムロ修士（ダムロ・アンド・アソシエイツ社〔ミネソタ州イーガン〕）

会議コーディネーター
　ロバータ・フラハティ（カンザス州立大学）

後援団体
　家政学部科長連合
　全米家政学部科長会議
　家政学部科長1980年会議
　合衆国農務省高等教育局

13-1　はじめに

　これは，次世紀の高等教育における専門に，より良い指針を提供するために企画された運営会議の予備的報告である。この会議の目標は将来の動向を見定め，そのコンテクストの中で，専門についての展望，使命，信条の声明を立案することにある。

　参加者は後援組織の会員によって推薦された後，これらの組織の代表者と企

画委員会によって選考された。46名の参加者はさまざまなプログラムと機関を代表しており，地理的にも片寄りはなかった。会議参加者のおよそ3分の2は会員機関の管理者と大学関係者であり，3分の1が卒業生を雇用しているか，私たちの研究や資源を用いている現場の人たちである。このグループには大学の学長，企業管理職，基金の理事，行政関係者，政府機関の長が含まれている。

13-2 会　　議

13-2-1 背　　景

「世界は環境と同様に全体的なものである。しかし，その世界で働いている科学と科学技術，政府と産業のスペシャリストは世界を細分化してきた。彼らは自分自身の個人的分野に焦点を絞り，それぞれの場所に深く没頭し，自分たちの周囲の環境を忘れているようにみえる。最初の女性科学者はそれとは正反対の方に向かい，環境の根源を教育するために科学を統合しようとした。彼女は次の100年に必要だと自ら信じた環境科学という学際領域を発展させるために，信じられないようなペースで研究した。」

　この文章は，伝記作家ロバート・クラークが，初の女性科学者エレン・S・リチャーズが後にホーム・エコロジーと名付ける新しい研究分野を始めることになった1892年という年について書いたものである。今，1992年の幕開けを前にして私たちは，そのビジョンが次の100年にも生命を保ち続けるかどうか，それとも全く新しいビジョンを必要とする状況にあるかどうかを決断しなければならない。

　エレン・S・リチャーズ，他の多くの研究の中でも微生物の死滅とそれが生息している水の供給との関係を研究したこの科学者は，ボストンに居を構えていた。彼女は，ヨーロッパからの移民がその町や他の東海岸に沿った町にあふれるほど住んでいた時代に生活し働いていた。彼女は水環境における微生物の状態の観察から，共同住宅とよばれた環境にぎゅうぎゅう詰めになって暮らす子どもの発達と家族の福利へと目を移した。100年後，移民の新たな波が起こっている。しかし，今度はアジアやラテン・アメリカからの移民である。私たちは依然として，環境―労働の場，家庭または地域環境―と人々の健康，および生産性との関係に関心をもち続けている。

　エレン・リチャーズが「環境科学という学際領域を発展させるために，信じられないようなペースで研究した」にもかかわらず，この100年は時間的・

空間的に劇的な破壊がみられた。私たちの分野における教育プログラムの基調を定めたレイク・プラシッド会議は10年の歳月を要した。私たちは幸いにも，この運営会議のために人々の予定から2日間をさいていただけばすむ。当時3週間かかったヨーロッパからの船旅は，いまや7時間の空の旅に変わっている。

　この会議の焦点は，高等教育システムにおける専門家のプログラムの特質に置かれた。各州のほとんどすべての高等教育システムが，効果的に使用できる以上に多くの資源をもって行われてきたというわけではない。しかし，いまや多くの州政府は破産あるいは破産寸前の状態にあり，高等教育予算の削減が多くで行われていることは明らかである。高等教育が財政の現実にあわせて再組織化を試みているところでは，時々まったく驚くべき青写真が示されている。私たちは国民の栄養状態，食料供給の安全性，国をリードする次世代の特質や育成に影響を及ぼす家族価値の変化，学問水準の低下，そしてエイズの発生に関心をもっている。しかし一方で，研究基盤を発展させ，これらの問題を扱うことのできる人々を養成する大学プログラムを減らしてきてしまった。

　会議進行役のペニー・ダムロは述べた。「あなたがたの専門は未来を確かなものにするために必要である。未来は非現実的なほど希望に満ちたものでも，絶望を招来するほど残酷なものでもない。」

13-2-2　未来を確認するための計画

　会議参加者にはあらかじめ議題に関わる文献が配られていた。それらの文献は，現在の専門におけるリーダーの思想の歴史的背景と未来の動向を明確にすることを強調している。

　会議進行役のペニー・ダムロは開会報告において，未来には明確にし得る諸層があると主張した。最初の層は，私たちがすべて確認できる傾向から成る，また心地よく感じられる「私たちが知っている未来」である。彼女はさらに前進し「私たちにとって新しい未来」を開発し，そこから「専門が創造しなければならない未来」を考えるためのグループについて論じた。この異なった未来層の特質を描き出すために，ダムロは専門の特定諸領域において指導的立場にある6人の研究者たちとのビデオ・インタビューを行った。インタビューに登場したのは次の研究者たちである。

　リー・C・フーファー博士（合衆国農務省生活改良普及事業4H青年・発達代表理事）
　マイケル・オルソン博士（ヴァージニア州立工科大学ホテル・レストラン経営学）
　キティ・ディカーソン博士（ミズーリ大学被服・繊維）
　バーバラ・リーガン博士（カンザス州立大学被服学，繊維，インテリア・デザイン）

デイヴィッド・オルソン博士（ミネソタ大学家族社会科学）
ギルバート・ルベイユ博士（ナビスコ・ビスケット社研究技術事業副会長）

　会議の出席者たちは小グループで作業し，2025年の地球社会を描写することによって未来を研究した。この課題の鍵は変化を起こすと期待される諸要素を詳述することにあった。

　会議では，すでに明確になっている未来の背景に立ち向かっていく高等教育における専門の機能と方向の模索が始まった。会議の出席者には高等教育のすべての専門の使命声明を発展させるために，専門についての基本的信条を調査することをはじめとして，さまざまな任務が提案された。それから確認された使命を果たすための目標の概要が描かれ始めた。共に働くことで，その成果が専門のビジョンの輪郭を描き始めるだろう。

信　条

　信条声明は専門の基本的確信と価値，言いかえれば，専門の特質を表すように定義される。四つの草案を通して，会議は次に述べる信条声明を合意とするに至った。

1．私たちは，人間の状態に影響を及ぼす問題は生態的で自然と相互につながっていると信じる。
2．私たちは，生活の質は人々とその環境との相互関係に影響されると信じる。
3．私たちは，家族が社会の基本的な単位であると信じる。
4．私たちは，教育が人々に自分の人生について意思決定する能力を与えることができると信じる。
5．私たちは，専門が個人や家族が遭遇する問題に言及するような独自の学際的パースペクティブをもっていると信じる。
6．私たちは，専門がグローバルパースペクティブから問題に言及する責任を負っていると信じる。
7．私たちは，人間の多様性が強さを獲得する源泉であると信じる。
8．私たちは，専門に次のような可能性があると信じる。
　・人間の状態を向上させること
　・個人と家族の福利を改善すること
　・人間のニーズにあうよう物やサービスの質に影響を与えること
　・公共政策の開発のための情報を提供すること

使　命

　使命声明とは，専門の独自の目的と専門の構成領域の明確な機能についての包括的な声明である。高等教育における専門のすべての領域を含むと思われる

使命声明を起草することが会議の仕事となった。次の使命声明が提示された。

高等教育における専門の使命は，動的な世界コミュニティにおける人間の状態の改善に向け，個人，家族，そして彼らをとりまく身近な環境との間の相互関係に焦点を合わせた統合的な教育プログラムを提供し，またそれに添う研究を推進させることである。

目　的

　ビジョン声明を明示するに先立ち，起草された使命声明を吟味するため，目的についての作業が二つの草案作りを通じて進められた。目的声明は事前作業に属し，会議における再検討や全体合意を得ようとするものではなかった。実行できる目的は，機関のタイプや使命をいっそう明確にするものとなるであろう。

ビジョン

　ビジョン声明とは信条，使命，目的と共通する考え方の到達点を示すことであった。次のビジョン声明が練り上げられた。

高等教育機関における専門は，多様で変化している地球コミュニティのニーズを満たすために，多くの要素からなる環境と相接している個人や家族のために，多文化的なパースペクティブから積極的な変化をもたらすリーダーとなるであろう。

13-2-3　ビジョン作成の経緯

　会議は最初の計画どおり2日間にわたって行われた。ダムロの技術はグループから出された最高の考えを収集し，方向を設定することに用いられた。専門家組織，学部，会議グループは，今や彼らの高等教育機関の特徴，高等教育機関の使命や目的，そして彼らが卒業生に提供し知識を開発する専門領域の特性により，彼ら自身の方向性を示さなければならない。

　高等教育の討議が明瞭に説得力をもって推進されるために，「私たちが知っている未来」と「私たちにとって新しい未来」を協力して明確化するという緊急課題がある。これらの討議計画を円滑に進めるのに，こうした形式のパンフレットとビデオは利用価値が高い。会議出席者たちもまた，議論の促進者として必要とされるであろう。

　　「千里の道も一歩から」－中国のことわざ－

14．専門の統一とアイデンティティのための特別委員会

|アメリカ家政学会|ルアン・ネルソン会長（共同委員長）|
|グレイス・アンゴッティ|
|家政学部科長連合|コビイ・シマリイ会長（共同委員長）|
|レオラ・アダムス|
|全米家政学部科長会議評議会|オードリー・クラーク|
|エスター・ファーム|
|全米生活改良普及家政学者連合|メアリー・A・フュゲイト|
|キャロル・ウェブ|
|アメリカ職業連合・家庭科教育部会|ジュエル・D・エリス|
|シャーロッテ・シュアー|

14-1 書　　簡

書簡（1）
参加者の皆様

　特別委員会の最初の会議から，メンバーは二つのことに関心をもっていた。すなわち，一つは専門の草の根が私たちの仕事に強く影響するということ，またもう一つは，専門が現代ホーム・エコノミストの社会的役割をいかにみるかは，草の根の情報が与えてくれる広いパースペクティブに依拠するところが大きいということについてである。この関心にそって特別委員会に関わる各組織の代表者には，会員に確実な情報を提供することが求められ，またアンケート・調査がAHEA各支部とACTIONニュースレターを通して開発され，配布された。

　400名のホーム・エコノミストがその調査に応じた。しかし，調査結果概要は5月15日の締切りまでに返送してきた331名分のみを反映したものである。おびただしい量の意見や同じような意見が数多くあったため，最終報告書では回答を削減する必要が生じた。コロラドのホーム・エコノミスト・チームがその回答を選別した。彼らには，繰り返し出てくるコメント，専門について述べるための多くの考え方のポイント，そして最も一般的な名称を分類することが委ねられた。

特別委員会を代表して，私はこのプロジェクトで働いたコロラド家政学会の次のメンバー，トレイシー・バーネロ事務局長，アデリア・マーフィ，フランシス・バーバンク，スザンヌ・パロットに，またルワンダ・フォードには概要報告書作成における彼女のコンピュータ技術に，感謝の意を表したい。

　　　　　　　　　ルアン・L・ネルソン，共同委員長
　　　　　　　　　専門の統一とアイデンティティのための特別委員会

書簡（2）
仲間の皆様

　あなた方はこの専門の「草の根」であり，リーダーであり，私たちがやろうとしていることの心と魂であり，私たちはあなた方の助けを必要としている。

　今日，専門として，私たちのだれもが過去に経験したことがない変化に直面している。これらの変化が広範で重要であるからこそ，リーダーたちはホーム・エコノミクスという名称が専門の仕事を最も良く反映しているのかどうかという疑問を，抱くに至った。私たちは人間の生活状態に影響を及ぼす危機的な問題に対処するという，極めて重要な役割を私たちが果たしていること，また私たちが一般の人々，雇い主，大学管理職，その他の人々が私たちの専門の知識を理解する助けとならねばならないことを知っている。もし私たちが生き残る専門であり続けようとするならば，専門の広がりと視野を明らかにし，その広がりと視野を最も正確に表現する名称を開発しなければならない。

　専門の統一とアイデンティティのための特別委員会は，私たちが専門として行っている事柄を効果的に伝える名称，および，そのことについての簡潔な声明を出すまでのプロセスを開発することを託されている。あなた方の情報はこのプロセスの重要部分である。それはスコッツデイルで開催される21世紀に向けて専門を位置づけるための会議を準備する1993年5月の集まりにおいて編集され使われることになっている。

　私たちの輝かしい過去を創造したリーダーたちは，レイク・プラシッド会議後，およそ100年の間，私たちの専門に衝撃となるような選択をさせるためのビジョンを与え続けた。今こそ，私たちがたいまつを手渡し，専門の未来のためのビジョンを発展させる番である。

　　　　　　　　　　　　　　　　　　　　　　　　　　　　　　　敬具
　　　　専門の統一とアイデンティティのための特別委員会
　　　　　　コビイ・シマリイ博士（共同議長），ルアン・ネルソン（共同議長）

グレイス・アンゴッティ，デュウェル・デニー・エリス，キャロル・ウェブ，エスター・ファーム博士，レオラ・アダムス博士，シャーロッテ・シュアー，メアリー・アン・フュゲイト

あなたの考えを書いて**3月1日**までに下記へ返送してください。
　　　　　　　68583-0800 ネブラスカ州，リンカーン，
　　　　　　　ホーム・エコノミクス・ビル105
　　　　　　　ネブラスカ大学ホーム・エコノミクス学部
　　　　　　　コビイ・シマリイ

1．語，句あるいは声明で，専門を現代的に表現してください。(追加のコメントのためには，裏面を使用して下さい)
2．上記の内容を最も適切に言い表す名称・語は何でしようか。(追加のコメントには裏面を使用してくだい)
3．その他のコメント。(追加のコメントには裏面を使用してください)

あなたの専門領域＿＿＿＿＿＿　あなたの現在の職業＿＿＿＿＿＿

14-2 回答者 400 名

現在の専門的実践環境

小学校	2名	中学校	25名	高等学校	64名
大学・大学院	81名	官庁	19名	生活改良普及	57名
ビジネス	41名	その他	15名	主婦	6名
著述業	2名	無職	1名	コンサルタント（栄養学等）	9名

退職者：中等教育　　　　　　　　　　　　　　　　　　　10名
　　　　プログラム・コーディネーター／学校制度　　　　 1名
　　　　消費者信用カウンセリング・サービス　　　　　　 1名
　　　　新聞食物欄編集者　　　　　　　　　　　　　　　 1名
　　　　栄養士　　　　　　　　　　　　　　　　　　　　 1名

回答者により推奨された五つの最も共通する名称の基礎を確立しよう
　　消費者・家族教育　　　消費者・家族研究　　家族・消費者科学
　　ホーム・エコノミクス　人間生態学　　　　　人間科学
　　人間環境科学　　　　　生活管理

14-3　回答者が尋ねられた質問

語，句あるいは声明で，専門を現代的に表現してください

- さまざまな環境において，関連する組織や行政，企業を教育，援助および・または管理することによって，家族が可能性を高めていくことを推進する促進者。
- ビジネスとして家庭に焦点を合わせること。人間志向，実用科学，応用科学，実際的価値，家族の強化，多分野にわたる学問，現代的，必要性，基礎的調査。
- ホーム・エコノミクスという専門は実用的，応用的，発展可能性があるもの。私たちの専門的でモラルをもった義務は，家族に関わる問題に影響を与えること。家族に焦点を合わせた唯一の学問。
- 家族と環境との相互の影響に関する研究。政策立案者に対し，文書を作成する責任と能力をもつ専門。
- 個人や家族の健康的な発達と福利を増進させるために，自然科学，社会科学や芸術の知識を統合させる専門分野。
- 優れた意思決定技術，優れたコミュニケーション技術，世界をより良い生活の場にしようとする願望と責任をもち，家族を21世紀へ導く専門。
- 私たちの専門の根本は，現代の構造を明らかにする手助けとなるべきだということ。家族の生活の質を高めようとする私たちの最初の目標はまだ手探りの状態にあるが，私たちは，伝統的な家庭環境から，職場，市場，そして社会の動きに関わるさまざまな外部へと移っている。
- 個人と家族が安定的で活力ある状況で成長するために，最大限に機能する環境を供給する複雑なシステムをもつエンジニア。
- 消費者が家庭に関する商品や問題に関して適切な意思決定ができるよう援助する。
- ホーム・エコノミストは誕生から死に至るまでの人の発達に影響を及ぼす多側面を結び付け，またその橋渡しとなり，関連付ける。家族のニーズを意思決定者へ伝える。消費者が意思決定しやすいように健康と福利についての情報を提供する。グループ運営を通じ，環境をより良くするために共同で意思決定できる力を人々に与える。ホーム・エコノミストは「全人的な」専門家であり，また消費者能力に言及するために訓練を受けた唯一の専門家である。私たちが何を，いかに購入するかということと，私たちの決定がいかにライフ・スタイル，健康，福利，家族の健康に影響するかということを関連づけ

る。私たちは商業と深く関係させられているとはいえ，商業における「善悪の判断力」である。私たちは内部から生じる変化に影響を与え促進する。社会学（私たちの全領域の専門的知識を求めているように思える）の外因的変化とは異なっている。私たちは社会運動より教育を通じた変化を強調する。
・ホーム・エコノミクスは新しい市場戦略で生き残れるだろう。
・家族，消費者，管理，資源，人間，生態学，家庭生活管理，家庭生活スペシャリスト，人間生態学。
・家族のスペシャリスト，生活技術，消費者のライフ・スタイル。
・完成された市場向け政策は名称と共に公開される必要がある。
・ゼネラリスト-スペシャリスト論議は複雑な問題であるため，長い間専門家の対話の主題であった。サン・アントニオの記念講演でキンゼイ・グリーンは「知識へのホリスティクで統合的なアプローチに置かれた価値，そして専門諸領域の相互依存は，専門によって生成されるエネルギーの源である」といった。私は，これが専門の統一とアイデンティティのための会議にふさわしいことだと確信している。私は成果についての多くの公式リストを改めて見る機会があった。そして，ホーム・エコノミストの使命への直接的な関係を知り興奮させられている。学生たちが個人や家族の福利を達成するのを支援することにおいて，私たち専門が重要な役割を果たすことを，政策立案者に知らせる助けとなるような広汎な使命を，私たちは明確にしなければならない。
・食物と健康の関係について一般の人々を教育しよう。子どもの発達教育と同様，子育て技術教育によって家族生活分野で教育しよう。家庭と地域に関する事項を消費者に教育しよう。
・家族と家族員の食物と栄養の教育者，あらゆるレベルの学校—小学校，中学校，高等学校，成人学級—の家庭生活教育，これらにより，高齢者を含む家庭と家族に影響を与える。今日のニーズを家族に教育すること。若者に生活技術，特に生涯最大の仕事である親になることへの準備をさせること。
・専門は家族と周囲の環境に焦点を合わせたさまざまな学問と協力する。
・家族と消費者のために，生活の質を向上させること。
・人々に何を教えているのかと問われれば，私はこう答える—家庭と職業の技術。人々はそれが何であるかを確かめずに，ある種の尊敬心を示すにとどまっているように思える。
・ホーム・エコノミストはすべての自然資源の賢い利用の教育に努める指導者であり，教育には変化する時代の人間エネルギーや家族の生存に関するもの

が含まれる。
・生活技術について教育しよう。
・個人や家族の生活の質に貢献すること。問題が何であっても，私たちはそれをホリスティクな家族および・または人間志向パースペクティブから見つめる。
・消費者科学，家族科学，繊維，ファッション・デザイン，教育，栄養学，食物科学，病院管理。
・家族生活のすべての側面の原動力に関する知識や技術を統合した独自の専門的パースペクティブ（子どもの発達，食物と栄養，消費者運動，衣服・繊維，家族・個人の健康，住居・家具，家族関係）。
・個人と家族が満足する生活の質を維持するために，生活に関する問題を解決し，選択するための生命と資源を管理できる力を与えるスペシャリスト。
・生活の質を改良しよう。
・私たちの専門は，人間が生活している世界における個人と家族の発達を取り扱う。生活の満足やそれに貢献する潜在的な力を最大限にまで増大させるために，環境と調和しながらすべての資源を管理，運営する。
・家族と個人の生活の質を向上させるための健康，経済的福利や安定の要素を含んだ広範囲の学問。
・生活の質―もっているものから最大のものを引き出すこと，平等，資源の計画・管理，社会への参加・責任。
・ホーム・エコノミクス教育は，個人や家族が生涯的に多様な地球社会で生活と労働に挑戦する力を与える。労働と家族の関係は私たちの独自な焦点である。
・家族の生活の質を向上させることは未だに目標である。
・生活の質の向上。
・個人と家族のための生活の質。
・家族とその中の個人の福祉に関係する専門。家族生活全体，およびそれへの心理的，物質的，環境的な影響を考慮に入れる。
・21世紀に入るにつれて，私たちの専門知識領域はこれまで以上に不可欠なものになる。私たちのすべては，よいコミュニケーション技術を用いて，もっと組織化された時間や資源の管理者にならなければならない。
・家族のスペシャリスト。
・個人が，人間関係，資源，栄養，家族の世話に対処することを助けること。これらの領域における意思決定のために科学的研究方法を用いる。

- いくつかの広い領域にわたる知識。家族資源，財政，食物，健康あるいは栄養，健康，住居，環境，時間，地域—多様性のある平等，社会的関心事，教育，貧困，子ども，組織化の技術，ネットワーク化，柔軟性。
- 個人と家族の福利に関する研究—社会向上にむけて個人と家族の全潜在力を開発するために，科学を適用し，技術研究を強調する。
- ホーム・エコノミクスは，心理学，自然科学，社会学，人文科学の分野を，個人の全体性—彼らの環境，健康，関係性，情緒的福利—に適用する動的哲学へと統合し，また，個人が，現実の生活状況についてのより良い知識や技術を強固にする機会を提供する。
- 人間全体にわたる関心事についての専門領域—家庭，地域，市場，職業，社会的，身体的，心理的，感情的，若い人々，中年の人々，高齢の人々。
- 消費者，個人そして家族の環境に関する市民的ニーズ。毎日の生活において，どのようにして暮らし，どのように成長するかについての知識と研究を統合する。
- 家族と個人に，彼らの安全，自己尊重，健康な生活といった基礎的ニーズに対応できるような力を与えること。
- 誕生から死までの家族のための教育者。妊婦のための準備と食事，就学前の子どもの養育(育児)，小・中・高校における家庭生活教育，成人教育，購入の計画化，器具の使用，金銭管理，新しい家庭および加齢の種々の段階の管理。
- ホーム・エコノミストは，個人が充実した心地よい生活を送るために，時間，エネルギー，資源を最も有効利用できる基礎的生活技術の知識を積極的に求める。定義されてはいないが，ホーム・エコノミストは，家庭や家族が世界中の人々の普遍的な分母であり，私たちの生活の中核的要素であることを理解している。
- 生活技術の管理。
- 家族の危機，家族のための栄養と幸福，家族の住宅問題。
- 効果的な関係を発展させ維持しようとする家族を支援する専門家。
- 家族がよりよく教育された消費者になるような援助に専念する人々。
- 私たちのより広い目標は家族と個人の生活の質を改善することであり，10代の若者の自尊心を高めるには，健康によい栄養教育，家庭改善(コーディネイト技術)の教育，子どもの発達，子育て技術，家計管理・相談，裁縫技術が関係すると私は信じている。
- 10代の健康，生活管理，家族，人間関係，親になること，金銭管理，コミュ

ニケーション，時間管理。
・私はホーム・エコノミクスを家族や地域の日常生活の質を向上させるために知識を用いる統合的な専門を表しているとみたい。
・人間発達および個人と家族の幸福を促進する教育。すなわち生物学的，物理学的，社会・行動学的科学を基礎にした方法論と知識を用い，身近な環境のなかの個人や家族を理解するための調査，研究であり，個人や家族に供給する物資やサービスを生産するための情報や知識を企業や行政機関に供給することに焦点を合わせた専門領域の集積である。
・特定の人間環境に適用されるような科学が一緒に結びついた学問の集積。
・私たちが行う最も重要なことは，家族や人々がより良い生活を送れるよう支援することだと思う。
・個人を育成する源泉となる家族の研究と焦点は，第一に予防的方法を用い，自然科学（例えば化学），生物科学（例えば生理学），社会科学（例えば経済学，心理学），芸術の原理を利用することで，家族が生活の質を改善し，社会のための第一の源泉であり得るように支援することである。
・ホーム・エコノミクスは最も多様で有効な研究分野である。私たちは常に変化する「全面的な」専門である。私たちは，家族，人々，文化，世界中の国々に関係するすべての考えを用い，結合し，調整し，探求する。
・社会の基礎単位としての家族の存続に必要な価値や能力を高めること。
・急激に変化する社会と環境における家族の福利や子どもの発達に貢献する研究の協調と適用に打ち込む専門。
・家族と地域生活の問題に対応する個人を育成すること。
・健康な人間関係や好結果をもたらす生産的な生活のために，個人や家族を支援し教育すること。ホーム・エコノミクスは，家族，地域，国家，世界のコンテクストの中にいる個人のための教育を提供する。
・満足のいく生活をもたらす効果的で実際的な技術の準備と教育は，多くの環境の中で役立つ。
・社会の日常的問題を解決するために家族システムの知識を適用する科学。家族や消費者の問題を扱う専門と家族システム・アプローチを統合する。
・大きな天幕であり，学際的で比較文化的である。個人の責任や表現，家族や地域の発展と健康，福利を推進する伝統的価値の提唱者であり，現在そうであるように，創造的で能力があり，船を揺するのを恐れる人々に関与していく組織である。
・家族が技術や知識を高め，生活の質を改善し，家族と地域が成功するために

教育的情報に基礎をおいた研究を提供すること。
・人間と自然的，社会的，人工的環境との相互関係に焦点を合わせたプログラムの集積。
・人間の身近な物的および社会的環境と両者の間の関係についての法律，状況，原理，理想の研究。
・社会の重大な問題。
・家族・個人生活の総合性に取り組み，意思決定と生活経験に適用する資源を開発しよう。
・地域に向かうときは人々の側に立とう。促進者，相談にのる，消費者，サービス（対人），力を与える，生涯学習，個人と家族へのサービス，超高齢者や若年者への支援，家族の擁護，複合的学問，多様性—多様な家族，職業から離れて自分自身のために働くこと，個人の幸福の増進，家族向けの生活改良普及，家族サービス，家族‐人間研究，生態学，環境，意思決定，研究の適用，経済学，ホリスティク，統合されている，教育，焦点化された問題，多様化されている，家族のための哲学・科学・適用，消費者科学，核としての家族，生活単位—拡大的または単身，家族が子どもを教育すること，生活についての芸術情報の状態，生活技術を教え・うまく使うこと，他者と関わること，中核にいる人々，すべての局面を集めた傘，稀少資源に対応する学問，知識の基礎，地域への側面サービス，応用のための教育，環境の中での生活，一人ひとりが学習した技術を使うこと，科学技術に基礎をおく，家族関係，生活経営技術，人間の成長と発達，金銭管理，人々の自助への支援。
・よりよい家族関係や自己理解のための手段—個人が自分自身の生活の質を改善し，可能な限りよい情報に基づいて意思決定することができるようにする。
・「ホーム・エコノミスト」は，成功する家族あるいは自立的生活に関連する重要課題を示し，教える。目標は，個人・家族が家族員のために家庭をつくり，物的，精神的福利，および経済的安定を確実にすること。
・常に変化している多文化世界における健全な個人や家族の発達に焦点を合わせる専門。私たちは，資源保全，家族のライフ・サイクルを通じた生活の質と家族政策の発展を促進する。
・ホーム・エコノミクスは，健全な人間発達を維持し促進させるために個人の活動と公共政策形成の両方で，知識を応用する統合的でホリスティクな学問である。多様で変化する地球社会において，個人と家族のニーズに合わせるため多文化的パースペクティブをもち，人々と環境および現代の科学技術開発との相互作用に対する生態学的感性を用いる。

14．専門の統一とアイデンティティのための特別委員会

- ホーム・エコノミクスは，家庭内の領域（家事と家族）および，これと市場，地域，公的領域との相互関係に関する統合された科学の研究と実践である。
- 私たちはホーム・エコノミクス分野の現代的意義について人々に教育し，そこに存在するプライド意識を伝える必要がある。
- ホーム・エコノミクスは進歩する人々に関わる芸術，自然科学，社会科学である。

上記の内容を最も適切に言い表す名称・言葉は何でしょうか。

- ホーム・エコノミクス，人間生態学，人間科学，家族経済学
- ホーム・エコノミクスは，絶えず変化する社会を通して，地方‐州，国家，国際社会の私たちのニーズをすべて包括する傘（包括的組織）として発展してきた。私たちは，消費者，家庭問題に焦点を合わせる。親の関心―暴力犯罪や虐待，10代の妊娠，外で働く主婦，単親，子どもと健康の世話，家族関係，栄養教育，被服の手入れと選択，住居と科学技術―に対して，強い影響を与える。これらの関心や問題は家族の福利や生活の質の向上を評価する用具として役立つ。
- 家庭環境学者，家族環境学者。
  名称変更を急ぐべきではない―内容と優れた教育・研究がもっと強調されるべきである。
- 私は私たちの視野の拡大を支持するが，その基盤を決して捨て去りはしない。それが，ホーム・エコノミクス内外における，すべての人の生活の質を向上させる基盤である。
- 家族・消費者科学
- 家庭のための消費者経済学
- 人間環境科学
- 家庭・家族教育
- 消費者・家族研究
- 消費者・家族
- 家族生活・消費者教育
- 家族経済・発達
- 家族生活教育者
- 家庭・家族経済学
- 家族生活技術
- 人的資源管理
- 家庭・家族経済学
- 人的資源
- 人間発達
- 人間環境科学会
- 家族・消費者教育
- 人間科学・家族教育者
- 人間環境
- 本質的生活技術と管理
- 個人・家族生活科学
- 家族資源管理
- 生活技術・経済学
- 生活のための技術
- 人間生態学
- 家族発達
- 生活技術

・基本的生活技術　　　　　　　・家庭・家族を含む経済学と生態学
・家族と消費者経済学　　　　　・人間生態学
・家族と消費者科学　　　　　　・家族と消費者の生活技術
・家族生活技術　　　　　　　　・家族生活
・質の高い生活　　　　　　　　・消費者科学
・生活経営　　　　　　　　　　・家族研究
・「ホーム・エコノミクス」という肩書きでは報われない
・私は伝統を重視しており，「ホーム・エコノミクス」が不都合とは何ら思わない。
・無用なものと一緒に貴重なものまで捨て去ってはならない。
・私たちがやっていることを，市場に売り込み続けなさい。
・生活経営　　　　　　・生活技術　　　　　　　・人間環境科学
・危機と関係性に対処していることを強調する。
・労働省から出ている職業名称に関する辞書を調べなさい。
・専門内部の私たちにとり，ホーム・エコノミクスは適切な名称である。なぜなら，私たちがホーム・エコノミクスという時，私たちが意味することが何かを私たちは知っているからである。私たちがそれを見る方法についての問題は，私たちが「内向き」パースペクティブをもっているということにある。私は，コロラドの公益企業による財源援助を受けて，ホーム・エコノミクスに対する一般の認識に関する私のマスター・プロジェクトを，デンバーのコロラド大学を通して実施した。その結果は，私たちが消費者問題，健康，福祉，親になること，関係性などの家族問題を教える場合には，ホーム・エコノミクス**以外**の他の名称のほうが，私たちの今日について，より適切に表現しているということを基本的に示している。私たちが「ホーム・エコノミクス」という時に，私たちは意味することが何かを知っているかもしれないが，実際，一般の人々はそうではない。事実，彼らは今なおホーム・エコノミクスを料理と裁縫だとみている。高校教師として一般の人々と接しながら，私は（政治的に）誤解され，ステレオタイプ化されるわけにはいかない。私たちの専門の名称は，私たちを意味するのに最適とはいえない。
・教育専門領域ホーム・エコノミスト，公務関係専門領域ホーム・エコノミスト，栄養学専門領域ホーム・エコノミスト，フード・スタイリング専門領域ホーム・エコノミスト等々。
・私たちは「ホーム・エコノミクス」にもっとこだわるべきであり，ホーム・エコノミストたちが自分たちの専門にプライドをもち，私たちが教えている

事柄のすべてを一般の人々にも教えるよう教育キャンペーンを始めるべきだと思う。

問題は，エコノミクスを常にエク (ec) と省略することである。エクが何を表すか誰も知らない。

・家族・地域科学，家庭・地域経済学
・家族学。私たちがホーム・エコノミクスをこのような名称に変更すれば，中等教育では自分たちの場を失うかもしれない。
・私の主な関心は，私たちの実践に欠けているように見える力と目的に関連している。実際，私たちはこの国で専門として家族のために何をしているだろうか。私たちの発言はどのように理解されているのだろうか。人々は家族という語をアメリカ家政学会よりも，結婚や家族療法士や子ども防衛基金のような組織と関係づけて捉えているのではないかと危惧される。
・専門というのは，専門家を個人，家族，世帯に役に立つように養成するものである。私たちは顧客の基本的要求に応え，顧客が生活の質を改良することを支援する。専門は社会の実際問題を予防したり，解決したりするために統合的，学際的アプローチを行う。
・ホーム・エコノミクス。私たちの名称や**タイトル**を変え**ない**でほしい。過去何年も名称を変更してきて，あまりにも混乱している。
・家族経済学
・他の名称の方が，私たちが現在行っていることをもっと適切に表現すると思う。しかし，ホーム・エコノミクスという名称はそのままにして，ホーム・エコノミクスが何を意味するかを説明できるような，もっとわかりやすい仕事をすることをすすめる。そのような努力は，学校で始める必要がある。

消費者科学，人的管理，消費者経営学などの MBA 学位のように，MCA 学位をもつことができると思う。

・家族擁護者，家庭経済学者，家族・消費者擁護者，複合科学提唱者，家族戦略家，家族資源相談者，有資格家族戦略家，予防教育スペシャリスト，人的資源開発，応用人間研究，家族教育。
・家族・消費者科学教育があらゆるレベルの学術プログラムを展開するのに最もよい表記である。現役の専門家は自分の専門領域を表すものを選択するだろう。専門の組織を表す名称は大きなジレンマである。

その他のコメント

・家族福利，資源管理，持続可能な個人と家族，予防教育と時宜を得た研究，

日常生活。
・名称は私たちが何をしているのかにかかっている。問題は，それが「専門」だというだけでなく，それが実践的専門家，研究・調査分野，専門の実践，プログラム努力，専門家のための組織あるいは組織または専門なのかどうかを，私たちが真に把握してきたか否かにある。上記すべてを網羅するような名称をもつ専門はほとんどない。それでも私たちはすべての目的に適うような名称を見いだし，効果的に使用できるという印象を与え続けている。
・名称変更は半世紀にわたり検討されてきた。名称変更するならしよう，あるいは，やめるならやめよう。そして，私たちが意味したいことをホーム・エコノミクスが意味するようにしよう。
・名称は，私たちが自らを他者に示し，約束を果たし，訓練をやりぬき，私たちが真に有能な専門家と信じさせるように仕事の仕方を変えない限り，何の意味ももたないであろう。
・私たちの専門は，私たちが適切であってこそ今日の一般の人々によっても適切だとみなされる。私たちの使命は，文化に大きな差異のある地球社会で家族と地域の経済的，社会的，身体的福利における差異を測定可能にすることである。
・私が他のホーム・エコノミストたちとこの主題を取り上げたとき，彼らは自分たちは最良の選択をしたが，一般の人々は私たちが誰であり，何をしようとしているかを知らないと肩をすぼめた。私たちはイメージを良くすると同時に，そのイメージを人々に訴え知らせる必要がある。
・ホーム・エコノミクスは二極分化していると思う。私たちのうちの誰かがリーダーになる一方で，他の人々はファッション，自己イメージ，家の家具・設備の流行に遅れている。
「それは，あらゆる領域の知識と技術をもたねばならない，という意味ではなく，必要な情報とサービスをどこで得るかは熟知していなければならないということである。」
高校を卒業した学生たちは，私たちと再び連絡をとろうとはしない。また彼らが最新情報をもつよう私たちが教えたことのすべてと私たちの名称が載っている月刊雑誌を，彼らはスーパーマーケットのチェックアウトで買おうとさえしない。
・私たちに役立ってきた名称を継続的に使用すべきである。
・家族という語を名称に用いるべきである。そうすれば，私たちの使命が家族—女性ではない—志向であることが認められる。

14．専門の統一とアイデンティティのための特別委員会

- 人々は単純にも，私たちが何をしているかを理解していない。
- 人間生態学という用語で私たち自身を考えることは，まだ，意味がある。
- 私たちの専門の基本的構成要素は，家族生活の改善，食物栄養に関する訓練，家族生活，子どもの発達，家計管理，繊維などである。
- 家庭外の職業のために学生を訓練し，家族におけると同様に市場において問題やニーズをもつ家族を援助すること。
- 人間生態学は人間をリサイクルしているように聞こえる。
- 私は，ホーム・エコノミクスはイメージ問題をもち，名称を変更することでは解決されないと理解している。
- あらゆる専門領域を一つにつなごうとする組織としてのAHEAを，あまりにも多くが今や諦めようとしているように思える。
- 専門の統一は必須である。
- 有名な雑誌，ラジオ，テレビなどで，この考えを広めるための有効な研究が必要である。
- 私たちは自分たちだけで論議しすぎている。イメージを良くするために一般の人たちに話そう—もし，イメージ問題が事実ならば，私たちが使命を果たせるようにホーム・エコノミクスという名称は残そう。
イメージを刷新し，名前は捨てないようにしよう。
- 私たちは，未来に向かい家庭と職業生活をうまく融合できるような専門として，ホーム・エコノミクスを促進する積極的PRキャンペーンを行い，私たちが実際に何を行っているかを一般の人たちに知らせなければならない。道筋はどうあれ，私たちが目指す目標と価値を一般に知ってもらわなければならない。
- 私たちは関連する産業やビジネス界とのより強固な結びつきを展開しないといけない。私たちには産業界からの支援が欠けている。
- 専門は獲得できるすべての支援と統一を必要としている。AHEAとHEIBはあまりにも長く協力的ではなかった。
- ホーム・エコノミクスは，他のどのような単一の専門よりも世の中が必要としているものを多くもっている。
- AHEAが「ホーム・エコノミクス」という名称に執着している限り，一般の人々に受け入れられ，理解されることに障害が存続するだろう。
- 私たちには，半分は真実味のある集団（栄養学，高齢者対策，子育て）がいる。キー概念は，生活の質である。
- 私たちは，家族と積極的に変える戦力とみられるようになるべきである。

- 私たちは，私たちのすぐれたプログラムを売り込むためにエネルギーを使う。
- 名称変更は，私たちが変わらない限り，違いをもたらさないだろう。
- 名称は説明的で先見性があり，ホーム・エコノミクスから発展したことを明確に伝えるものであるべきだ。
- 私たちが自分たちを何と呼ぼうと，すべてのホーム・エコノミストは名称と，私たちの専門を統一すべきだという焦点を支持する必要がある。
- 名称を変更するよりも，たぶん，私たちすべてが市場攻撃することが必要である。いままで合衆国の家族に焦点があったとすれば，現在もそうである。家族の要求に応える資格をホーム・エコノミストが最も持ち続けてきたということを，人々に知らせる必要がある。
- 名称変更は単に混乱を招くだけである。人々（特に男性）に，私たちが何者であるかを教えよう。
- 躊躇することをやめ，私たちが専門的に，また一般の人々に受け入れられるように行ってきたことに対し，確固たる姿勢をとる時である。
- ホーム・エコノミクスをもっと適切に定義し宣伝しよう。
- どうぞ名称は変え**ない**でほしい。私は，もっと混同や混乱を招くと思う。
- 内部分裂しないように。
- 専門を特徴づけると思うのは，家族に対するこのホリスティク・アプローチである。
- 「CHE」のロゴと認証を変えることについては，経済学に配慮するように。
- それはマスメディア向けの情報である必要がある。私たちは難問にぶつかっている。
- それについて，私はもとは準備していたが，もはや存在しない専門。
- 多面的パースペクティブ。
- 私たちにはただ一つの名称が必要である。
- もし私たちのイメージが悪いのであれば，それを訂正しなさい。いろいろな名称に変更することで私たちの専門を全体的に分散させないようにしよう。分解していなければ，ばらばらになっていないのなら，訂正しなくてもよい。
- 名称変更は私たちの専門の生き残りに必要なことである。
- アメリカ消費者経済学会，アメリカ家族経済学会
- アイデンティティを失い，ばらばらになっている専門のメンバーとして，一つの名称かタイトルが「発見される」ことを望む。これまで使用されてきたホーム・エコノミクスという用語は統一的用語であった。変更は専門の生き残りにとって危険である。

14．専門の統一とアイデンティティのための特別委員会

- 私たちはこれまで常に，私たちのまわりの教室，ビジネス，そして世界で起こっている変化に順応してきた。
- 成功を確かなものにするために，私たちは幅広さに基礎をおいた大学教育を続けなければならない。私たちの専門を統一しなければならない。マクニール・レーラー・ニュース・アワーのように続けよう。パネルをみなさい。それと反対の鍵を。私たちはエレン・S・リチャーズという科学のパイオニアを擁しているのだろうか。**イメージ－義務－PR**…。
- 名称変更は問題の解決にはならない。私たちの専門が統一されていないために，いくつかの学部が，この専門に対して異なった名称を用いている。積極的マーケティングを利用しよう。
- ホーム・エコノミクス分野内の専門領域の多くを統合し，細分化を逆方向に転換させるような十分に計画されたプログラムを開発し，多面的な分野の特質と目的を一般の人々にわかってもらうこと。
- ホーム・エコノミストは，自分たちが何者であるかについて，また一般の人々に教育するため力いっぱい働いていることに誇りをもつ必要がある。名称変更は，最新情報というよりも，混乱を招き，私たちが恥や隠すべきものをもっているかのような印象を残す。
- 私たちがばらばらになるのを見たくない。私たちは先頭を行くべきだ。
- ホーム・エコノミストであることに常に誇りをもち続けたい。
- AHEAの使命とビジョンのどちらの声明も，家庭や家族について何も含んでいないことにも私は関心があるが，むしろいっそう関心があるのは，組織体としての私たちの地位についてである。変化しつつある世界の諸問題に言及するのはよそう。多くの専門家たちのように，他のことよりも，私たちは自分自身のことに夢中になってきた。国がアメリカの家庭の現状に注意や関心を寄せ始めたまさにそのとき，私たちの組織の名称を変更することは，愚かなことではないだろうか。私たちは，この偉大な国を「ホームレス」家族の国よりもむしろ，強い家庭から構成される国に戻す専門として，知識と資源のすべてを結集させることに焦点を合わせることはできないだろうか。偉大な専門として，私たちは方向を変えるにあたって，大きな役割を果たすことはできないだろうか。これこそが私たちの挑戦である。
- 人々は，私が誰で，ホーム・エコノミストとして，専門家として，何をやっているのか知っていた。
- 時間と金は名称変更よりもPRに使えばよかったのに。
- 合衆国のいたるところでのホーム・エコノミクス学部の名称変更は，私には

よくわからない。しかし，名称を「人間生態学」や「家族・消費者研究」に変えた多数の学部は名称変更のため後に廃止されたという事実がある。この事実は，名称変更を求めるとき考慮されなければならない。私たちは個人や家族に役立とうと努めているが，もっと応えられるようになる必要がある。

・今日の**エコノミクス**は政治的意味でキーワードになっており，真の関心（？）の中でも家族や家庭の必要性がそれほどに多くなっているのだから，私は名称の議論を止め，一般の人々が必要としているいくつかの質の高いプログラムを得るために共に行動することを提言する。家庭のための経済学を真によく見つめ，時間，能力，財産あるいは家族をどのように管理するかという方法に無知な人々を助けてきた者もいる。（私は，これらのニーズに合う積極的なプログラムのための訓練や知識をホーム・エコノミストが，もっているといいたい。）

・最近の経済情勢に基づき，私たちはアメリカの家族に何をなすべきかを，自ら明確に示すべきである。私たちは，絶対に決定的瞬間をつかまえねばならない。このような時期に名称を変更することは，私たちの主導権をいっそう損なうかもしれない。しかし再び，組織が私たち自身を「再包装」する必要があると感じるならば，あらゆる会員は，一般の人に対してアイデア（あるいは新しいイメージ）を示すという生涯最大の広報活動をする必要がある。もし変化があるとすれば，会員はその特別な責任に従事せねばならない。そうすれば私たちの未来に対して一定の堅固な基礎を築くことができる。

・私は日常的基礎において，人間発達，家族関係，資源管理に関する私の知識を必要としている。もし仕事のテーマがあるとすれば，それは，家庭，職場，学校，遊びに関わらず，日常生活に科学と科学技術を適用することである。

・他方で，ホーム・エコノミクスの個々の部門（例えば栄養学）は別々の存在となるだろう。例えば，ビジネスマンの多くは自分自身をビジネスマン・ビジネスウーマンと呼ばず，彼らの仕事名―監査役，分析者，顧客サービス報告者など―を呼んでいる。

・コロラド州ゴールデンのアドルフ・クアーズ社の社長ウィリアム・クアーズから引用すると，「子育て教育は私たちの教育システムの核になるべきものである。…私たちの社会における家族のライフ・スタイル―共働きの親，片親，混合家族―…は子育て教育をますます重要にしている」とされている。

・ホーム・エコノミクスは学校カリキュラムで脇に追いやられているというのが，私の意見である。これはまったく恥ずべきことである。ホーム・エコノミクスで教えられた技術である子育て，健康・栄養，家族コミュニケーショ

ンなどは，実りある生活に不可欠なものである。学校区は，このような技術がないままの学生たちを，私たちが大人の世界へ送り出したら，その後の人生で直面する家族問題に対し，彼らには何の備えもないということに「目覚め」，理解する必要がある。
- 一つの専門として，私には，私たちの話し合いが次の段階に決定的に進むことなく，同じ問題に止まり続けるように思える。あなたたちの特別委員会は，この問題に打ち勝つ力をもっており，私たちを前進させると確信している。
- 私たちは，なんとかして，もっと目立つようになる必要がある。ホーム・エコノミクスは多くの国民の問題に対する回答を用意している。ホーム・エコノミクスは，ヘッド・スタート，WIC プログラムとともに機能すべきものの一つである。私たちは家族問題をもつ人々，単親や生活保護を受ける人々を実際に手助けすることができるだろう。だが，腹立たしいのはこうした仕事で雇われる場合，ソーシャル・ワークやその他の学位が要求されることである。私はこの答えはわからないが，失望させられる。私たちは回答をもっているし手助けもできる。しかし，私たちは単に教師や生活改良普及員であるだけなのだと知らされる。このことが私たちを限定する。私たちはこうした不必要な時を避け，私たちが誰であり，現在の名称の下で私たちが何をしているかを一般の人に教えるという努力ができる。
- 私たちは家族や人々を進歩させ，高め，そして強くするものすべてを信じ，それらを使うことをためらわない。
- カレッジ，総合大学そして他の機関で統一的名称を用いるよう奨励してほしい。行く先々で異なった名称が用いられる限り，専門の推進は難しい。
- ホーム・エコノミクスは貧しい学生，習熟の遅い学生たちのための学問だという汚名は，私たちの教育上の地位を低めている。私たちは特別なことを必要とする学生や中途退学者予備軍の投げ捨て場となってきている。
- 私が見たい成果は PR パンフレットである。多分それが，資格証明文書を得ようという私たちの考えを強化するであろう。
- 栄養学者，インテリア・デザイナー，栄養士，ファッション販売促進員でさえホーム・エコノミクスの範疇だとみなされている。彼らは，彼ら自身の**独自な協会**をもってきた。
- ホーム・エコノミクスに関する声明をテレビに流そう。いくつかの学校では毎日チャンネル1を見せている。その画面にロゴ，ランプ，AHEA の文字を入れることができるだろう。声明には，家族を強くすること，選択について学生を教育すること，学生が自尊心を発達させる手助けをすること，ホー

ム・エコノミクス，あなたの人生を生き甲斐のあるものにすること，が含まれ得るだろう。
- なんらかの「きらめく」はっきりとした名称ができるまで（まだできていない）は，私たちが誇るべき力強い遺産をもつホーム・エコノミクスのままにとどまる。私たちは「名称」ではなく，「ゲーム」に集中すべきである。
  ホーム・エコノミクスは，すべての他の学問とともに存在している。他のすべての学問の存在目的は，結局，家庭にとってよいことにおかれている。
  ホーム・エコノミクスを私たちの専門からはずしてはならない。
- ホーム・エコノミストという用語は，レシピの開発といった非常に伝統的な技術でも使わない限り，私が潜在的クライアントに実地指導をする際，しばしば否定的にとられる。それは私にとり入門レベルの用語であり，現在，私が得たいと思っている洗練された特定領域の広い技術とは程遠い技術に属するものである。「ホーム・エコノミスト」という用語は，私のじゃまになっている。
- 名称が人間生態学に変わったとき，私はミシガン州立大学にいた。そのときは良い考えだと思った。現在，大学は人間パフォーマンス（体育）カレッジとの合併を求める，より高度な管理面での問題を抱えている。今では，20年間の後知恵から，私は名称変更がよい考えではなかったとわかった。他の分野とは思わせないような，そして人間パフォーマンスや生態学-UGH に合併されることのないような，明確に識別できる名称をもつことがよりよいことである。
- もし，私たちが価値あると思う名称を見つけることができれば，一般の人々にも「受け入れられるようになる」という希望をもって，私たちは名称を探し続けている。そのかわり，私たちは「ホーム・エコノミスト」であり，そのことを誇りとしていると実際に決意する必要がある。私たちは誇りをもって専門を向上させ，一般の人々にホーム・エコノミクスの広がりと視野を知らせる必要がある。ホーム・エコノミクスはあらゆる方法で，個人，家族，地域，職場，そして広い社会の手助けをすることを宣伝しよう。そうすれば，一般の人々はそれらがホーム・エコノミクスに繋がっていると思うだろう。名称の変更では，一般の人々に私たちを受け入れてもらうことはできないであろう。私たち自身が，まず私たち自身に満足し，私たち専門家のイメージを高めなければならない。いくつにも分離した専門領域が，ホーム・エコノミクスを別々の学問へと引き裂いている。なぜならば，多くの人々は，ホーム・エコノミクスで統一された傘下で，すべての専門領域間の関連性や

依存性を発見する基礎を得る前に，まず特定の専門領域を選択するからである。こうしたことは部分的には，ホーム・エコノミクス学科で専門領域を教えているホーム・エコノミストではない教授が雇用されていることに起因する。それらの教授はホーム・エコノミクスの哲学について何の考えももっていない。したがって彼らが「私はホーム・エコノミストではなく，栄養学者，インテリア・デザイナー，幼児教育スペシャリスト等々だ」という学生たちに，どのようにして，この統合された哲学を伝えることができるといえるのだろうか。ホーム・エコノミクス内の専門領域は重要である。しかし，ホーム・エコノミクスの哲学総体が第一に習得されない限り，その全体または一部は総体と一致しない。

・夫や家族と一緒に国中を回った一人のホーム・エコノミストとして，私はホーム・エコノミクスの職業ホットラインや職業紹介サービスに感謝したい。ホーム・エコノミクスの職業をもっているか（教えたことがあるか否か）どうかを見分けることは極めて難しいことを私は知っている。AHEAは州の資源と（AHEAの州議長以外は）「コネクション」をもっていない。彼・彼女はそのかわりに地方の議長名だけを示せるだけだ。そしてだれも職業紹介所と・または職業指導を提供できない。私たちが，自分たちの職業指導を受けることを助けられないとすれば，どのようにして，私たちは専門家であり得るのだろうか。私は，証明書を得た最初のAHEA会員の一人であった。二つの州で2回移動した5年間，私の専門家グループから職業・職業指導の援助を受けることはなかったから，私のAHEA証明書は無効となった。AHEAが私を助けなかったというのに，私がなぜ，それを支持しなければならないのだろうか。

・時間とエネルギーの無駄使いをやめよう。私たちは80年間も人々を教育してきた。それを他のタイトルなどで混乱させてはならない。

・おそらく2000年になる前のある時点で，私たちは疑いなくホーム・エコノミクスを見捨てるであろう。なぜ，今ではないのか。AHEAが今なすべきことは，小規模組織—家族と消費者の福利に関わる専門の諸領域に広がったすべての委員会—を統合して，一つの組織にすることである。私たちは同盟的社会科学（学術）学会または社会科学会（支持）連合としての機能を果たすべきである。

15. 創造的情報セション—回答と要約（1993年夏・秋）

データ作成　ザ・マクネリス・カンパニー

① 私たちはどのようにして確実に，私たちの専門が21世紀の社会に絶対に必要不可欠であり続けるようにできるか

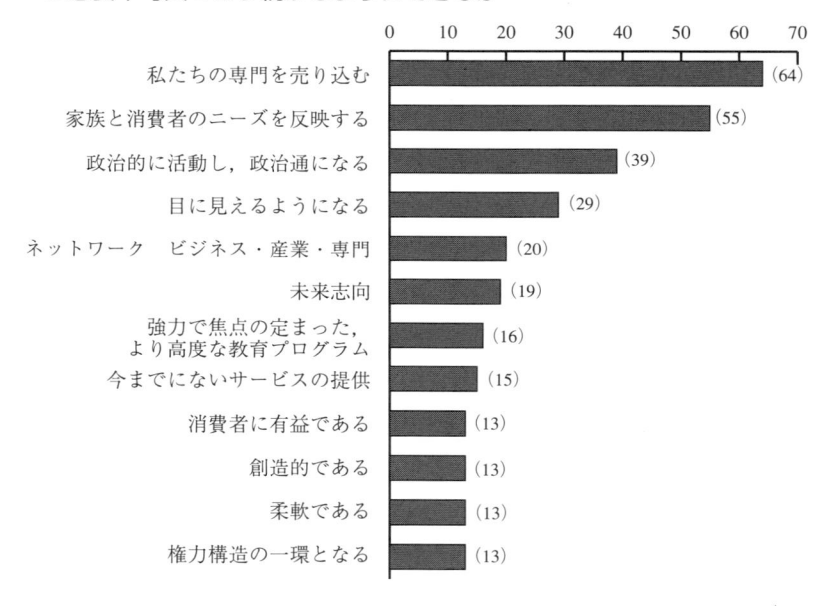

項目	値
私たちの専門を売り込む	(64)
家族と消費者のニーズを反映する	(55)
政治的に活動し，政治通になる	(39)
目に見えるようになる	(29)
ネットワーク　ビジネス・産業・専門	(20)
未来志向	(19)
強力で焦点の定まった，より高度な教育プログラム	(16)
今までにないサービスの提供	(15)
消費者に有益である	(13)
創造的である	(13)
柔軟である	(13)
権力構造の一環となる	(13)

② 将来の可能性がある専門の名称

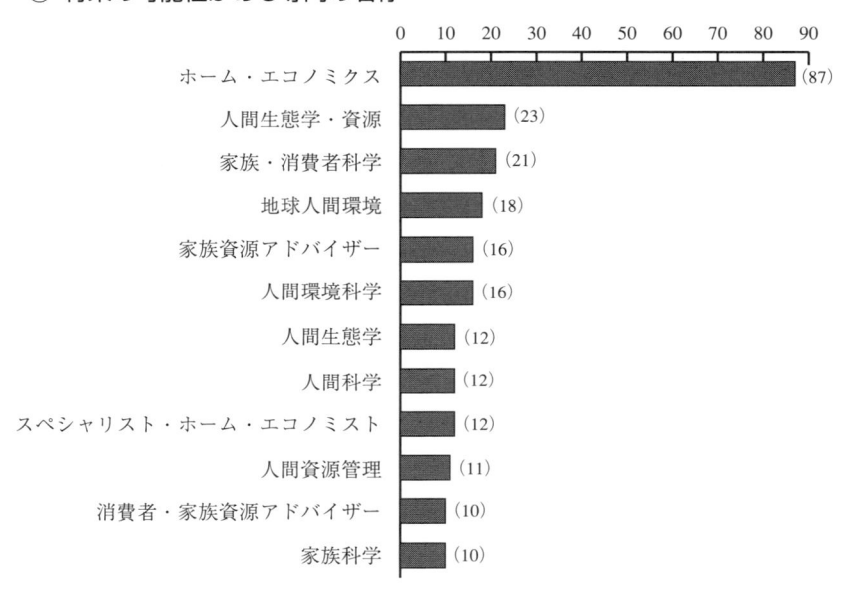

名称	数
ホーム・エコノミクス	(87)
人間生態学・資源	(23)
家族・消費者科学	(21)
地球人間環境	(18)
家族資源アドバイザー	(16)
人間環境科学	(16)
人間生態学	(12)
人間科学	(12)
スペシャリスト・ホーム・エコノミスト	(12)
人間資源管理	(11)
消費者・家族資源アドバイザー	(10)
家族科学	(10)

③ 21世紀へと私たちを推しだすために，専門として私たちは何をすべきか

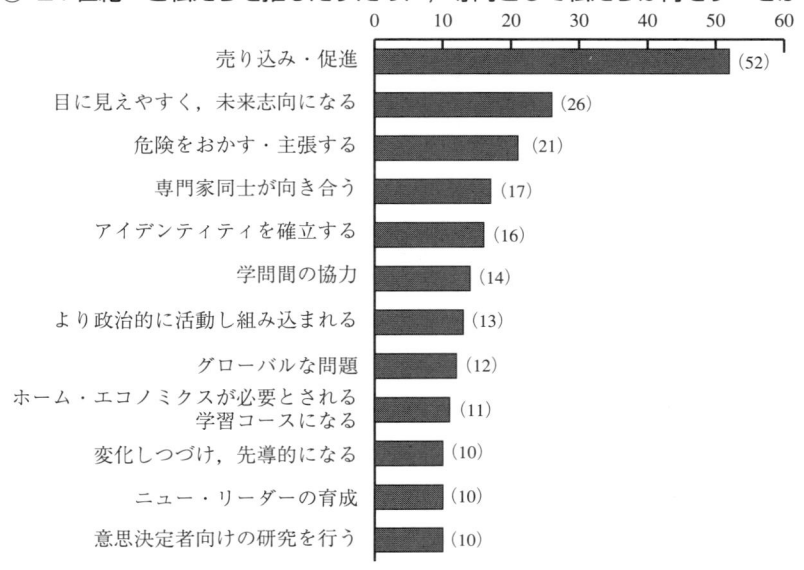

項目	数
売り込み・促進	(52)
目に見えやすく，未来志向になる	(26)
危険をおかす・主張する	(21)
専門家同士が向き合う	(17)
アイデンティティを確立する	(16)
学問間の協力	(14)
より政治的に活動し組み込まれる	(13)
グローバルな問題	(12)
ホーム・エコノミクスが必要とされる学習コースになる	(11)
変化しつづけ，先導的になる	(10)
ニュー・リーダーの育成	(10)
意思決定者向けの研究を行う	(10)

④ 将来，専門が取り上げるべき問題は何か

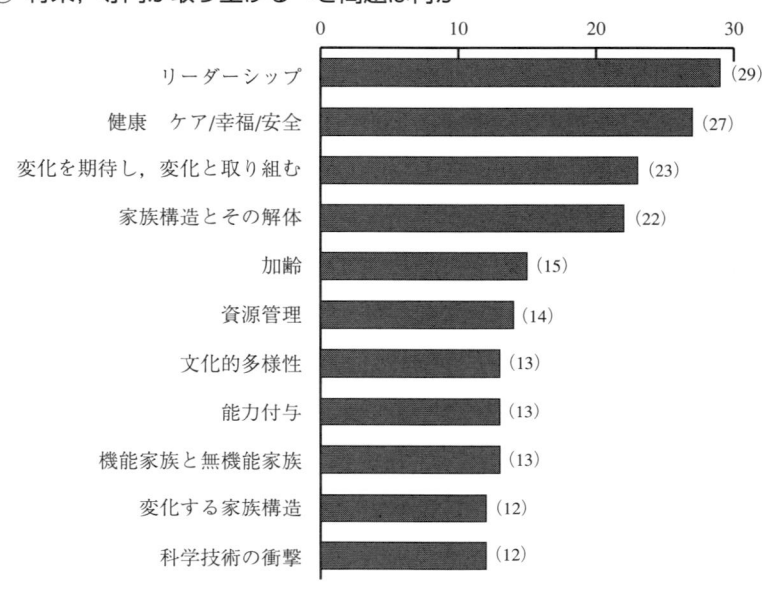

- リーダーシップ (29)
- 健康 ケア/幸福/安全 (27)
- 変化を期待し，変化と取り組む (23)
- 家族構造とその解体 (22)
- 加齢 (15)
- 資源管理 (14)
- 文化的多様性 (13)
- 能力付与 (13)
- 機能家族と無機能家族 (13)
- 変化する家族構造 (12)
- 科学技術の衝撃 (12)

⑤ 諸問題に共通するテーマは何か

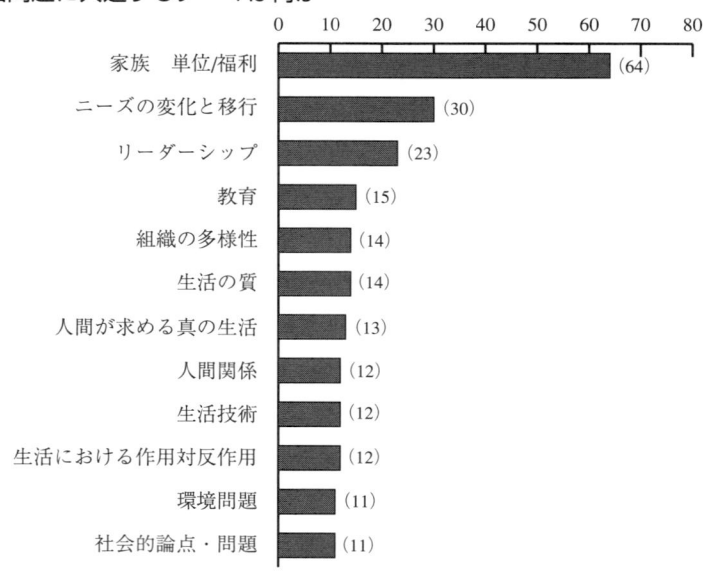

- 家族 単位/福利 (64)
- ニーズの変化と移行 (30)
- リーダーシップ (23)
- 教育 (15)
- 組織の多様性 (14)
- 生活の質 (14)
- 人間が求める真の生活 (13)
- 人間関係 (12)
- 生活技術 (12)
- 生活における作用対反作用 (12)
- 環境問題 (11)
- 社会的論点・問題 (11)

⑥ 何が，私たち専門の統一を助け得るであろうか

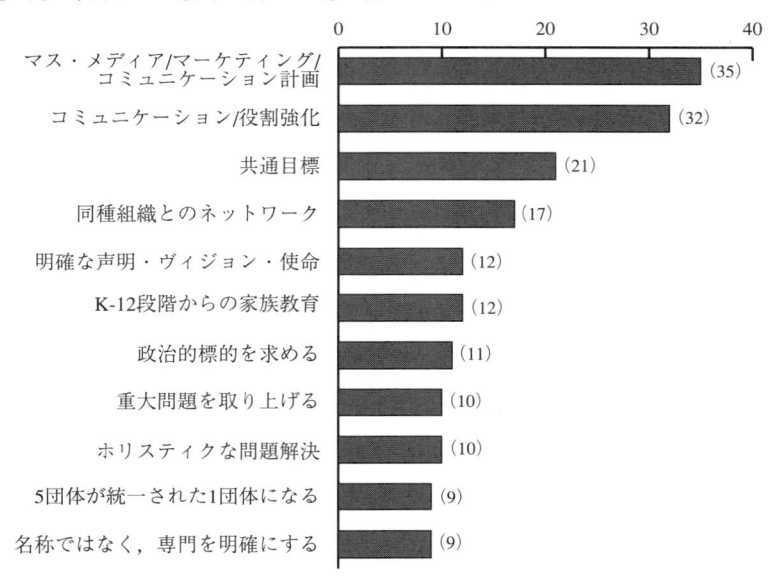

項目	値
マス・メディア/マーケティング/コミュニケーション計画	35
コミュニケーション/役割強化	32
共通目標	21
同種組織とのネットワーク	17
明確な声明・ヴィジョン・使命	12
K-12段階からの家族教育	12
政治的標的を求める	11
重大問題を取り上げる	10
ホリスティクな問題解決	10
5団体が統一された1団体になる	9
名称ではなく，専門を明確にする	9

引用文献

Anderson, E. P. and Clark, V. L. eds.: Marketing Home Economics, Issues and Practices, the Teacher Education Yearbook. Peoria, Glencoe Division, Macmillan/McGraw-Hill (1993)

Apple, R. D.: Liberal Arts or Vocational Training? Home Economics Education for Girls. In S. Stage and V. Vincenti (Eds.), Rethinking Women & Home Economics in the 20th Century. Ithaca, Cornell University Press. (※)

Arcus, M. E.: Quality of life, toward conceptual clarification. Paper presented at the First Beatrice Paolucci Symposium, Michigan State University, East Lansing (1985)

Babbitt, K. R.: Cooperative Extension Home Economists and the Temporary Emergency Relief Administration of New York State. In S. Stage and V. Vincenti (Eds.), Rethinking Women & Home Economics in the 20th Century. Ithaca, Cornell University Press. (※)

Bailey, L., and Firebaugh, F. M.: Strengthening Home Economics Programs in Higher Education. Columbus, Ohio State University and the U. S. Department of Agriculture (1986)

Baldwin, K. E.: The AHEA saga. Washington, D. C.: American Home Economics Association (1949)

Beecher, C.: A Treatise on Domestic Economy. New York: Harper and Brothers (1842)

Bellah, R. N., Madsen, R., Sullivan, W. M., Swidler, A., and Tipton, S. M.: Habits of the Heart: Individualism and Commitment in American Life. Berkeley, University of California Press (1985)

Beyond Rhetoric: A New American Agenda for Children and Families, Final Report of the National Commission on Children. Washington, D. C.: National Commission on Children (1991)

Bobbitt, N.: A Holistic Profession Requires Holistic Research, *Home Economics Forum*. Vol.4, No.2 (1990)

Borden, R. J. and Jacobs, J.: International directory of human ecologists. Bar Harbor, ME: Society for Human Ecology and College of the Atlantic (1989)

Borden, R. J., Jacobs, J., & Young G. L. (Eds.): Human ecology; A gathering of perspectives. College Park, MD: Society for Human Ecology (1986)

Borden, R. J., Jacobs, J., & Young G. L. (Eds.): Human ecology, Reseatch and applications. College Park, MD: Society for Human Ecology (1988)

Boulding, K. E.: Principles of Economic Policy. Englewood Cliffs, N. J.: Prentice-Hall (1958)

Boyden, S.: An integrative approach to the study of human ecology. In R. J. Borden, J. Jacobs, & G. L. Young (Eds.), Human ecology, A gathering of perspectives. College Park, MD: Society for Human Ecology (1986)

Boyer, E. I. College: The undergraduate experience in America. New York: Harper & Row (1987)

Bristor, M.: Individuals, families, and environments. Dubuque, IA: Kendall/Hunt (1990)

Bronfenbrenner, U.: Ecology of the family as a context for human development: Research perspectives. *Developmental Psychology*, **22**(6), (1986)

Brown, M. and Paolucci, B.: Home Economics: A definition. Washington, D. C., American Home Economics Association (1979)

Brown, M. M.: A Critical Science Perspective in Home Economics, Paper presented at the 1984 Annual Meeting of the American Home Economics Association, Anaheim

Brown, M. M.: Conceptual scheme and decision-rules for the selection and organization of home economics curriculum content.(Contract Project No.7-4743-H). Madison: Wisconsin Department of Public Instruction(1977)

Brown, M. M.: Home economics, Proud past-promising future. *Journal of Home Economics.* **76**(4), 48-54(1984)

Brown, M. M.: Philosophical Studies of Home Economics in the United States : Our Practical-intellectual heritage. East Lansing, Michigan State University(1985)

Brown, M. M.: What Are the Qualities of Good Research? In Hultgren, F. H. and Coomer, D. L. Alternative Modes of Inquiry in Home Economics Research. Yearbook 9, AHEA Teacher Education Section. Peoria, Glencoe Publishing Company(1989)

Brown, M. M.: Philosophical Studies of Home Economics in the United States: Basic Ideas by Which Home Economists Understand Themselves, East Lansing, Michigan State University (1993)

Brown, Marjorie: The Need for Philosphical Study in Home Economics Unpublished Masnscript (1963)

Brulle, R. J.: Jurgen Habermas : An exegesis for human ecologists. *Human Ecology Bulletin*, No.**8**, 29-35, 38-40(1992)

Bubolz, M. and Sontag, S.: "Human Ecology Theory," Sourcebook of Family Theories and Methods: A Contextual Approach. Plenum Press, NY(1993)

Bubolz, M. and Sontag, S.: "Integration in Home Economics and Human Ecology," *Journal of Consumer Studies and Home Economics,* **12**(1988)

Bubolz, M. M.: The family ecosystem: Macro and micro interdependence. In M. S. Sontag, S. D. Wright, G. L. Young, & M. Grace(Eds.), Human ecology: Strategies for the future. Fort Collins, CO: Society for Human Ecology(1991)

Bubolz, M. M., Eicher, J. B., & Sontag, M. S.: The human ecosystem: A model. *Journal of Home Economics,* **71**(1), 28-31(1979)

Budewig, Caroline, Brown, Marjorie, Nosow, Sigmund, and Nolan Francena.: The Field of Home Economics : What It Is. Washington, D. C: American Home Economics Association(1964)

Carpenter, W.: House logic : Myth and art in human ecology. In M. Grace & M. Bubolz(Eds.), Ecological decision-making for the future: Interdependence of public and private spheres. East Lansing, MI: College of Human Ecology, Michigan State University(1990)

Carpenter, W.: Human ecology: The possibility of an aesthetic science. In R. J. Borden, J. Jacobs, & G. L. Young(Eds.), Human ecology: Research and applications, College Park, MD: Society for Human Ecology(1988)

Carver, M. N.: Home economics as an academic discipline ; A short history(Topical Paper No.15). Tucson : Center for the Study of Higher Education, University of Arizona(1979)

Charmasson, Henri.: The Name Is The Game : How To Name A Company or A Product. Homewood, Illinois : Dow Jones-Irwin(1988)

Chubin, D. E., Porter, A. L., Rossini, F. A., & Connolly, T. (Eds.): Interdisciplinary analysis and research. Mt. Airy, MD : Lomond Publications, Inc. (1986)

Clarke, R.: Ellen Swallow: The woman who founded ecology. Chicago, IL: Follett Publishing Company (1973)

Cogan, M. L.: Toward a Definition of Profession, Harvard Educational Review 23 (Winter 1953)

Collingwood, R. G.: Human nature and human history. London: n. p., (Reprinted from Proceedings of the British Academy. In Communicated May 20, 1936, 22.) (1936)

Craig, H. T.: A history of home economics. Edited by Blanche M. Stover. New York : Practical Home Economics. (Originally published in Practical Home Economics, June-December 1944) (1946)

Duncan, O. D., and Schnore, L. F.: Cultural, Behavioral and Ecological Perspectives in the Study of Social Organization. *American Journal of Sociology*, **65** (1959)

Duncan, O. D.: "Human Ecology and Population Studies." In The Study of Population: An Inventory and Appraisal, P. M. Hauser and O. D. Duncan, eds. Chicago: University of Chicago Press (1959)

East, M.: Home Economics : Past, Present, and Future. Boston : Allyn and Bacon, Inc. (1980)

Eder, K.: The New Social Movements, Moral Crusades, Political Pressure Groups, or Social Movements? *Social Research,* **52**, 869-890 (1985)

Edwards, C. H., Brabble, E. W., O. J., & Westney, O. E.: Human ecology : Interactions of man with his environments. Dubuque, IA : Kendall/Hunt (1991)

Ekehorn, E.: International directory of organizations in human ecology. *Human Ecology Bulletin*, **8**, 51-70 (1992)

Evans, F. C.: Ecosystem as the Basic Unit in Ecology. *Science*, **123** (22 June 1956)

Fay, B.: Critical Social Science. Ithaca, N.Y.: Cornell University Press (1987)

Firebaugh, F. M.: Whither human ecology? In M. Grace & M. Bubolz (Eds.), Ecological decision-making for the future: Interdependence of public and private spheres. East Lansing, MI: College of Human Ecology, Michigan State University (1990)

Flexner, A.: Is Social Work a Profession? New York, The New York School of Philanthropy (1915)

Friedan, B.: The Second Stage. New York : Summit Books (1981)

Grace, M., & Bubolz, M. (Eds.): Ecological Decision-making for the Future : Interdependence of Public and Private Spheres. Proceedings of the Second Beatrice Paolucci Symposium, January 19-21, 1989. East Lansing, MI : College of Human Ecology, Michigan State University (1990)

Grant, J.: Modernizing Mothers: Home Economics and the Parent Education Movement, 1920-1945. In S. Stage and V. Vincenti (Eds.), Rethinking Women & Home Economics in the 20th Century. Ithaca: Cornell University Press. (※)

Green, K.: Home economics research : A macro view. *Home Economics Research Journal,* **12**, 514-522 (1984)

Green, K. B.: Our Intellectual Ecology : A Treatise on Home Economics, *Journal of Home Economics,* **80** (Fall 1990)

Green, Kinsey B.: Against the Current, *Journal of Home Economics,* 14-16 (Fall, 1981)

Greenwood, E.: The elements of professionalization. In H. Vollmer and D. Mills(Eds.), Professionalization. Englewood Cliffs, NJ: Pretice-Hall(1966)

Griffore, R. J., & Phenice, L. A.: Transdisciplinary potentials of human ecology in American higher education. Paper presented at the sixth meeting of the Society for Human Ecology, Snowbird, Ut.(1992)

Hansson, L. O., & Jungen, B.(Eds.): Human responsibility and global change. Goeborg, Sweden : Section of Human Ecology, University of Goteborg(1992)

Harris, C.: Grace Under Pressure: The Back Home Extension Service in South Carolina, 1919-1966. In S. Stage and V. Vincenti(Eds.), Rethinking Women & Home Economics in the 20th Century. Ithaca, Cornell University Press(※)

Hawley, A. J.: Human Ecolpgy: A Theory of Community Structure. New York: Ronald Press(1950); Stephan, op. cit. in ref. 26; Hawley, A. "Human Ecology." *In International Encyclopedia of the Social Sciences.* Vol. 4. New York: Macmillan(1968)

Hawthome, B.: "The Heritage." In Definitive Themes in Home Economics and Their Impact on Families, 1909-1984. Washington, D. C.: American Home Economics Association(1984)

Hawthorne, B. E.: Echoes of the Past-Voices of the Future. *Journal of Home Economics,* **75**(1983)

Hawthorne, B.: "The Heritage," in Definitive Themes in Home Economics and Their Impact on Families, 1909-1984. Washington, D. C.: American Home Economics Association, (1984)

Henderson, G. M.: Development of home economics in the United States: With special reference to its purposes and integrating function.(College of Home Economics Publication No.156). University Park: The Pennsylvania State University(1954)

Henderson, Grace: Development of Home Economics in the United States: With Special Reference To Its Purposes and Integrating Function. University Park: College of Home Economics, The Pennsylvania State University(1955)

Hilton, H. L.: Home economics defined: Historical perspectives. In M. Brown & B. Paolucci, Home economics: A definition. Washington, DC: American Home Economics Association(1979)

Home Economics: New Directions II. Washington, D. C.: AHEA.(1975)

Home Economics: New Directions. Washington, D. C., AHEA, American Home Economics Association(1959)

Hook, N. C., & Paolucci, B.: The family as an ecosystem. *Journal of Home Economics,* **65**, 315-318 (1970)

Horn, M. and M. East : Hindsight and Foresight : Basis for Choice, *Journal of Home Economics,* **74**, 10-17(Winter, 1982)

Horn, M. and S. Nickols : Interdisciplinary Research: Have We Lost Our Focus? *Home Economics Research Journal,* **11**, 9-14(September, 1982)

Horn, M. J. : Undergraduate majors in home economics: Integrate or eliminate? *Journal of Home Economics,* **80**(4), 28-32(1988)

Horn, M. J., & Nickols, S. Y. : Interdisciplinary research: Have we lost our focus? *Home Economics Research Journal,* **11**, 9-14(1982)

Horn, M., : Home Economics : A Recitation of Definition, *Journal of Home Economics,* **73**, 19-23 (Spring, 1981)

Horn, M.: Undergraduate Majors in Home Economics: Integrate or Eliminate? *Journal of Home Economics,* **80**, 28-31 (Winter, 1988)

Hultgren, F., & Wilkosz, J. : Human goals and critical realities: A practical problem framework for developing home economics curriculum. *Journal of Vocational Home Economics Education,* **4**, 135-154 (1986)

Jungen, B.: Integration of knowledge in human ecology. *Humanekologiska Skrifter,* **5**, Göteborgs Universitet, Institutionen för fredsforskning och humanekologi, Göteborg, Sweden (1985)

Kilsdonk, A. G.: Human ecology, Meaning and usage. East Lansing, MI: College of Human Ecology, Michigan State University (1983)

Kline, R. R.: Agents of Modernity: Home Economists and Technology Transfer-Rural Electrification in the United States, 1925-1950. In S. Stage and V. Vincenti (Eds.), Rethinking Women & Home Economics in the 20th Century. Ithaca, Cornell University Press (※)

Knowles, A. S. (Ed.): Interdisciplinary studies. In The International encyclopedia of higher education (Vol.5, 2213-2218). San Francisco: Jossey-Bass (1977)

Kockelmas, J. J.: Some philosophical reflections on the position paper "Home economics: A definition." In M. Brown & B. Paolucci, Home economics; A definition. Washington, DC: American Home Economics Association (1979)

Kuhn, T. S.: The Structure of Scientific Revolutions. Chicago: University of Chicago Press (1970)

Lee, J. A., and Dressel, P.L.: Liberal Education and Home Economics. New York: TeachersCollege, Columbia University (1963)

Lerner, R.: Investment in youth : The role of home economics in enhancing the life chances of America's children. Washington, DC : American Home Economics Association (1993)

Levenstein, H.: Still Eating Spaghetti: Home Economics and Ethnic Food. In S. Stage and V. Vincenti (Eds.), Rethinking Women & Home Economics in the 20th Century. Ithaca, Cornell University Press (※)

Ley, C. J., & Webb-Lupo, A . : Resource sharing in higher education : Home economics administrators' report. *Journal of Home Economics,* **80**(1), 29-34 (1988)

Margenau, H. (Ed.): Integrative principles of modern thought. New York: Gordon and Breach, Science Publishers (1972)

McCall, S.: Quality of life. *Social Indictors Research,* **2**, 229-248 (1975)

McCullers, J. C.: The importance of scholarship to the future of home economics. *Journal of Home Economics,* **79**(3), 19-22, 72 (1987)

McFarland, K. : Home Economics in a Changing University World, *Journal of Home Economics,* **75**, 51-33 (Summer, 1983)

McGrath, E. J.: The changing mission of home economics. *Journal of Home Economics,* **60**(2), 85-92 (1968)

McGrath, E. and Johnson, J. T.: The Changing Mission of Home Economics, New York, Teachers College, Columbia University (1963)

McKenzie, R. D.: Human Ecology. *Encyclopedia of the Social Science,* **5**, 34 (1931)

Melson, G. F.: Family and environment: An ecosystem perspective. Minneapolis, MN: Burgess (1980)

Micklin, M.: The ecological perspective in the social sciences: A comparative overview. In M. Micklin & H. M. Choldin(Eds.) Sociological human ecology: Contemporary issues and applications, Boulder, CO: Westview Press(1984)

Micklin, Michael: Population, Environment, and Social Organization: Current Issues in Human Ecology. The Dryden Press, Hinsdale II(1973)

Milbrath, L. W.: Envisioning a sustainable society: A social learning approach. In M. S. Sontag, S. D. Wright, G. L. Young, & M. Grace(Eds.): Human ecology, Strategies for the future. Fort Collins, CO : Society for Human Ecology(1991)

Miller, J. G.: The Nature of Living Systems, *Behavioral Science.* **16**(1971)

Nerad, M.: Gender and Status : Home Economics at the University of California, Berkeley, 1918-1954. In S. Stage and V. Vincenti(Eds.), Rethinking Women & Home Economics in the 20th Century. Ithaca, Cornell University Press.(※)

Nosow, S.: The Nature of a Profession : Home Economics, a Particular Case. In The Field of Home Economics : What It Is. Washington, D. C., American Home Economics Association (1964)

Nyhart, L. K.: Home Economics in the Hospital, 1920-1930. In S. Stage and V. Vincenti(Eds.), Rethinking Women & Home Economics in the 20th Century. Ithaca, Cornell University Press(※)

Offe, C.: New Social Movements: Challenging the Boundaries of Institutional Politics. *Social Research,* **52**, 815-868(1983)

Opening Unlocked Doors, a National Agenda for Ensuring Quality Education for Children and Youth in Low-income Public Housing and Other Low-income Residential Communities. Washington, D. C.: Quality Education for Minorities Network(1993)

Pratt, J., Young, G. L., & Jacobs, J.(Eds.): Human ecology: Steps to the future. Sonoma, CA: Society for Human Ecology(1990)

Procceedings of the Lake Placid Conference on Home Economics, the first, second and third conferences and the Fourth, Fifth, Sixth, Seventh, Eighth, Ninth and Tenth Annual Conference(1899-1908)

Pundt, H. M.: A Hitory of Excellence. Washington, D. C.: American Home Economics Association(1980)

Radnitzky, G.: Contemporary Schools of Metascience. Chicago, Henry Regnery(1973)

Ralston, P. A .: Black participation in home economics, Review and reflection. In H. B. Williams (Ed.),: Empowerment through difference : Multicultural awareness in education.(8th Yearbook, pp.28-45). Peoria, IL: Teacher Education Section, American Home Economics Association(1988)

Ray, M. P.: An ecological model of the family. *Home Economics Forum,* **2**(2), 9-11, 15(1988)

Richardson, J.(Ed.): Windows on creativity and invention. Mt. Airy, MD: Lomond Publications, Inc. (1988)

Richardson, J.(Ed.): Models of reality, Shaping thought and action. Mt. Airy, MD: Lomond Publications, Inc. (1984)

Rossiter, M.: The Men Move In: Home Economics in Higher Education, 1950-1970. In S. Stage and V. Vincenti(Eds.), Rethinking Women & Home Economics in the 20th Century. Ithaca, Cornell University Press(※)

Runes, D., ed.: Dictionary of Philosophy. Totowa, NJ: Littlefield, Adams and Co.(1974)

Schlater, J. D.: National goals and guidelines for research in home economics. East Lansing: Michigan State University(1970)

Schorr, L.: Within our reach : Breaking the cycle of disadvantage. New York: Anchor Press(1988)

Schubert, W. H.: Curriculum: Perspective, Paradigm, and Possibility. New York, Macmillan Publishing Company(1986)

Sontag, M. S., Bubolz, M. M., Nelson, L., & Abler, W.: Integrative methods for human ecological research. In S. Wright, T. Dietz, R. Borden, G. Young, & G. Guagnano(Eds.): Human ecology, Crossing boundaries. Fort Collins, CO : Society for Human Ecology(1993)

Stephan, G. E.: The Concept of Community in Human Ecology. *Pacific Sociological Review*(1970)

Surout, H., and Sprout, M.: The Ecological Perspective on Human Affairs. Princeton, N. J.: Princeton University Press(1965)

Tate, M. T.: Home economics as a profession. New York : McGraw Hill(1973)

Tengstrom, E. Human ecology : A new discipline? *Humanekologiska Skrifter,* **4**, Göteborgs Universitet, Institutionen för fredsforskning och humanekologi, Göteborg, Sweden(1985)

Thomas, F.: The Environmental Basis of Society. Holts Summit, N. J.: Century(1925)

Toffler, Alvin: Power Shift(Knowledge, Wealth, and Violence at the Edge of the 21st Century). New York: Bantam Books, pp.18, 72(1990)

Touliatos, J. and Compton, N.: Research methods in human ecology/home economics. Ames, Iowa : Iowa State University Press(1988)

United States Department of Agriculture Science and Education Administration. A Comprehensive National Plan for New Initiatives in Home Economics Research. Extension & Higher Education (Miscellaneous Publication Number 1405). Washington, D. C. : U. S. Government Printing Office(1981)

Vaines, E.: Philosophical orientations and home economics : An introduction. *Canadian Journal of Home Economics,* **40**(1), 6-11(1990)

Vaines, E.: Systems Frameworks to Facilitate the Development of Emerging Professions Using Home Economics for Illustrative Purposes, *Journal of Consumer Studies and Home Economics,* **7** (1983)

Vickers, C. J.: Effective Public Policy: A Question of Attitude. The 1985 Commemorative Lecture. *Journal of Home Economics,* **77**, 49-53(1985)

Vincent, V.: Home Economics in Higher Education : Communities of Convenience or Purpose? *Home Economics Research Journal,* **19**, 184-193(December, 1990)

Vincenti, V.: A History of the Philosophy of Home Economics. Doctoral Dissertation. The Pennsylvania State University, November 1981. Dissertation Abstracts International, 42, 474A.(University Microfilms No.82-06, 520)(1981)

Vincenti, V. B. : Science and sexism : The historical influence on home economics today. *Journal of Home Economics,* **79**(4), 45-49(1987)

Vincenti, V.: History as an Interpretive Mode of Inquiry for Home Economics. Invited chapter

Ninth Ameican Home Economics Association Teacher Education Section Yearbook, Alternative modes of Inquiry in Home Economics Research. Peoria, IL: Glencoe Publishing Company, pp.80-94(1989)

Westney, O., Brabble, E., & Edwards, C.: Human ecology, Concepts and perspectives. In R. J. Borden, J. Jacobs, & G. L. Young(Eds.): Human ecology, Research and applications, College Park, MD, Society for Human Ecology(1988)

Williams, G. M. : Race and ethnicity in home economics : Theoretical and methodological issues. In H. B. Williams(Ed.): Empowerment through difference : Multicultural awareness in education.(8th Yearbook, pp.28-45). Peoria, IL : Teacher Education Section, American Home Economics Association(1988)

Wilson, S. W. and Vaines, E.: A Theoretical Framework for the Examination of Practice in Home Economics. *Home Economics Research Journal,* **13**(4) (1985)

Wright, S. D., & Herrin, D. A.: The epistemology of family ecology; A case for methodological pluralism. *Home Economics Forum,* **4**(2) 6-9(1990)

Wright, S. D., & Herrin, D. A.: Toward a family ecology. *Home Economics Forum,* **2**(2), 5-8 (1988)

Wright, S., Dietz, T., Borden, R., Young, G., & Guagnano, G.(Eds.): Human ecology: Crossing boundaries. Fort Collins, CO : Society for Human Ecology(1993)

Yankelovich, D.: Home Economics Image Study: A Qualitative Investigation, Yankelovich, Inc., May(1974)

Young, G. L.(Ed.): Origins of human ecology. Stroudsburg, PA: Hutchinson Ross(1983)

Young, G. L.: A conceptual framework for an interdisciplinary human ecology. Acta Oecologiate Hominis, International Monographs in Human Ecology(No.1) Lund, Sweden: Human Ecology Division, Department of History, University of Lund(1989)

訳者注) ※印を記した各文献は, その後下記にまとめられて出版された。
　　　　S. Stage and V. Vincenti(Eds): Rethinking Home Economics; Women and the History of a Profession, Cornell University(1997)

索　引／事項

■あ
アイデンティティ声明
　…………………… 4, 5, 11
アメリカ学校家庭クラブ
　………………………… 81, 82

■え
栄養学…………………… 108
栄養士……………… 115, 126
エコシステム・モデル… 207
エコロジー概念…… 153, 155
エコロジー的アプローチ
　………………………… 207
エレン・リチャーズ
　――の重要出版物…… 109
　――の生涯（書名）
　…… 115, 116, 117, 118
エンパワメント・オリエンテーション…… 196, 197, 198
エンパワメント・パラダイム
　……………………… 197

■お
応用科学……… 159, 163, 179
応用専門…………… 72, 105
オリエンテーション理論
　………………………… 199

■か
解釈科学……… 7, 35, 39, 41,
　79, 186, 217
解釈学的人間科学……… 41
解釈的行動システム…… 231
概念枠組み……… 4, 6, 69, 74
改良普及事業…………… 136
カウンセリング………… 108
科学技術………………… 163
科学的家事………… 116, 126
学際的………………… 38, 48
　――で協同的な研究… 146
　――なプログラム…… 224
学際的の研究…………… 185
学際的内容……………… 45
学際的パースペクティブ

　…………………… 48, 152
学際的プログラム……… 221
学術管理機関…………… 81
家事科学………………… 109
家事経済…………… 124, 184
家事経済要論（書名）… 124
家政学会誌
　…… 169, 170, 181, 237
（創刊）………………… 125
家族エコシステム
　… 44, 57, 149, 150, 183
家族科学… 41, 45, 80, 81, 89
　――のための概念枠組み
　………………………… 80
家族学習………………… 82
家族研究…………… 152, 153
家族システム…………… 64
家族・消費者科学…… 59, 61,
　62, 108
（提案された名称）
　………… 6, 10, 63, 249
（名称の賛成意見）… 12
（名称の反対意見）… 13
家族・消費者学習……… 82
家族・消費者研究
（名称の推薦）……… 33
家族・消費者生態学… 53, 56
（学際的組織の形式）… 52
　――の骨格モデル…… 55
家族生活関連教育……… 46
家族生活教育……… 129, 153
家族生態学…………… 41, 56
家族の利益についての専門プログラム……………… 143
家族問題解決…………… 208
学校家庭クラブ……… 81, 82
学校給食プログラム…… 145
学校プログラム………… 81
家庭……………………… 104
家庭科学…………… 109, 184
家庭科教育………… 129, 174, 182
家庭科教育研究………… 153
家庭・家族生活教育…… 90
家庭・消費者生態学… 53, 56
　――の骨格モデル…… 55
（学際的組織の形式）… 52

家庭生態学……………… 89
カリキュラム…………… 76
環境……………………… 108
環境科学………………… 242
環境システム…………… 78

■き
技術的オリエンテーション
　…………… 193, 194, 195
基礎科学………………… 146
基礎学問……… 152, 153, 154,
　155, 157
教育的アプローチ……… 219
教育プログラム…… 119, 130,
　145, 147, 243
協同的生活改良普及サービス
　………………………… 141

■く
クライアント……… 73, 159,
　160, 165
グローバル・パースペクティブ……………………… 191

■け
経験科学……… 35, 36, 38, 41,
　72, 79, 172, 191
経験・分析科学…… 39, 212
研究分野のための概念モデル
　………………………… 66
健康科学…………… 89, 201

■こ
コア・カリキュラム…… 120
コア研究………………… 72
構成領域…………… 102, 104
公的扶助プログラム
　………………………… 147
高等教育カリキュラム
　…………………… 224, 225
高等教育機関…………… 81
高等教育システム……… 243
高等教育プログラム
　…………… 3, 14, 46, 229
国際家政学会…………… 109

280 索引

国防教育法…………… *128*

■し
システムズ・アプローチ… *7*
自然科学………… *35, 38, 41, 48, 51, 65, 88, 106, 114, 166, 180, 185, 201, 212*
実施学習プログラム…… *119*
実証科学……………… *166*
実証主義……… *35, 213, 214*
実証主義科学………… *208*
実証主義的社会科学… *180*
実証主義的パラダイム… *72*
実践的アプローチ……… *185*
実践的問題志向型カリキュラム……………… *228*
実践の哲学…………… *94*
児童………………… *108*
使命志向 *45, 172*
使命志向分野 *158, 215*
使命声明……… *5, 36, 37, 78, 138, 193, 245*
社会科学……… *38, 41, 48, 51, 65, 88, 106, 125, 166, 185, 201, 212*
社会行動プログラム…… *144*
出現する専門：独立と相互依存（講演）…………… *152*
純粋学問………… *157, 158*
純粋領域……………… *157*
準専門……… *60, 68, 73*
準専門（と非専門）…… *161*
準分野………………… *54*
消費者科学…… *46, 107, 184*
消費者・家族教育……… *249*
消費者・家族研究……… *249*
消費者教育…………… *153*
消費者教育プログラム… *145*
奨励プログラム………… *47*
ジョージ・ディーン法
…… *117, 127, 117, 119, 128*
初期ホーム・エコノミクス運動……………… *123*
初期ホーム・エコノミスト……………… *176*
職業教育プログラム…… *141*
職業教育法…………… *130*
新教育運動…………… *123*
人口教育プログラム…… *151*
信条声明……………… *244*
人的エコシステム……… *51*
人的環境システム……… *51*
人的サービス………… *123*
人的能力開発と職業教育
……………… *153*
人文科学……… *38, 48, 51, 88, 185, 201*

■す
スコッツデイル会議
……………… *3, 6, 8, 33, 99*
スペシャリストチームのメンバー……………… *146*
スペシャリストの育成… *96*
スミス・ヒューズ法
…… *115, 123, 126, 129*
スミス・レーバー法
……………… *115, 126*

■せ・そ
生活改良普及…………… *96*
生活改良普及員……… *118*
生活改良普及活動
……………… *46, 126, 218*
生活改良普及プログラム
…… *42, 63, 75, 80, 81, 82*
生活改良普及ホーム・エコノミスト……… *117, 123, 126, 127,128*
生活のための教育プログラム
……………… *141*
生態学……………… *53, 181*
生態学的心理学……… *50*
生態学的パースペクティブ
……………… *53*
生態学的モデル……… *56*
全米学校給食法……… *148*
専門……… *35, 40, 65, 68, 71, 84, 88, 90, 99, 144*
──のアイデンティティー
……………… *122*
──の使命 *41, 79*
──の使命声明……… *244*
──の組織 *56*
専門家志向グループ… *158*
専門的エキスパート…… *162*
専門的実践…… *161, 174*
専門的水準…………… *87*
専門領域……… *36, 37, 38, 41, 46, 58, 59, 60, 66, 67, 68, 88, 97, 99, 109, 155, 157, 189, 212, 231*
専門領域化…… *136, 137, 148*
──されたプログラム *136*
専門領域教科………… *222*
専門領域プログラム *118, 235*
総合パラダイム……… *215*

■た
対応的プログラム……… *84*
対外的パースペクティブ
……………… *216*
大学院大学…………… *88*
大学プログラム…… *86, 243*
対人サービス専門……… *157, 159, 160, 162, 163, 167, 168, 175, 179*
対内的パースペクティブ
……………… *216*

■ち
地域科学……………… *89*
地域研究プログラム…… *236*
知的生態学…… *181, 191*
中等レベルの授業プログラム
……………… *96*

■て
定義声明……………… *173*
哲学と目的に関する声明
……………… *139, 171*
デルファイ技法…… *119, 130, 136*

■と
統一的概念枠組み……… *50*
統合的なパースペクティブ
……………… *231*

■な
内規委員会…………… *20*
内容専門化…………… *72*

■に・の
人間エコシステム… *203, 206*
人間エコシステム運動… *137*
人間科学…………… *39, 89*

索引／事項　281

　　（名称の推薦）… 33, 249
人間環境科学………… 41, 66,
　67, 75, 78, 81, 184, 249
　　（名称の推薦）……… 33
人間生態学……… 40, 48, 50,
　51, 56, 68, 69, 71, 72, 81, 89,
　108, 137, 184, 204, 249
　　（名称の推薦）……… 33
　──の概念枠組み…… 55
　──のための概念枠組み
　　………………………… 70
人間生態学的システム… 48
人間生態学モデル… 201, 202
人間のサービス………… 94
農業生態学プログラム… 131

■は
パースペクティブ… 53, 99,
　154, 226
ハッチ法………… 113, 124
パブリックスクールの関連プ
　ログラム……………… 46

■ひ
ヒーブ部門…………… 116
ビジョン声明………… 245
非専門（と準専門）…… 161
非対人サービス専門…… 157,
　159, 160, 162, 175
批判科学……… 7, 35, 39, 41,
　43, 44, 45, 79, 94, 181, 185,
　187, 190, 216, 217
批判的社会理論……… 215
批判理論……………… 216
広がりと視野声明……… 18

■ふ
ファッション・デザイン・ア
　パレル……………… 108
フェミニズム………… 230
文化科学…………… 38, 39
分析・経験科学… 7, 186, 194
分野………………… 40, 42, 54
　──の使命……… 58, 213
　──のためのモデル… 59

■へ
ヘスティアン理論……… 193

弁証法的推論………… 232

■ほ
ホーム・エコノミクス
　……… 71, 75, 80, 85, 86,
　91, 99, 106
　（定義）…… 66, 83, 105,
　114, 210
　（名称の賛成意見）… 13
　（名称の反対意見）… 14
　──のための概念モデル
　　………………………… 44
　──の価値………… 210
　──のカリキュラム… 227
　──の仕事………… 210
　──の使命……… 84, 182,
　213, 217
　──の焦点と展望（1965
　年）………………… 173
　──のスペシャリスト… 96
　──の哲学と目的に関す
　る委員会……… 139, 140
　──の変化する使命… 171
　──の目的………… 139
　──の問題点……… 213
　──の歴史………… 121
ホーム・エコノミクス運動
　…………………… 209, 218
ホーム・エコノミクス教育
　……… 106, 145, 148, 156,
　180, 190, 210, 235
ホーム・エコノミクス・コー
　ス……………………… 235
ホーム・エコノミクス国際会
　議…………………… 148
ホーム・エコノミクス：新指
　針………… 118, 128, 135,
　139, 170, 177, 178, 182
ホーム・エコノミクス：新指
　針Ⅱ……… 120, 130, 137,
　149, 184
ホーム・エコノミクス・セミ
　ナー………………… 135
ホーム・エコノミクス専門
　……………………… 152
ホーム・エコノミクス定義
　会議…………… 120, 137
ホーム・エコノミクス：

　一つの定義…… 5, 62, 120,
　130, 131, 137, 138, 171, 237
ホーム・エコノミクス・プロ
　グラム……… 115, 116, 126,
　129, 229
ホーム・エコノミクス分野
　…………………… 198, 219
ホーム・エコノミスト… 84
ホーム・エコロジー… 242
ホリスティク
　──な概念…… 209, 217
　──な概念枠組み…… 38
　──な視座…………… 72
　──な視点………… 201
ホリスティク・アプローチ
　…………………… 190, 213

■む・も
無選択オリエンテーション
　……………………… 196
目的声明………… 149, 150
目的論的説明………… 165
目的論的理解………… 165
モラル的選択…………… 93

■よ
予防的プログラム……… 84

■り・れ
倫理学………………… 38
レイク・プラシッド会議
　… 3, 131, 169, 220, 243
　（初期）………… 114, 125,
　186, 208, 209, 212
　（1899）………… 135, 171
　（1900）………… 170, 171
　（1902）……… 5, 35, 71,
　138, 154, 155, 172, 182
　（1908）………………… 171
　（1973）………… 119, 130
　（1993）……………… 3, 8
レイシズム…………… 230
歴史的パースペクティブ
　…………… 121, 122, 149

索　引／人名

■ア
アーウィン・スペリー（Irwin Sperry）… *139*
アーセル・エプライト（Ercel Eppright）　*139*
アール・J・マッグラス（Earl J. McGrath）
　……… *45, 99, 119, 129, 135, 225*
J・B・アイヒャー（Joanne B. Eicher）… *201*
アガサ・ヒュウペンベッカー
　（Agatha Huepenbecker）……… *58, 212*
アグネス・フェイ・モーガン
　（Agnes Fay Morgan）……… *117, 128*
アディントン・シモンズ
　（Addington Symonds）……… *177*
アデリア・マーフィ（Adelia Murphy）… *247*
アリス・チョウン（Alice Chown）
　……………… *177, 187, 219*
アンナ・ヴァン・メーター（Anna Van Meter）
　……………………… *210*

■イ
イースト（M. East）……… *212*
イザベル・F・ハイムス（Isabel F. Hyams）
　……………………… *171*

■ウ
ヴァージニア・B・ヴィンセンティ
　（Virginia B. Vincenti）… *35, 113, 121, 193, 220*
ヴィッカーズ（C. J. Vickers）……… *213*
ウィルコッツ（J. wilkosz）……… *228*
ウェブールポ（A. Webb-Lupo）…… *225, 229*
エヴァ・W・スカリー（Eva W. Scully）　*139*

■エ
エスター・ファーム（Esther ahm）…… *246*
エフィー・I・レット（Effie I. Raitt）
　……… *170, 172, 174, 178, 179*
エディス・E・バルドウィン
　（Edith E. Baldwin）……… *208*
エドナ・A・ヒル（Edna A. Hill）…… *139*
エマーソン（Emerson）……… *176*
エム・リグス（Em Riggs）……… *151*
エレノア・ヴェーンズ（Eleanore Vaines）
　……………………… *69, 192*
エレン・H・リチャーズ（Ellen H. Richards）
　……… *49, 65, 66, 67, 68, 71, 78, 83, 113, 114, 125, 153, 155, 171, 176, 178, 179, 209, 242*

■オ
オッフェ（C. Offe）……… *214*
オルガ・P・ブラッシャー（Olga P. Brucher）
　……………………… *139*

■カ
カーバー（M. N. Carver）……… *121*
カーペンター（M. Carpenter）……… *51*
カレン・ゴッティング（Karen Gotting）… *10*

■キ
キース・マクファーランド
　（Keith McFarland）……… *233*
キティ・コフィ（Kitty Coffey）……… *241*
キティ・ディカーソン（Kitty Dickerson）　*243*
キャサリン・T・デニス
　（Catherine T. Dennis）……… *139*
キャサリン・アルダーマン
　（Katharine Alderman）……… *172, 178*
キャサリン・ビーチャー（Catherine Beecher）
　……… *45, 113, 124, 182*
キャロライン・ハント（Caroline Hunt）
　……… *43, 115, 177, 178, 209*
キャロル・ウェブ（Carol Webb）……… *246*
ギルバート・ルベイユ（Gilbert Leveille）
　……………………… *244*
キンゼイ・B・グリーン（Kinsey B. Green）
　……… *43, 75, 81, 92, 181, 225*

■ク
クーン（T. S. Kuhn）……… *122*
グエンドリン・ニューキルク
　（Gwendolyn Newkirk）……… *151*
グラディス・ガリィ・ボーン
　（Gladys Gary Vaughn）……… *91, 151*
グリーンウッド（E. Greenwood）……… *65*
クレイグ（H. T. Craig）……… *121*
グレイス・アンゴッティ（Grace Angotti）
　……………………… *246*

■コ
コビイ・B・シマリイ（Coby B. Simerly）
　……… *17, 34, 79, 246, 247*
ゴードン・ビベンス（Gordon Bivens）… *151*

■サ・シ
サラソン（Sarason）················ 162
ジェローム・ベーカー（Jerome Beker） 239
ジーン・シュレイター（Jean Schlater）··· 119
ジェリー・マックネリス（Jerry McNellis） 10
シャーフ（A. Schaef）··············· 196
シャーロッテ・シュアー（Charlotte Schuur）
······················· 246
ジャクリーン・H・ヴォス
（Jacqueline H. Voss）············ 75
ジャッキー・ディジョング（Jacky DeJonge）
······················· 241
M・ジャニス・ホーガン（M. Janice Hogan）
····················· 48, 240
ジャネット・A・リー（Jeanette A. Lee）
···················· 172, 173
シャロン・ニコルズ（S. Y. Nickols）··· 18, 225
シューバート（Schubert）············ 226
ジュエル・D・エリス（Jewel Deene Ellis）
······················· 246
ショーン（D. A. Schon）········ 195, 197, 198
ジョセフィン・ヘンフィル
（Josephine Hemphill）············ 139
ジョン・デューイ（John Dewey）
················ 114, 209, 211, 221
ジョンソン（Johnson）······· 45, 129, 135

■ス
M・スザンナ・ソンタグ
（M. Suzanne Sontag）······ 48, 49, 193, 201
スザンヌ・パロット（Suzanne Parrott）··· 247

■セ
セイトニグ・セント・マリイ
（Satenig St. Marie）············· 151
セイラ・ステージ（Sara Stage）········ 123
セルマ・F・リピアート（Selma F. Lippeart）
······················· 173

■タ・テ
M・タルボット（M.Talbot）········ 155, 186
デイ・モンロー（Day Monroe）········ 139
ディーコン（Deacon）··············· 207
デイヴィッド・オルソン（David Olson） 244

■ト
トーマス・D・ウッド（Thomas D. Wood）
······················· 177
トムソン（P. J. Thompson）··········· 192

トレイシー・バーネロ（Tracey Bernero）
······················· 247
ドレッセル（Dressel）··············· 185
ドロシー・スコット（Dorothy D. Scott）
···················· 139, 140
ドロシー・コンテー（Dorothy Conteh）··· 241

■ナ・ノ
ナンシー・ベルク（Nancy Belck）········ 233
ノーソウ（Nosow）············ 156, 169
ノーマ・ボビット（Norma Bobbitt）········ 68

■ハ
バーバラ・S・ストウ（Barbara S. Stowe）
······················· 241
バーバラ・マックドナルド
（Barbara MacDonald）············· 10
バーバラ・リーガン（Barbara Reagan）··· 243
ハーモス（Halmos）················ 159
ハルトグレン（F. Hultgren）··········· 228
ハンナ・クラーク（Hannah Clark）····· 210

■フ
ファイアボウ（Firebaugh）········ 45, 52, 207
フェイ（B. Fay）·················· 214
フック（N. C. Hook）·············· 225
フランシス・M・マグラビ
（Frances M. Magrabi）············ 237
フランシス・スカダー（Frances Scudder）
······················· 139
フランシス・バーバンク（Frances Burbank）
······················· 247
フレミー・P・キットレル（Flemie P. Kittrell）
······················· 139
プント（H. M. Pundt）·············· 121

■ヘ
ベアトリス・ポルーチ（Beatrice Paolucci）
············ 36, 37, 41, 55, 79, 81, 92, 120,
130, 137, 138, 139, 151, 195, 225, 228
ベイリー（Bailey）················· 45
ベウラ・I・クーン（Beulah I. Coon）······ 139
ベウラ・V・ギラスピー
（Beulah V. Gillaspie）············ 139
ペギー・メツァロス（Peggy Meszaros）
···················· 65, 241
ベティ・フリーダン（Betty Friedan）······ 83
ベベリー・J・クラツリー（Beverly Crabtree）
······················· 58

ベラー (R. N. Bellah) ･････････ 36, 196, 226
ペルーチ (Perrucci) ･･･････････････ 161
ヘレン・I・ブラウン (Heln I. Brown) ･･･ 173
ヘレン・アトウォーター (Helen Atwater)
 ･･･････････････････････････････ 173
ヘレン・ルバロン (Helen LeBaron) ････ 118
ベンジャミン・アンドリュース
 (Benjamin Andrews) ･････････ 177, 186
ヘンダーソン (G.M. Henderson) ･･････ 225
ヘンリエッタ・グッドリッチ
 (Henrietta Goodrich) 171, 175, 176, 209, 210

■ホ
ホーソーン (B. E. Hawthorne) ･････････ 212
ボールドウィン (K. E. Baldwin) ･･････ 121
ボイヤー (E. I. Boyer) ････････････ 222, 224
ボウルディング (K. E. Boulding) ･･････ 188
ボニー・ブラウン (Bonnie Braun) ････ 241
ボビー・フラハティ (Bobbie Flaherty) ･･･ 241

■マ
マーガレット・シーダム (Margaret Suydam)
 ･･･････････････････････････････ 139
マーガレット・ジャスティン
 (Margaret Justin) ･････････････････ 177
マーガレット・フィッチ (Margaret Fitch)
 ･･･････････････････････････････ 151
マーガレット・M・ブボルツ
 (Margaret M. Bubolz) ････ 48, 49, 192, 201
マーゲノウ (H. Margenau) ･････････ 223
マージョリー・M・ブラウン
 (Marjorie M. Brown) ･･･ 36, 37, 40, 41, 43, 52,
 55, 79, 81, 92, 120, 130, 131, 132, 137, 138,
 156, 184, 195, 213, 220, 225, 230
マイケル・オルソン (Michael Olson) ･･･ 243
マッカラーズ (J. C. MaCullers) ･･･････ 225
マジョリー・M・ヘセルティン
 (Marjorie M. Heseltine) ････････････ 139
マリアン・B・ポール (Marian B. paul)
 ･･････････････････････････ 117, 128
マリアン・L・デービス (Marian L. Davis)
 ･･･････････････････････････････ 99
マリー・E・スイーニー (Mary E. Sweeney)
 ･･･････････････････････････････ 170
マリー・クローマー (Marie Cromer) ････ 114
マリリン・ホーン (Marilyn Horn)

 ････････････････････････ 83, 212, 225
■ミ・メ・モ
ミルドレッド・ジョーダン
 (Mildred N. Jordan) ････････････ 139
ミルドレッド・ホートン (Mildred Horton)
 ･･･････････････････････････････ 139
メアリー・アン・フュゲイト
 (Mary Ann Fugate) ･･････････････ 246
メアリー・ホーキンス (Mary Hawkins) 139
メルヴィル・デューイ (Melvil Dewey) 209
モーゲイン (Morgaine) ･･･････････ 197
モリソン (B. Morrison) ･･･････････ 202

■ユ
ユルゲン・ハーバーマス (Jurgen Habermas)
 ･･･････････････････ 37, 40, 226, 227

■ラ
ラーソ (Larson) ･･････････････････ 169
ラスタム・ロイ (Rustum Roy) ････････ 224
ラムフォード (Rumford) ････････････ 113

■リ
リー (J.A.Lee) ････････････････････ 185
リー・C・フーファー (Leah C. Hoopfer)
 ･･･････････････････････････････ 243
リスベス・ショール (Lisbeth Schorr) ････ 66
リタ・ベイン (Lita Bane) ･････････ 178
リチャード・ラーナー (Richard Lerner) ･･･66
リンダ・ハリマン (Lynda Harriman) ････ 3

■ル
ルアン・ネルソン (LeAnn Nelson) 246, 247
ルイス・K・エディス (Luice K. Addis) 139
ルワンダ・フォード (LuWanda Ford) ･･･ 247

■レ
レイ (C. J. Ray) ･･････････････ 50, 225, 229
レオラ・アダムス (Leola Adams) ･･･････ 246
レジナ・フリスビー (Regina Frisbie) ･･･ 139

■ロ
ロイス・ランド (Lois Lund) ･････････ 152
ペニー・ダムロ (Penny Damro) ･･･ 241, 243
ロバート・クラーク (Robert Clarke) 49, 242

索　引／機関・組織

■ア

アメリカ栄養士協会（American Dietetic Association; ADA）………… 115, 126

アメリカ科学振興協会（American Association for tha Advancement of Science）………… 113

アメリカ家政学会（American Home Economics Association; AHEA）………3, 8, 16,17, 56, 65, 76, 81, 82, 108, 114, 116, 118, 120, 125-129, 135, 136, 139, 141, 151-154, 170, 185, 204, 211, 231, 261

アメリカ合衆国農務省（U. S. Department of Agriculture） 127, 138

アメリカ職業連合・家庭科教育部会（American Vocational Association Home Economics Education Division; AVAHEED）………………………… 3, 8

アメリカ服装学会（the Costume Society of Amerika）…… 235

■イ

イギリス人間生態学会（Commonwealth Human Ecology）………51

■カ

家政学部科長連合（Association of Administrators of Home Economics; AAHE）………… 3, 8, 119

合衆国人間栄養・家政学局（U. S. Bureau of Human Nutrition & Home Economics） 117

合衆国家政学局（U.S. Bureau of Home Economics）…… 117

合衆国教育局（U. S. Office of Education）………… 128, 135

合衆国人間栄養・家政学局（U. S. Bureau of Human Nutrition & Home Economics）… 117

■コ

国際家政学会（International Federation for Home Economics）………………… 111

■シ

将来発展委員会（Future Development Committee）……… 137

■セ

全米家政学部科長会議（National Council of Administrators of Home economics; NCAHE）………………………… 3, 8

全米生活改良普及家政学者連合（National Association of Extension Home Economists; NAEHE）………3, 8, 82

専門の統一とアイデンティティのための特別委員会（Task Force on Professional Unity and Identity）………… 3, 4, 17, 19, 21, 33, 34, 48, 75, 246, 248

■ト

特別委員会（＊専門の統一とアイデンティティのための特別委員会；前項参照）

■ニ

日本健康・人間生態学会（Japanese Society of Health and Human Ecology）………………51

ニューヨーク市教育委員会家政学局（Home Economics Bureau of New York City School board）………… 119

ニューヨーク州人文学会議（New York State Council on the Humanities） 120, 123

人間生態学会（Society for Human Ecology; SHE）………51

認定委員会（Accreditation Committee）… 136

■ノ

農村電化局（Rural Electrification Administration）… 117

■ホ

北欧人間生態学会（The Nordic Society for Human Ecology） 51

■ラ

ランド・グラント・カレッジ協会（Land Grant College Association）……… 116

■リ

臨時緊急救済局（Temmporary Emergency Relief Administration）……………… 117

■レ

連邦生活改良普及事業（Federal Extension Service）……46, 128, 135

翻訳者一覧

監　　修　　編集委員長　　福田はぎの
　　　　　　　編集副委員長　　中間美砂子

編集委員　　赤星礼子　　　東　珠実　　　倉元綾子　　　古寺　浩
　　　　　　　澤井セイ子　　正保正恵　　　関口富左　　　中森千佳子
　　　　　　　福島由利子　　藤田祥子

翻　訳　者

Ⅰ　**スコッツデイル会議**
　　＜関東＞　遠藤マツヱ　　佐藤文子　　　鈴木真由子　　中間美砂子
　　　　　　　山田好子

Ⅱ　**論議に向けて提示されたモデル**
　　＜関東＞　井元りえ　　　臼井和恵　　　草野篤子
　　＜中部＞　東　珠実　　　石田好江　　　大野庸子　　　古寺　浩
　　　　　　　関根美貴　　　高田洋子　　　乗本秀樹　　　吉本敏子
　　＜関西＞　荒谷直美　　　生駒京子　　　小川晴子　　　表　真美
　　　　　　　紀　嘉子　　　木田淳子　　　小柳宣子　　　辰巳理恵子
　　　　　　　長嶋俊介　　　奈良由美子　　藤田祥子　　　藤田昌子
　　　　　　　藤本多賀子　　松本訓枝　　　守野美佐子　　横川公子

Ⅲ　**ホーム・エコノミクスの発展**
　　＜関東＞　赤塚朋子　　　天野晴子　　　田崎裕美　　　福田はぎの
　　　　　　　増田啓子

Ⅳ　**背景をなす資料および情報**
　　＜東北・北海道＞
　　　　　　　江上雅海　　　大森裕介　　　加賀美砂百合　斉藤亜由美
　　　　　　　澤井セイ子　　関口富左　　　中森千佳子　　安田純子
　　　　　　　和田乃里子
　　＜中国・四国＞
　　　　　　　正保正恵　　　中岡泰子　　　原田寛子　　　渡邉廣二
　　＜九州・沖縄＞
　　　　　　　赤星礼子　　　蘭　由岐子　　小川直樹　　　奥村美代子
　　　　　　　倉元綾子　　　河野孝子　　　谷村賢治　　　根笈美代子
　　　　　　　花崎正子　　　花城梨枝子　　福島由利子　　八幡彩子
　　　　　　　山口厚子

家政学　未来への挑戦
―全米スコッツデイル会議におけるホーム・エコノミストの選択―

定価（本体 4,500 円＋税）

平成 14 年 6 月 1 日　初版発行

監修者	社団法人 日本家政学会 家政学原論部会
発行者	筑　紫　恒　男
発行所	株式会社 建帛社　KENPAKUSHA

112-0011　東京都文京区千石 4 丁目 2 番地 15 号
TEL（03）3944-2611
FAX（03）3946-4377
http://www.kenpakusha.co.jp/

ISBN4-7679-6511-X C3077
Ⓒ（社）日本家政学会家政学原論部会，2002

明現社／あきば印刷／常川製本
Printed in Japan

本書の複製権・翻訳権・上映権・公衆送信権等は株式会社建帛社が保有します。
JCLS〈（株）日本著作出版権管理システム委託出版物〉
本書の無断複写は著作権法上での例外を除き禁じられています。複写される場合は，（株）日本著作出版権管理システム（03-3817-5670）の許諾を得て下さい。